海员职业道德与职业素养

主编 孙 峰 康 捷

哈尔滨工程大学出版社

内容简介

本书坚持以邓小平理论和"三个代表"重要思想为指导,深入贯彻《公民道德建设实施纲要》,全面体现教育部《关于全面提高高等职业教育教学质量的若干意见》等有关文件精神,紧密联系航运业发展实际和海员职业特点,围绕航海院校职业素质教育的需要,阐述了海员职业道德、职业素养及其构成,探讨了海员职业工作中的职业道德规范。全书视野开阔,内容新颖,案例素材丰富,语言通俗易懂,可读性强,是一部航海类职业院校开展职业道德和职业素养教育的适宜教材。同时,本书也可以作为在职船员和航运企业进行职业道德教育和培训的参考书。

图书在版编目(CIP)数据

海员职业道德与职业素养/孙峰,康捷主编. —哈尔滨:哈尔滨工程大学出版社,2011.2(2024.7重印)
ISBN 978-7-5661-0049-8

Ⅰ.①海… Ⅱ.①孙… ②康… Ⅲ.①海员-职业道德-高等学校:技术学校-教材 Ⅳ.①U676.2

中国版本图书馆 CIP 数据核字(2011)第 021511 号

出版发行	哈尔滨工程大学出版社
社　　址	哈尔滨市南岗区南通大街 145 号
邮政编码	150001
发行电话	0451-82519328
传　　真	0451-82519699
经　　销	新华书店
印　　刷	哈尔滨午阳印刷有限公司
开　　本	787 mm×1 092 mm　1/16
印　　张	12.25
字　　数	302 千字
版　　次	2011 年 2 月第 1 版
印　　次	2024 年 7 月第 11 次印刷
定　　价	38.00 元

http://www.hrbeupress.com
E-mail:heupress@hrbeu.edu.cn

前　言

2009年全国船员培训工作会议提出，要加大船员在职在岗培训力度，落实传授专业知识、培养专业技能、塑造职业道德的"三位一体"教育模式。教育部在《关于全面提高高等职业教育教学质量的若干意见》中也提出高等职业教育要"加强素质教育，强化职业道德，明确培养目标"。并强调，要高度重视学生的职业道德教育和法制教育，重视培养学生的诚信品质、敬业精神和责任意识、遵纪守法意识，培养出一批高素质的技能型人才。根据以上精神，结合航运业发展现状和航海院校的教学实际，我们组织编写了这本《海员职业道德与职业素养》。

《海员职业道德与职业素养》的编写人员，于2005年完成了舟山市教育科学规划课题《职业院校"职业道德"课程网络教学资源库的开发与研究》，开展了《海员职业道德》课程网络教学资源库建设，该成果获得浙江省2005年度职业教育与成人教育教科研成果三等奖。2009年，《海员职业道德与职业素养》成功获得浙江省高校重点教材建设立项，几经易稿，历时两年，终于完成了本书的编写工作。

本书的特点：

◎强调与时俱进

职业道德、职业素养的教育具有很强的时效性，需要不断增添新内容，本书吸纳了航运企业在精神文明建设、航运企业文化建设中最新成果，将"诚信船舶"、"学习型船舶"、"超值服务"、"忠诚于企业"、"降本增效"等许多新理念引入教材；STCW公约马尼拉修正案于2010年6月25日在菲律宾召开的STCW公约缔约国外交大会上获得通过后，本书编写组认真组织学习，将修正案要求的海洋环境保护教育、船员沟通与管理、防止酗酒等新内容及时补充到教材中。

◎突出行业性

本书强调以海员职业道德、职业素养的养成为出发点，强调专业特色和应用性，注重与职业岗位能力要求衔接。本书的编写团队注重校企合作，挖掘企业课程资源，邀请航运企业和海员劳务服务企业的专业人士参加编写，有利于把企业实际发生案例和航运企业对海员的素质要求融合到教材内容中。

◎重视案例教学

立足高职院校的教学对象，在编写体例上，本书强调可读性和通俗性，全书精选了大量的与海员相关的正反典型事例穿插于教材中，"补充阅读"、"海员博客"栏目中的许多素材直接来自网络论坛海员的体会，贴近海员职业生活，夹叙夹议，增强了教材的可读性。

参加本书编写的人员有：康捷（第一章），徐徐（第二章），刘笑菊（第三章），孙峰（第四章）。本书由浙江国际海运职业技术学院孙峰副教授和康捷副教授担任主编，负责对全书进行统稿工作。

本书在编写过程中，参考引用了许多航运公司的相关案例，借鉴了部分同类教材及相关文献，在此一并致谢。

由于水平有限，本书难免存有不当或错误之处，欢迎广大读者提出批评和建议，以便在教学中不断补充和完善。

编　者

2010 年 10 月

目 录

第一章 海员的职业特点 ... 1
- 第一节 海员与航运业发展 ... 1
- 第二节 海员的职业特点 ... 11
- 思考与练习 ... 20

第二章 职业道德与职业素养概论 ... 22
- 第一节 职业道德规范体系 ... 22
- 第二节 职业道德的特征和作用 ... 35
- 第三节 职业素养及其构成 ... 44
- 思考与练习 ... 57

第三章 海员的职业素养 ... 59
- 第一节 海员身心健康与航运安全 ... 62
- 第二节 海员交际礼仪与船舶文明 ... 69
- 第三节 海员终身学习与职业规划 ... 77
- 第四节 海员诚信履约与和谐航运 ... 88
- 第五节 海员业余爱好与航海生活 ... 98
- 思考与练习 ... 108

第四章 海员的职业道德规范 ... 110
- 第一节 爱国爱海　爱岗敬业 ... 110
- 第二节 严把安全　崇尚环保 ... 123
- 第三节 钻研业务　提高技能 ... 140
- 第四节 团结协作　同舟共济 ... 150
- 第五节 遵纪守法　维权履责 ... 163
- 第六节 优质服务　降本增效 ... 176
- 思考与练习 ... 185

参考文献 ... 187

第一章　海员的职业特点

第一节　海员与航运业发展

地球上有沃野千里的平原,那是人类温暖的栖息地;又有险峻缺氧的高山,那是人类生存的禁区;更有那波涛汹涌的大海,使古人类望而生畏,望洋兴叹!然而,却偏有一种在海洋上工作,向大海挑战的职业——那就是海员!

一、海员是一种功勋职业

1. 海员是世界经济发展和贸易往来的纽带与桥梁

世界经济也叫国际经济,是世界各国的经济由于相互联系和相互依存而构成的世界范围的经济整体。这种相互联系和相互依存关系表现为国际间的商品流通、劳务交换、资金流动、技术转让等,把各国的生产和生活相互连接在一起。世界经济的形成是生产力发展到一定阶段的产物,以国际分工和世界市场的发展为基础。

21世纪,世界经济的快速增长和国际贸易量的剧增为航运业带来了不可多得的历史机遇。世界贸易将进入全球贸易时代,商品贸易迅速扩大,世界上几乎所有的国家和地区都卷入了商品交换之中。世界市场颇具规模,全方位开放,由此推动世界航运业的发展。海运作为最高效、最安全和最环保的大宗远程运输方式之一,较陆运有许多优越性,如载货量大、运价低等优势,海运承担着90%的国际贸易量,对于国际贸易正发挥着前所未有的重要作用,为世界各国的经济繁荣做出了重要贡献。因此,国际社会也越来越重视海运活动为各国经济繁荣所发挥的重要作用。国际海事组织曾对海运作过生动的描述:"我们今天生活在一个由全球经济支持的全球社会中,若没有船舶和海运,这个经济就无法运作。"

在保障国际贸易顺利进行的同时,海运业作为一种服务贸易,其自身也以运费的形式为全球经济增加了不小的份额。随着国际海运市场结构和重心的调整,海运业对于发展中国家经济发展的贡献也越来越大。通过发展国家船队以及海运相关行业,如修造船、港口服务、海员劳务外派等活动,许多发展中国家获得了实际的经济利益。在一些国家和地区,海运及相关服务业已成为经济发展的重要支柱。

在我们为航运业对全球经济、社会、文化发展做出的重大贡献引以自豪的同时,自然不能无视那些为实现这些贡献的群体,也就是那些在波涛汹涌的海上,在极其局限的船上狭小的空间里工作和生活的海员。

正是由于这些来自世界各地的海员的贡献和付出,保障着船舶和船上旅客生命的安全,防止船舶造成海洋环境污染,实现着公司的商业利益,推动着经济全球化的实现。航运企业家们很赞赏近来关于海员作用的一种流行说法:"没有海员的贡献,有一半世界在受冻,另一半世界在挨饿"。

海员在对外贸易、发展国民经济中起着纽带和桥梁的作用,具体表现为:

首先,海员在世界范围内运输货物,经过无垠的海域与大洋,把世界各国连接起来,把令人生畏的大海变成通途,缩短了国与国之间的距离。在文明高度发达的现代生活中,国际贸易在国民经济发展中的地位越来越显著,各国要进行多种经济贸易,海员就是其直接的联系纽带。

其次,海员在国际间贸易往来、沟通经济的活动中能传递大量的经济信息,这些信息有利于促进世界各国经济的发展,使世界人民生活得更加富裕。

最后,海员在海上贸易活动中,不仅往来于发达国家之间,而且也穿梭于发展中国家之间,对不同经济类型国家的经济、文化的沟通也起到纽带和桥梁的作用。

【补充阅读】

瑞典"哥德堡号"帆船

据史料记载,十八世纪上半叶,清朝康乾盛世时期,广州是中国重要的对外通商口岸,欧洲诸国纷纷来广州进行贸易活动,广州也是中国为瑞典最早设立的港口。当年,瑞典的东印度公司(1731～1813年)承担了瑞典与广州间的全部贸易,该公司船队曾作过130多次远洋航行,除3次外其余都直航广州。当时,东印度公司在对华贸易中收入颇丰,年赢利曾超过瑞典全国的税收,东印度公司的发展带动了整个哥德堡市(瑞典对外贸易主要港口)的发展。

而"哥德堡号"则是瑞典东印度公司船队中最大的一艘商船,于公司成立当年建成,是瑞典造船业的骄傲。"哥德堡"号的制造工艺直到二百多年后,才被广为人知的"泰坦尼克"所超越。1745年,"哥德堡号"从广州回瑞典途中,在距离哥德堡港口900米的海上离奇地触礁沉没。

在瑞典人心目中,"哥德堡号"有着一段光荣的历史,当年他一船货物价值就相当于当时瑞典全年的国民生产总值。重造"哥德堡号",可以重振哥德堡市的辉煌。他们欲以此为契机,推广瑞典文化树立瑞典全新的国际形象,促进哥德堡市经济的发展,扩大国际经济贸易,尤其是推动对中国的贸易。瑞典哥德堡港是中瑞贸易的发源地。1732年瑞典东印度公司的航船从这里首航广州,从此揭开了中瑞贸易的篇章。

二百多年来,中瑞贸易发展顺利,尤其是中国改革开放以后,两国贸易额高速增长,2004年中瑞贸易额已突破52亿美元。随着全球化进程的加剧,2005年"哥德堡"号的广州之旅,无疑会大大地鼓舞瑞典企业、组织来广州投资、交流的信心与力度,进一步提升广州的经济增长与文化发展。

2. 海员是民间外交的友好使者

民间外交是指非官方的艺术、科学、教育、卫生、贸易、体育等领域的民间往来。这种民间外交对于促进国与国之间,尤其是长期互相敌视的两个国家之间人民的友谊和交往具有重要的意义。我国海员民间外交的历史悠久,早在秦汉时期就开辟了与日本和东南亚等国人民的海上贸易往来,尤其中日两国是一衣带水的邻邦,两国的民间外交历史长达2000余年,这在世界民族交往史上也是罕见的。在海上贸易中,中日两国人民进行了丰富多彩的政治、经济及科学文化交流,结下了深厚的友谊。

海员进行民间外交的意义颇为重大,主要表现在:

首先,有利于缓和敌对情绪,增进友谊。例如,自1937年"七七事变"以来,日本帝国主义侵略我国领土,残杀中国人民,两国的官方外交受到破坏。新中国成立以后,两个制度完全不同的国家在没有正式恢复外交关系前,主要靠民间交往来维系两国人民的友谊。1952年6月,中日双方本着互谅互让、和平友好的原则签订了中日第一个民间贸易协定,中日民间贸易日益扩大。随着民间贸易往来的增加,两国的友好交往逐步扩展到各行各业。当前,我国实行对外开放政策,两国的贸易额迅速增长,中国海员在中日民间贸易中起到了纽带作用,促进了两国关系的新发展。

其次,有利于经济、政治和文化交流,起到官方代表团所起不到的作用。

【新闻链接】

"哥德堡号"船员访问浙江国际海运职业技术学院

2006年11月3日,从瑞典出发的仿古帆船"哥德堡号"船员一行访问了浙江国际海运职业技术学院。为欢迎远道而来的贵宾,学校挂起了航海使用的国际信号旗,以表示庆祝。国际信号旗共40面,包括26面字母旗、10面数字旗、3面代用旗和1面回答旗。在哥德堡号船长和船员刚下车时,四位海运学院的学生就用旗帜打出了旗语:欢迎你,哥德堡号。充满航海风味的欢迎仪式让"哥德堡号"的船员们倍感亲切。

该院领导和"哥德堡号"船员一行检阅了身穿海员服装的仪仗队,参加了中瑞两国国旗的升旗仪式。"哥德堡号"船长向该院师生介绍了此次航行的各种经历和感受,同时播放了沿途拍摄的录像。看到他们抗击恶劣天气和巨大海浪的艰难场面、大洋上壮丽的风景,师生们不由地鼓掌和称赞。面对英雄般的"前辈",学院海运专业的学生兴奋不已,与船长和其他船员进行了交流,向他们询问国际海运的有关知识和体验。"哥德堡号"船员一行参观了学院图书馆和航海模拟器中心,观看了具有中华民族特色的歌舞表演,对学院的办学条件和师生精神面貌留下深刻印象。

【新闻链接】

仿古帆船扬帆韩国——"绿眉毛"号参加国际帆船节侧记

2007年5月3日上午6点,舟山仿古帆船"绿眉毛"在人们的翘首眺望中,终于抵达韩国丽水新港。

5月3日下午2点,"绿眉毛"如期参加了2007韩国丽水国际帆船节。

"看哪,看哪,真漂亮!"当帆船节海上巡游一开始,循着一观众发出惊奇的叫声,簇拥在港边的众多韩国观众的眼光都聚集在了那艘"绿眉毛·朱家尖号"身上。人群中不时发出啧啧的称奇声。在开幕式巡游中,身着中国传统渔民服饰的"绿眉毛"船员们在广为流传的韩国乐曲《阿里郎》中,感受到了韩国市民对他们的热情和友好,在整个巡游队伍中,"绿眉毛·朱家尖号"显得特别的抢眼。

可不是,还在海上巡游开始前,一位韩国小朋友在妈妈的陪伴下,拿着一幅画来到"绿眉毛"船边,看看自己画的"绿眉毛"像不像。通过翻译才了解到,他是韩国丽川小学3年级的朴延峋,这天上午,他早早来到码头边,仔细端详着停泊在港面的"绿眉毛"画了这幅"绿眉毛",送给中国的船员。见朴延峋小朋友如此钟爱"绿眉毛",代表团团长张捷也把一个水晶的"绿眉毛"号纪念品送给了小朋友的妈妈,并对船员说,一定要把这幅小朴朋友的画挂在船舱里带回中国。

在整个巡游船队中，"绿眉毛"成了新宠，都说中国古帆船不简单，了不起。一位市民对随同的翻译说，有机会想来中国舟山，看看舟山悠久的造船技术，浓郁的帆船文化。为答谢"绿眉毛"的出色表演，当晚韩方举行酒会，盛邀"绿眉毛"的船员们及"绿眉毛"赴韩文化旅游交流访问团出席晚宴。

民众争睹帆船风采

"绿眉毛"是作为参展中唯一一艘木质仿古帆船参展的。蓝天碧海间，"绿眉毛"和各国帆船一样撑起了船帆，静静地停靠在码头的指定区域，现场成千上万的游客在船与船之间好奇而愉快地穿梭、游览。可是在众多参展帆船中，因"绿眉毛"的古朴、棕色船帆而在其他各国的白色船帆中显得风姿绰约。

5月5日"绿眉毛"对外开放。是日，星期六，恰逢韩国国际儿童节，"绿眉毛·朱家尖号"一开放，即刻吸引了众多韩国民众的好奇眼神，上船参观者络绎不绝。

为让更多的韩国民众了解"绿眉毛"，了解中国舟山的帆船文化，"绿眉毛"对韩国民众免费开放至5月7日。据统计，"绿眉毛"开放三天，约2万多韩国民众上船参观。

这次随船参加国际帆船节的除了8名船员外，还邀请了一名浙江国际海运职业技术学院的老师负责提供国际航海技术指导、与韩国港口当局的联系等工作。

【课堂讨论】
看了两篇报道，从中可以感受到海员在民间文化交流中的哪些作用？

远洋船舶常常是一个由各国海员组成的"多国部队"，各国海员相互交流，同舟共济，传递着国与国之间的友谊。中国海员代表中国人民在与世界各国人民友好交往的过程中起到了特殊的作用，表现在：首先，他们是维护世界和平的使者。中国海员遵循互谅、互让、友好平等的外交准则，充当着和平的使者。海员沟通各国人民的感情，消除怨恨、隔阂，增进彼此的了解，为了一个共同的目标——维护世界和平而辛勤工作，做出了卓越的贡献；其次，他们促进了经济建设的发展和文化的交流。中国海员承担着对外贸易的重任，是我国国民经济发展腾飞的重要支柱，特别是随着我国对外开放、对内搞活经济政策的实施，航运事业更加蓬勃发展，远洋运输在对外贸易中所占的比重越来越大，海员所起的作用也越来越大。他们一方面学习外国在经济建设和科学技术等方面的先进经验，另一方面让世界人民了解中国现代化建设的伟大成就；再次，他们代表了中国人民的整体风貌。中国海员以崭新的形象出现在世界人民面前，展示了在改革开放中奋进的中国人民意气风发的整体风貌，让世界人民了解开拓进取的中国，为祖国争得了荣誉和地位，把中国人民的友谊推向世界。

3. 通过海上救助，发扬人道主义精神，建立跨国友谊

船舶在茫茫大海上行驶，有时会有意想不到的灾难，在这个时候，海上救助就成了海员应尽的道德义务。因此，海员是海上人道主义"吉祥使者"。

我国的中远集团一直把海上救助作为承担国际人道主义的社会责任。在中远员工心目中的"同舟共济"，并不是特指在某一条船上的伙伴般的亲情互助。救助共同在海中行驶的船舶脱离险难，就是具有国际主义精神的"同舟共济"……例如，中远"鲁瓦哈"轮在印度洋上救助的"ZAHARA"轮，旅客1 200人，载货285吨，严重超载。"鲁瓦哈"轮海员不惜一切代价实行人道主义救助，在万分艰苦和危险的情况下，成功救助"ZAHARA"轮。全世界的

海难船将中远视为"救助使者"。2003年5月,18名中远员工以博大胸襟、英勇无畏的品质和精湛熟练的技能,在马六甲海峡成功救起5名遇险的印尼船员……多年来中远员工谱写了一曲曲展示中国海员人道主义精神的颂歌。

中国海员通过海上救助,展现了中华民族助人为乐、救死扶伤的传统美德,也展示了中国海员的风采,增进了各国人民之间的理解和友谊。2006年5月,在台风"珍珠"所掀起的惊涛骇浪中,交通部南海救助局在17天内拯救了300多名越南渔民的生命。这也是新中国迄今为止最大规模的国际海上搜救行动。许多越南渔民在获救后,不断用生硬的粤语激动地高喊:"感谢!感谢!"。时任越南国家主席的陈德良还向中国国家主席胡锦涛发来感谢信。信中表示,中国的救助行动"充分表现了越中两国人民同志加兄弟和患难与共的密切关系"! 交通部救捞局局长宋家慧说:"中国救捞用维护生命、维护人权的实际行动向世人展示了我们的国家,是负责任的国家;我们的政府,是负责任的政府;我们的行业,是负责任的行业。"

4. 海员是海军预备役人员

预备役制度,是指国家为战时扩充军队而预先储备兵员的制度,它是公民在一定时期内依照国家法律履行服兵役义务的一种兵役形式。参加预备役的人员,一般由退役军人、民兵和经过预备役登记的公民构成。1955年,我国颁布的第一部兵役法明确规定了预备役制度。精干的常备军和强大的后备力量相结合,是建设有中国特色的现代化国防的必由之路。

预备役是国防力量的一个重要组成部分,是战略预备队。在常规部队大量精简的情况下,建立健全预备役制度,一方面可以平时少养兵,节省军费开支,减轻国家负担,集中精力来搞社会主义现代化建设;另一方面,战时可以多出兵,打击侵略者,保卫祖国的安全。建立海军后备军,是为了建设强大的现代化国防力量,保卫伟大的祖国。

在战争状态下,商船还担负着海上作战后勤补给的任务,目前一些发达国家大都建有各种类型的预备役交通运输组织,如民航后备队、预备役船队等。不少国家还将民航等部门列入准军事部门,平时就按军事化的要求编组和管理,战时立刻转入为军队作战服务。如美国的民航后备队、国防后备役船只,俄罗斯的海军预备役船队等。海湾战争中,美空军的后备人员担负了42%的战略空运任务和33%的空中加油任务。目前美国有50%的民航空勤人员、40%左右的海员都编入了后勤预备役部队。

商船参战挽救不利局面,这在历史上不乏先例。例如,第二次世界大战期间,美国曾动用4 221艘载重吨位达4 494万吨的商船从事军事运输,共运送军用物资达2.68亿吨,运送军事人员1 119万人和其他人员31.11万人;1943年,盟军在北非登陆战争中动用各种船只4 700艘;1944年6月6日,盟军在法国诺曼底登陆时动用了570艘商船、800艘沿海船舶、180艘军用船只和2 700艘登陆舰艇参战。美国有关商船的法律规定,商船在平时载货,战时用于军事运输,商船的军事设备费用全部由政府负责。由此可见,商船在战争中起到了重要作用。因此,我国远洋运输船队在和平环境中为祖国经济的繁荣和现代化建设出力,到战时则责无旁贷地承担起保卫祖国和世界和平的神圣使命。

保卫祖国、抵抗侵略是中华人民共和国公民的神圣职责,也是广大海员的光荣任务。海员要有目的地参加军事训练,了解中国人民海军的性质、任务、纪律等精神实质,培养自身的军人素质,建立有组织、有纪律的生活秩序,学会使用武器,了解人民海军的光荣传统,树立英勇、顽强、艰苦奋斗的作风,学会在战时如何与海军密切协调,进行海军军事训练,掌握当敌人突然袭击时舰船如何操纵和防御的知识,以满足将来海上战争的需要。

航海专业学生是海军预备役的重要力量。实行海军预备役是新时代的要求,对提高航海教育、国防教育、军事教育等都有非常重要的意义。在1986年8月,国家教育委员会、国家计划委员会、劳动人事部、财政部、商业部、总参谋部、总政治部、总后勤部联合下发的《关于加强高等院校学生军事训练试点工作的通知》中,明确提出当代大学生要加强军事训练,为中国人民解放军训练后备兵员和培养预备役军官打好基础。这说明国家对大学生提高军事国防意识的重视。况且航海专业大学生不同于其他大学生,他们还和海军有着一定的联系。这可以极大地提高学生的思想品德素养,增强学生的荣誉感和爱国、牺牲精神,使航海类专业的学生真正成为国家的建设者,更成为国家的保卫者。

【补充阅读】

中英关系:一段不该忘却的历史

2006年1月23日中午,在英国著名港口利物浦码头,近百人顶着寒冷的海风,等待一个迟到60年、但对很多人意义深远的时刻。利物浦将为在二战中服务英国的中国海员举行纪念碑揭幕仪式。

丰碑铭记历史功绩

在这块纪念中国海员的黑色大理石碑上用中英文写道:

"谨以此献给曾经在二次世界大战中服务于这个国家的中国商船海员

我们不会忘记,那些献出生命的人们

请接受我们的敬意

我们更不会忘记

那些被要求离开的人们!

他们不得不离去,在这个国家不再需要他们的时候

我们也不会忘记

那些永远也不知道丈夫下落的妻子们

还有那些从未见过父亲的孩子们

让我们记住曾经发生过的一切

让历史不要重演

永远的怀念"

中英文碑文之间醒目地写着两个汉字:"和平"。

纪念碑镶嵌在面向大西洋海岸的石墙上,庄重醒目,离石墙不远的后方就是当年华人海员受雇的霍尔特公司所在地——印度楼。

中国驻曼彻斯特总领馆副总领事吴仰禹在仪式后发表致辞说:"感谢大家让这段尘封的历史再见天日。中国商船海员一直都以奉献精神、严明的纪律和吃苦耐劳著称。那些二战中在欧洲战场上为盟军服务的海员为击败法西斯主义,维护世界和平做出了重大贡献。许多人为这个神圣的事业献出了生命。他们将永远留在我们的记忆中。纪念碑是对他们服务英国的认同,也是包括华人在内的利物浦人民对他们表达的崇敬之意。"

——材料源自中国侨网:http://www.chinaqw.com.cn/news/2006/0128/68/14902.shtml

2009年12月31日,国际海事组织(IMO)秘书长米索普洛斯宣布把2010年确立为"国际海员年",以此向默默无闻却做出巨大贡献的全球150万名船员致敬。国际海事组织把2010年确立为"海员年"有四个目的:一是给海运界提供了一个机会,以感谢海员为全社会所做出的独特贡献,并承认他们在便利国际贸易中扮演的关键角色;二是推动2008年11月由国际海事组织联合国际劳工组织、国际航运商会、国际航运联合会、波罗的海航运公会、国际独立油轮船东协会、国际干散货船东协会和国际运输工人联合会发起的"到海上去"运动;三是让那些负责制定政策和为航运提供岸上服务的人们更好地理解海员们所面临的巨大压力,从而给予他们的工作以真正的同情;四是将整个海运业对海员的理解和关心明确地传递给全球150万名海员,并以尽力保证发生海难时公平对待海员、当海员被遗弃在港口时照顾他们、不以保安原因拒绝海员登陆休息、保护他们免受海盗的骚扰以及尽力确保他们在海上遭遇危险时得到及时的救助来体现这种理解和关心。

二、我国航运业的发展

我国拥有漫长的海岸线和众多的江河湖泊,水上交通运输在经济社会发展和人民群众生产生活中占有重要的地位。船员作为水上交通运输的专门从业者,其历史可追溯至秦汉时期,郑和下西洋在人类文明史和航海史上留下了辉煌的历史篇章。

有人说,21世纪是海洋的世纪,维护海洋权益,开发海洋资源,发展海洋经济成为各国关注的焦点。

今天中国已跻身于造船大国的行列,远洋船队在无垠的海洋中遨游,与世界各国人民友好往来,谱写着波澜壮阔的新篇章。

1. 新中国航运业的发展

新中国成立以后,我国航海事业得到了迅速恢复和发展。首先接管了旧招商局和所有外国在华航运企业,收回了被帝国主义窃取的全部航运主权,以最快的速度打捞修复了被国民党反动派炸沉的轮船,并恢复了沿海客货运输,再加上起义船只,我国航运业已初具规模。

建国以来,我国航运业发展经历了两大历史时期:1949~1978年计划经济体制时期;1978年后为改革开放时期。

在计划经济体制时期,新中国航运业的开创和发展经历了以开展国际合作和租赁外轮、建设国有远洋船队为主的发展历程。为建立国有远洋运输企业和远洋运输船队,于1958年成立交通部运输局,并在此基础上,于1961年4月27日正式成立了中国远洋运输总公司和广州分公司,组建了第一支自营的远洋船队,从此,揭开我国国际航运发展史上崭新的篇章。

【补充阅读】

新中国第一个远洋船队

1961年新中国第一个远洋船队宣告成立。

1961年4月27日,这一天的海水格外的蓝,随着"光华轮"汽笛的一声长鸣,首航印尼接侨也宣告着中国远洋运输总公司的诞生。新中国的船队从此开始了遨游世界,劈波斩浪,曲折壮美的发展轨迹。

原"光华轮"工作人员 李中民:

抵达印度尼西亚雅加达港口受到了当地的华侨、华人和印尼人民的热烈欢迎。船在雅加达停泊的三天当中,华侨、华人和当地印尼人民纷纷到船上来参观。他们今天看到了我们自己的船,他们非常高兴。

原中国远洋运输总公司副总经理 陈梦琦:

那时候,我们起航的时候就四条船,在这种困难下我们发展。

二十世纪六十年代初期的中国,正值经济困难,加上美国和蒋介石集团进行海上封锁,新中国的远洋运输事业就是在这样艰难困苦的条件下,凭借着区区2.26万载重吨、四条船的基础开始起步的。

原中国远洋运输总公司船长 贺心纯:

船员不仅和自然、大风大浪要作斗争,要和严寒酷暑作斗争,还要受到美帝国主义的飞机、军舰的骚扰。有一次,我们从南海通过的时候,美帝国主义的飞机就来了,在上空盘旋。因为他们俯冲得大概太快了,一下就扎到海里去了。我们全体船员团结一致,维护国家的尊严照常航行。

当时,为了彻底打破美国的海上封锁,新中国在远洋事业的初创阶段,不得不采取隐蔽的方式,与波兰、捷克斯洛伐克等国家合营组建海运公司来发展自己的远洋船队。在党和国家领导人的直接关怀下,几代远洋人从初创时期的几条国际航线的开辟,到中国南北航线、黄金水道的打通;从援外物资的运送,到紧急灾情和意外情况的救助,谱写了中国远洋航运史上一页又一页的新篇章。

原中国远洋运输总公司副总经理 陈梦琦:

政治上打破了美帝和蒋帮的封锁,使我们在国际航运上开辟了道路。经济上我们服务于我国的外贸运输,为国家的经济建设起了重要的作用。

作为新中国远洋运输事业的主力,中国远洋运输总公司从1961年成立以来,开创了一条具有中国特色贷款买船、负本经营、盈利还贷、自我发展的道路,实现了船队稳步发展。如今的中国远洋运输集团不仅改变了过去"一穷二白"的面貌,形成了拥有和经营集装箱船、干散货船、客货船和油轮等船的多样性,而且也实现了卫星导航、卫星定位、海事救助、远洋通讯现代化。中远集团不仅承担了我国远洋运输75%以上的份额,而且也成为全球最大的船运公司之一。

——材料源自CCTV《央视国际》2005年05月12日《第一个远洋船队》

与我国其他行业一样,在计划经济体制时期,国家对航运企业实行计划管理体制。在财务上实行"统收统支"的政策,企业的利润全部上缴国家,亏损全部由国家弥补;在经营上实行"统一货源、统一调度、统一运价"的三统政策。在这个时期,国家在造船贷款方面实行扶持政策,使我国的国际航运事业得到了较大的发展。1975年,我国远洋船队总吨位已突破500万载重吨。到1976年,我国远洋船队的承运量已占外贸运输中我方派船运输量的70%,基本上结束了长期以来依赖租用外轮的历史,为改革开放后全面振兴国际航运事业打下了坚实的基础。

1978年十一届三中全会以后,中国的经济体制发生了重大而深刻的变革,给中国的经济建设和社会发展带来了无限的生机和活力,使我国的国民经济和对外贸易取得了持续、快速的发展。中国的水运以建设统一开放、竞争有序的水运市场为目标,不断深化体制改革,积极对内对外开放,使我国的航运业得以迅速发展。中国远洋运输(集团)总公司和中国海运运输(集团)总公司进入全球二十大班轮公司排名榜。

中国是个航运大国,航运业是促进中国国民经济发展的重要因素之一。经过几十年的迅速发展,目前中国拥有1 000总吨以上的海船2 800多艘,约6 000万载重吨。我国的商船总吨位排名世界第八位,商船集装箱总箱位排名全球第四位,港口吞吐量和集装箱吞吐量已经连续多年居世界第一。我国航运业为我国经济持续快速发展提供强有力的保障,并为世界贸易的顺利开展做出了重大贡献。以船员为骨干支撑的航运业,担负着我国45.8%的货物周转量和93%的对外贸易运输任务。船员为发展国民经济、保障公共安全和扩大对外开放做出了巨大贡献。

随着我国国民经济持续、健康、高速发展和经济全球化进程逐步加快,在国家的高度重视和航运业界的共同努力下,我国船员发展取得了巨大成就。目前,我国船员总数已达155万,其中海船船员51万,内河船舶船员104万,船员总量居世界第一,是世界公认的船员大国。多年来,中国为了确保海员的素质和知识水平,投入了大量的人力物力,建立了完善的海员培训、考试和发证体系,全面、充分、有效地履行了国际海事组织《海员培训、发证和值班标准公约》。中国政府高度重视海员合法权利的保护,并与中国的经济发展水平相适应,不断努力改善海员的工作和生活条件、工资收入和社会福利;完善法律法规,增强政府的管控力度,丰富海员的社会保护内容。

2. 浙江航运业发展

浙江省政府高度重视航运事业的发展。从2003年起,浙江省委、省政府就提出了"八八战略"和建设"海洋强省"的奋斗目标,并把建设"水运强省"工程列为交通"六大工程"之一。

2007年6月召开的浙江省第十二次党代会报告提出了加快建设"港航强省"的经济战略思想。全面推进宁波-舟山港一体化以及温台环乐清湾地区港口资源整合,积极构建集装箱、煤炭、油品、铁矿石等四大货种的运输体系。基本形成以宁波-舟山港为干线港,温州港为支线港,嘉兴和台州港为喂给港的层次分明、分工合理的集装箱运输体系。以港口发展促进我省战略物资储运、临港工业、外贸物流等三大基地建设。到2012年,沿海港口货物吞吐能力将超过7亿吨,集装箱能力达到1 400万TEU,其中宁波-舟山港的货物吞吐能力达到5.8亿吨,集装箱吞吐能力将达到1 200万TEU。

为促进全省海运企业规模化发展、集约化经营,浙江制定了产业发展引导政策,相继出台了《浙江省海运运力发展补助资金管理暂行办法》,引导发展大吨位运输船舶、集装箱专用船舶、油船等特种运输船舶。

地方政府也积极扶持海运业发展。舟山市政府出台了《舟山市人民政府关于加快发展航运业的若干意见》,宁波、温州和台州市的部分县(市)政府也对企业在税收、融资等方面给予优惠政策。

与此同时,运力规模的不断扩大为水运的发展提供了支持。截止2010年9月底,浙江省水运运力总量达到1 776万载重吨。其中海运船舶为3 723艘,运力1 447.59万载重吨,比2009年底净增196.14万载重吨,增长幅度为15.67%。沿海特种船舶和万吨级船舶达到1 125艘,运力为1 131.58万载重吨,比2009年底净增205.89万载重吨,增长幅度为22.24%;其中沿海万吨轮增长幅度尤为迅速,运力逼近千万吨,达到969.2万载重吨,比2009年底净增197.32万载重吨,涨幅达到25.56%。今日的浙江,已是名符其实的水运大省,水运在浙江省经济发展中发挥了重要的支撑作用。

浙江水运事业发展迅速与浙江经济发展的大环境密切相关。近年来,随着浙江经济发展的加快,货源极大丰富,对交通运输的需求也在不断增长。浙江拥有众多火电厂,对煤炭的需求量巨大;浙江北部出产砂石、矿石等原材料,原材料市场丰富;浙江民营经济发达,外贸出口量大,以义乌为代表的小商品市场极为活跃,大部分商品通过集装箱船运出国门,这些都给水运的发展带来了契机。

  3. 舟山海运业发展

  海运业是舟山传统性的行业之一。近年来,舟山海运业在国内经济强势拉动下不断跃上高峰。舟山海运业正从量的增加向质的提升转变,呈现又好又快的发展态势。

  2006年3月底,舟山市首次超越宁波成为全省第一海运大市;至2009年12月末,全市有海运企业210家,海上货运运输船舶1 644艘,运力336.47万载重吨,运力比上年末增长14.9%,其中万吨级以上船舶80艘,运力144.35万载重吨,分别增加23艘和46.16万载重吨。全市海上货运净载重量为336.47万吨,比上年末净增43.71万吨,增长14.9%。2009年,全市水路货运量8 070万吨,同比增长3.5%,水路货运周转量920.98亿吨公里,增长2.9%。

  洋山港区的建设、宁波－舟山港一体化建设等本地商机,也为舟山市海运业的发展提供了千载难逢的良机,舟山港务部门趁势实施港航联动,为本地海运企业进入舟山港货源中转运输市场提供便利,促使本地海运业逐步稳健发展。未来舟山将重点发展大吨位特种运输船、大型散货船和沿海集装箱船舶,努力拓展海进江业务,重点扶持建设江海直达船队,扶持骨干航运企业发展,适时发展国际航运,积极鼓励航运企业和货主企业通过合资、合作、联营、联盟及互相持股等方式提高竞争力。同时,将打造长三角核心港池、船队母港、海员基地、船舶和航运交易中心。

  与日益增多的各类船只相比,舟山海员也是异军突起。舟山市政府成立了舟山海员就业服务中心,舟山海员劳务产业有了第一个名正言顺的管理服务机构。这个新成立的海员就业服务中心的职能是:负责做好海员就业的综合管理工作,负责海员招收、海员培训、海员外派三个网络的建立和运作管理工作;参与做好海员基地建设工作;负责海员就业市场调研、开发,拟定海员就业等优惠政策,拓宽海员就业渠道;负责做好海员就业培训和海员输出的管理和服务工作;负责建立海员人力资源库;规范各船员中介公司中介行为;负责做大做强海员管理公司;负责指导县(区)海员管理服务工作。中心众多的职能围绕着一个中心任务:打造"舟山海员"的品牌,建立全国对外劳务合作行业舟山外派海员基地。

  舟山市2010年9月25日发布《舟山市中长期人才发展规划纲要(2010~2020年)》,提出了国际海员基地推进计划,要围绕发展大航运,做大做强舟山海员品牌,造就和培养一批掌握现代航海相关理论,具备较高实操能力,能胜任现代化航运要求的应用型人才。到2020年,力争把舟山打造成全国性的海员培养基地和海员人才交流市场,累计培养15 000名左右海员。

  据海事部门登记数据表明,舟山目前有注册海员5.5万名,占全国海员总量的10%。在途经舟山的国内各类运输船只中,十有八九都有舟山海员的身影。一些国内海运大企业也开始关注舟山海员,中海集团、中远集团这两家国内数一数二的航运企业,也把招收海员的目光投向了舟山。近年来航运业的迅速发展更使舟山海员越来越受到重视。

  但一些行业人士也指出,舟山海员目前还是停留在低级船员数量为多,由于高级海员的门槛较高,从捕捞转变过来的大多数舟山海员无法具备入门资格。而目前行业中较混乱的中介、劳务输出模式,离国际上通行的也正在被国内大型航运企业所接受的船员管理公司模式有较大差距,对树立"舟山海员"的品牌十分不利。同时,"舟山海员"品牌对外宣传不够,本地培训能力不强,在很大程度上减弱了舟山海员熟悉海上生活的先天优势。"舟山海员"要成为全球海运界一致认可的品牌,还需经过一番努力。

"舟山海员":期待走向世界。

第二节　海员的职业特点

纵观全球经济发展,没人能够忽视承担90%国际贸易运输量的海运业的巨大贡献。正如国际海事组织秘书长Mitropoulos所言:"海员实际上是润滑剂,没有他们,贸易的引擎就会停止运转。"在我们为海运业深感自豪的同时,自然不能无视一个特殊的群体——海员。

让我们一起,去走近海员,了解海员,关注海员。

一、海员的职业特点

驾驶海船,漂洋过海,海员是一种特殊的职业,这一职业对从业人员具有相当高的职业素养要求。其职业具有封闭性、涉外性、独立性、团队性、艰苦性和风险性。这些特点确定了海员不仅要有强健的体魄、娴熟的专业技能,还要具备良好的心理素质、较强的环境适应能力和应对突发事件的应变能力。

根据船员的不同职务,可将其分为高级船员和普通船员,因而船员的职业特点既具有普遍性,又具有特殊性。在此首先阐述海员普遍性的职业特点。

第一,封闭性。远洋船舶穿洋越海,走出国门,驶向五大洲,船员能看到各个不同国家和地区不同的社会风貌、风土人情,接触到不同肤色的人们,见多识广,有时候我们把海员职业看作是"另类旅游"。

然而,常年的漂泊,还给人带来久久无法排解的孤独。人们害怕孤独,孤独也同样摧残人的心理和生理。人与人的交往和交流已经成为人类生活必不可少的内容。交往和交流的娱乐性、职业性、学术性、情感性、信息性等,能极大地丰富人们的生活,使人获得充实感、满足感、安全感,避免了孤独及其相随的焦虑和痛苦。然而,船员在这方面的生活却受到了极大的限制。船员职业的一个显著特点,就是在社会交往和交流方面的封闭性,特别是对远洋船员,更为突出。一般来说,远洋船员随着其候船和上船服务的活动规律,在时空分布上呈现如下循环:国内、航行、国外、航行、国内。随着船舶航速的加快,船舶自动化程度的提高,集装箱轮、大型散装货轮投入航运,以及船舶代理、货物代理、理货等辅助业的发展和改善,使得船舶运输和港口作业效率显著增加的同时,船员在港口的逗留时间也大大缩短。上万吨甚至几十万吨的船舶,在港口的停泊时间往往只有几小时或者十几小时,并且停靠这类船舶的码头由于吃水较深,往往远离市区,船员还要值班、进行船舶安全适航保养、做开航前的准备等。以上种种原因迫使船员与社会的交往,在时空和地域,在范围和内容上,越来越少。船员,特别是国际航线的船员,他们远离祖国和家乡,远离亲人和朋友,举目所见是在茫茫大海中的孤舟,船舶之外就是海和天。船员职业的这种封闭性,不仅对船员的身心不利,也对船舶的航行安全无益。

因此,海员必须学会适应封闭性的职业特点,培养良好的业余爱好,调整自身的心理状态。

【海员博客】

海员需要丰富多彩的生活

关于海员的业余生活,多年前曾听过这样一故事:有一海员,抓了一只饭蝇,便把它放冰箱里冻一冻,然后拿出来看它爬,然后又冻一冻,又让它出来爬。姑且不论这个故事的真实与否,但海员生活的枯燥可见一斑。

但这次亲眼见到他们的业余生活,其实丰富得很。船员们有的喜欢运动,晚饭后便围在乒乓球台前,一比高下;这边有运动器械,有人在上边练得大汗淋漓。有的喜欢娴静,船回国内港,下地租些影碟,然后和一两个好友,缩在小屋里,花生米下酒,看碟聊天,不亦乐乎?还有下棋看书,更不失为一种提高自身修养的好方法。还有的是数码发烧友,小屋里有手提电脑,打印机,数码相机,一叠各种各样的光盘软件,闲暇时光全都打发了……随着时代的进步,科技的发展,船员们的业余生活一定会越来越丰富。

"茫茫大海了无消息"不再是海员的生活写照。

船上装了卫星通讯系统,可以上网。当然,1分钟5美元的高昂价格也不允许我们在网上聊天。但公司每天早上会把最新的国内外新闻、公司讯息包括体育、娱乐新闻等打成一个文件包,用公司的服务器几分钟传上来。"虽然看不到中超比赛实况,可我现在天天知道比分呢!","如果要聊天,船上也有个内部局域网。"

集各国硬币是我二十年前开始的业余爱好,刚参加工作时兴趣最浓,那时我在秦皇岛工作,秦皇岛是个港口城市,来往的外国海员很多,海员一般满世界跑,许多海员身上都有不少国家的硬币。我于是把目标锁定在这些海员身上。我经常去海员俱乐部,认识几个在那工作的工作人员,也常常碰到外国海员,收获真不小。大约用了两年时间,我就收集了五十多个国家的硬币。

【课堂讨论】

谈一谈你的业余爱好。在大学里,如何培养自己的业余爱好。

第二,开放性和涉外性。船员人际关系具有船舶内部小群体交往的封闭性,同时又具有面向世界时空的开放性。人们常把远洋船形容为"浮动的国土"。船舶是一个运动载体,它航行于国内外各个港口,到达不同民族、不同社会制度的国家。船员会通过海上运输这一工作媒介与各式各样的人发生交往。所以船员人际关系小群体的封闭性特征是相对于船舶内部而言的,在更广泛的意义上说,船员人际关系还具有显著的开放性。

船员在国内航行所表现的开放性是接触自己的同胞,但中国幅员辽阔,民族众多,18 000公里的海岸线,分布着众多的港口。对各个港口城市的风土人情的了解,并使这些长期积累的经验运用到工作和生活中去,对提高工作效率会有很大的帮助。而对于航行在世界各国的船员,与人交往的开放性就显得更为突出。不同的社会制度和民族特点,不同的道德观念和不同的风土人情,都会使船员的人际交往变得更为复杂。例如,船员在对外交往中,不能简单地用自己的习惯来对待他国的人员,应该在充分尊重他国习惯的基础上,进行经济贸易和友好往来,否则将不利于正常的对外贸易和建立良好的对外交往关系。

第三,独立性与团队性。船舶自动化程度的提高和卫星导航定位技术、无线电通信技术的发展,使得船员在船内的交往也明显减少,船舶进入正常(定速)航行时,甲板部、轮机部的值班船员仅各 1 人,自动化程度更高的船,甚至全船仅 1 人值班,值班人员的孤独感反而增加了。

船舶上所有船员岗位明确,职责到位,处于"一个萝卜一个坑"的状态。船舶航行或停泊都由船长依照航线作出决定。这种长期漂泊于大海的实际状况要求远洋船员具有高度的独立开展工作的能力。

因此要独立地解决困难和各种问题,对海员来说,其知识面的要求非常广泛,这是一般陆地职业要求所罕见的。船员职业所要求的专业知识涉及航海、造船、贸易、法律、电子、通信、海洋、天文、地理、语言、社会、人文、医学、心理等学科。同时,还要求船员有能够抵御风浪和承担艰苦工作的良好体格,有战胜险恶环境和在困难面前坚韧不拔的顽强意志,有临危不惧的健康心理,有应对紧急或重大危险的应急反应能力。

一艘船是一个有凝聚力的集体。海员职业不仅具有独立性,而且具有较强的团队性。远洋航行是集体生活的整体行为。一旦登上远洋船,全体船员就构成了一个同舟共济、生死相依的集体。共同的事业和命运把船员们紧紧地联系在一起,他们一损俱损,患难与共,因而具有较强的群体性特点。

【课堂讨论】

换寝室请来搬家公司　大学生自立能力在哪里?

学校调寝室,学生忙搬家。一张搬家公司的小广告贴到了寝室楼上,别说,还真有不少学生要求代劳。

搬家愁坏女学生

从上个月 29 日开始,沈阳大学要求学生调寝室。上大三的小刘为搬家的事儿,忙乎了好几天了。

有的学生是在一个楼里搬上搬下,还有的同学的寝室从华山楼搬到了黄山楼。小刘的新寝室在学校南院,而老寝室在学校的北院,什么都不带都要走个十来分钟。三大箱子的衣物,靠一个女生实在搬不动。找同学帮忙,人家也有行李,也要搬家,这可怎么办?

丢了东西可怎么办

正上火呢,同学告诉她,寝室楼下贴了个"小招贴",上面写明帮忙搬寝室,自己搬寝室就是找他们帮忙,而且明码标价,9 块钱一个人,6 人一个寝室的,搬全寝室的行李优惠价 50 元。

可小刘的东西还没搬完,就听到同寝室的同学小声嘀咕,"让他们来宿舍,要是丢了东西怎么办?"

路途近最好自己搬

沈阳大学学生处的李老师建议,如果是同楼或比较近距离的调寝室,学生不需要找这些"搬家公司",因为搬寝室可以锻炼学生的自立能力,是融洽同学关系的好方法,同学之间互相帮助就好了。

——新闻来源:http://news.nen.com.cn,2006 - 09 - 04,东北新闻网

讨论话题:大学生如何培养自立能力和群体生活能力? 以搬寝室为例。

第四，技术性与风险性。航海是一种技术性很强的职业。海员若没有扎实的技术水平与较强的业务能力和应变能力，是很难保证价值相当于一个中型企业的全部固定资产的船舶在大海中安全行驶的，而且随着航海技术的发展，船舶自动化程度不断增强，现代海员需要掌握的新知识越来越多，特别是自动化方面的知识。众所周知，航海自动化主要是在以下三个方面实现的：一是导航手段的自动化，如避碰雷达和全球卫星定位系统的应用；二是通信手段的自动化，如 GMDSS 的应用；三是船舶动力推进装置的自动化，如无人机舱的问世。所有这些，无一不对现代海员的技术水平提出了更高的要求。此外，新航线的不断开通，海洋条件、航道、港湾的不断变化，运输货物种类的不断增加，船员职责的不断重叠，世界性航海类法律公约的不断出台，对外劳务输出的不断扩大等均对现代海员的综合素质与技术水平提出了新的要求。船员的适任性将作为船舶是否适航的重要条件，航海职业的技术性特征越来越突出。

海洋运输属于高风险行业。虽然现代化船舶把这种危险降至最低，但是变化莫测的大自然仍使航海险象环生。恶劣的气候、海况、急流、险滩、暗礁，船舶航行、操纵的特性（行动不便且惯性大，难以控制和制动），船舶所载货物的危险性和对人体的危害性，以及船舶航行或停泊还受到国家和国际政治、外交风云变幻的影响，使得船舶时刻潜伏着诸如碰撞、搁浅、触礁、倾覆、火灾、爆炸、有毒有害物质的侵蚀、海盗（江洋大盗）、战争等威胁，船员有时会面临生与死的搏斗与考验，险风恶浪、暗礁险滩始终在向航海勇士挑战，只有经过惊涛骇浪洗礼并战胜它的人才有资格领取海船上岗证。

第五，复杂性与管理性。远洋运输情况比较复杂，包括航区、航线复杂，货品复杂，港口社区情况复杂，远洋船员思想状况复杂。航区、航线复杂，影响船舶安全的因素多，在大洋中或船抵经济落后地区遇险情或疾病时抢救困难，使船员易产生恐惧心理。货品复杂，既有超长笨重的大件，也有易燃、易爆、含剧毒的危险品，确保安全第一成了较突出的问题。港口社区情况复杂，外事活动对船员的业务和政治素质要求高，任何不妥或越轨的言行都可能酿成祸事。

海员的劳动关系也具有复杂性：他们要处理与企业的关系、与中介公司的关系、与国外船东、货主及船员的关系，还会面临不同民族、语言、文化、政治、法律等差异带来的困扰。有些问题不从根儿上解决，那只能是头痛医头，脚痛医脚，解决不了实质问题，员工的积极性得不到发挥，有碍于海洋运输的发展壮大。

现代海员职业的管理性体现为：船员各司其职，顶班操作，对船舶维修保养和严格管理，不可有一丝一毫的疏忽。现代化船舶结构复杂，更需要每一名船员具备高度的管理意识与水平。管理水平的高低，决定着航运企业的生死存亡。当年"华铜海"轮的先进经验之一就是严格管理，使旧船如新。"华铜海"轮自走向市场后，在管理上就实行了一项重大改革，即把维修与保养绑在一起，把海员的命运、荣誉、利益与船舶紧紧地融在一起。此外，"华铜海"轮还吸收国际航运业的先进经验，探索符合中国国情的管理办法，形成了科学的管理模式，创造出高效益，成为振兴中国远洋事业的中华名牌船舶。

第六，艰苦性。海员是一种艰苦职业。首先，船员的劳动强度高。对于甲板部的船员，由于甲板设备的增加和船舶载运量的增大以及船舶除锈、修理、抛锚、带缆、起落吊杆、开关舱、油漆、高空或舷外作业、装卸、货物衬垫、扫舱等，劳动强度都非常大，而且都是露天作业，经受烈日暴晒和冰冻霜打。对于轮机部的船员，机舱内的工作环境都是高温、高噪音、振动、空气污染，环境温度高，机器的噪音大。第二，船员除了常年受尽风浪、高温、噪音和高强度劳动的折磨,还由于远程航行,春夏秋冬季节变化无常,恶劣的气候和海况下难以正常的饮食和起居,船舶进出港口时间无常使得工作时间不分早晚,船员的生活规律非常差。

大地是静止的,大海却是浮动的。一叶扁舟,在汹涌的浪峰上摇晃,海员在船上,路走不稳,饭吃不好,觉睡不香。但值班员必须坚持工作,在驾驶台,要瞭望航路,掌握航向航速;在机舱里,要保持机器的运行,对设备出现的问题要及时地进行处理。风浪大时,晕船严重,有的人胃里面翻江倒海,但仍要坚守岗位,因为安全生产容不得一丝疏忽。海员的生活充满了挑战性,市场上的激烈竞争,自然界的风云变幻,设备上的疑难杂症,某些海域的海盗土匪,都不时地向海员发出挑战,但男子汉的斗志却因此而更加旺盛,一次又一次,困难和艰险都败在海员的脚下!

海员的职业是艰苦的职业,社会必须保障他们的生活、工作条件。在十届五次全国人大会议上,中国远洋运输(集团)总公司党组书记张富生提交了《关于我国应批准实施〈2006年海事劳工公约〉的建议》。2006年2月,在第94届国际劳工大会上,100多个国家的政府、工人、船东代表经过审议,以314票赞成、4票弃权、0票反对高票通过了《2006年海事劳工公约》(以下简称《公约》)。《公约》的主要内容:一为"海员上船工作的最低要求",包括了最低年龄、体检证书、培训和资格、招募与安置等方面内容;二为"就业条件",包括就业协议、工资、工作和休息时间、年休假、遣返、船舶失事后对海员的赔偿、安全配员、海员职业和技能培训及就业机会等方面;三为"船上居住、娱乐设施、食品和膳食",包括居住舱室和娱乐设施、食品和膳食等;四为"健康保护、医疗、福利和社会保护",包括船上和岸上医疗、健康保护和安全及防止事故、使用岸上福利设施、社会保障和船东的责任等;五为"符合与执行",包括船旗国的责任、港口国的责任和劳工提供国的责任等方面的内容。

二、远洋船员的职业特点

远洋船舶是一个相对独立的机构,高级船员与普通船员的职业特点既有共同性,又有特殊性。

1. 远洋船长的职业特点

第一,指挥性。船舶是一个特殊的集体,集生产、生活、风险于一体。船长是船舶的最高领导者,是肩负重任的责任人。我国《海商法》明确规定:船长不仅对船员、旅客和在船其他人员有在职权范围内的指挥命令权,而且对船舶货物、船舶航线、外事处理等方面也有指挥命令权,并可以在船舶范围内对有犯罪行为者实施司法上的指挥命令权。国际公约ISM规则专门就船长的责任和权力做出了规定,明确了船长在安全管理体系中的地位。《中远集团远洋船员职务规则》规定,船长是船舶领导人,受船东委托管理船舶,对船东负责,全面负责船舶安全运输生产和行政管理。以上规定,从法律层次和公司规定的角度,确定了船长的地位和责任,船长作为船东委托和法律规定的船舶管理人,对船舶、货物、人命和防止海洋污染、保护海上环境负有最重要的责任。

远洋船舶航行在浩瀚的漫无边际的大海中,一艘船是那样渺小,那样孤独无助。然而,船舶的价值却非常昂贵,加之货物价值,总价值上千万元甚至上亿元,并且船上有十几名至几十名船员,船长必须具有干练果断的指挥才能和一个人拍板的勇气和魄力。远洋船舶每个岗位都有精细的分工和相互紧密的衔接,如果在某个环节上未听从船长指挥,行动出现问题,就会直接影响整个航运的正常进行,甚至导致船毁、货损或人亡。船长的责任决定了他在船上的权威性,这个地位不是其他人可以替代的。在关键时刻,往往船长的一声命令就决定了全船人员的安危。因此，船长必须具备良好的综合素质，大智大勇，沉着冷静，稳若泰山，正确指挥，保证船舶、货物及人命安全。恩格斯在《论权威》中指出："能最清楚地说明需要权威，而且需要靠专断的权威要算是汪洋大海上航行的船了。"这充分说明了远洋船长职业指挥性的特点。

【补充阅读】

《中华人民共和国船员条例》第二十二条规定：

船长在其职权范围内发布的命令，船上所有人员必须执行。

高级船员应当组织下属船员执行船长命令，督促下属船员履行职责。

【释义】 本条规定了船上人员之间的命令服从关系。

船长全面负责船舶的管理和驾驶，是船上职务、地位最高，权力、责任最大的人。船长在其职权范围内发布的命令，船员、旅客和其他在船人员都必须执行。船东本人、船东代表属于在船人员的，也是如此。

船长超出其职权范围所发布的所谓"命令"，不视为他以船长身份发布的命令，其他人可以不执行。

大副、轮机长、事务部（客运部）主管等高级船员应当组织带领所分管的低职务船员妥为执行船长发布的命令，并督促低职务船员履行好自身职责。下级船员对上级船员依据有关规定所作出的职责安排、指令，有服从、执行的义务。上级船员督导不力造成不良后果的，应负一定责任。

作为一船之长，是船舶行动的决策者和指挥者，正确的决策和指挥，来源于大量真实的信息，并将各种信息进行综合分析和研究，去伪存真，避虚就实，用自己的知识、智慧和经验进行科学的专业判断。若有了正确的判断，则应立即采取认为必要的措施和行动。若对自己的专业判断的正确性有怀疑时，则宁可信其有而不可认为其安全，要及时采取决定性行动，决不能在模棱两可的状态中犹豫不决，前怕狼后怕虎，因而失去转危为安的宝贵时机，以至酿成灾祸。特别在船舶安全管理和船舶操纵中，一定要坚守这一决策原则和理念。

第二，涉外性。船舶航行到世界各地的港口，与港方接触最多的是船长。作为一名船长，他必然要与各国港口的公务人员、船舶所有人、货主、外轮代理乃至在发生海事等特殊情况下与外国司法部门发生联系，处理围绕航运所发生的一切涉外工作。远洋船长在涉外工作中，要严格遵守国际有关法律及公约，维护国家权益与民族尊严，树立起中国船长及中国航运公司乃至中国人的良好形象。

因此，一名优秀的船长，不仅要具备良好的政治素质、生理（心理）素质，较强的业务、技术素质，还要有外交家的基本素质和一定的谋略管理能力，只有这样，才能有效地预防和控制船舶海事的发生。

第三，科学性。作为驾驶、控制船舶的总负责人，船长应当是一个驾驶专家，要掌握海图，熟练掌握助航仪器的性能和使用方法，组织制定详细的航行计划，标识航次可能遇到的风险，制定预防和应急措施，全程监控、检查驾驶人员的驾驶工作，及时改正错误的航行操作，亲自指挥各种特殊情况下的船舶航行，如离靠码头、狭水道航行、雾航、大风浪中航行、锚泊操作等。因此要求其职业带有科学性的特点。只有掌握丰富的科学知识、精湛的技术能力和一流的外语水平,才能正确使用、检修设备,准确操纵船舶,科学配载货物,才能顺利地完成航运任务。只有掌握各海区的气象、潮流、航道、天文、港湾等特点和详尽的情况,具有丰富的航海实践经验,才能作出科学的决断。如果差之毫厘,就会谬以千里,就会造成危险的局面。

随着科学技术的高速发展,现代通信技术、信息处理技术及计算机技术在航海上的大量运用,在这十年及其之后的船长任期,航海技术势必发生翻天覆地的变化,没有人能准确预测到船员什么时候应具备何种技术和知识。按照普赖斯的"按指数增长规律"的知识增长速度理论,随着时间的推移,航海技术和知识更新速度将越来越快,工作时间越长,要求船员具备的技术和知识越高。所以,船长在平时工作中,除了注意积累实践工作经验之外,还应注意不断学习新技术、新知识。只有这样才能在平时航行当中或遇到不利局面时,做到心中有数,作出正确决策,使自己在船员树立威信,监督、指导他们业务时,船员才心服口服;反过来,如果一个船长固步自封,不思进取,这样他工作时间越长,知识就越陈旧,除了难以承担提高新船员的业务素质的重任之外,最终不可避免地会被淘汰。

第四,经营性。远洋航运为世界贸易提供了重要条件,而远洋航运业的发展与远洋船长及全体船员的优质运输及有效经营是分不开的。在当前国际航运市场竞争激烈的情况下,船长应有突出的市场意识,指挥管理好船舶营运,以优质运输创造信誉,以信誉争取货源,以货物取得效益。只有船长有效地经营好船舶,力求节约各种费用,做到签单无误,不因工作上的疏忽造成公司利益的损失,抓紧船期,多装快跑,选择经济航线,保证船舶安全,才能最大限度地创造经济效益。因此,远洋船长不仅是船舶安全航行的指挥者,而且更重要的是船舶的直接经营者和船舶经济效益的直接创造者,其职业具有很强的经营性特点。

【补充阅读】

用商务意识抢船期

广州远洋的"乐泰"轮第 22 航次在吉大港卸货,由于经常下雨,卸货进度缓慢。经常是工人刚一上班,就开始下雨,于是工人离船,等一会儿雨停了,又没有人卸货了。"乐泰"轮船长非常着急,赶紧向装卸公司经理、收货人深入了解情况,原来是因为装卸公司不愿意付给工人待时费,一下雨工班就撤掉,造成了雨过天晴而没有工人卸货的情形。船长在得悉内情后,立即和航运代表协商,一致建议广远公司适当补偿装卸公司一些待时费,从而保证有 3 个工班在船上待命,随时可以伺机卸货。公司同意了这一计划,结果卸货速度大大提高,至少抢回了 7 天船期。

分析:一个优秀的船长不仅仅要开好船,还要有强烈的商务意识,善于经营。"乐泰"轮船长在卸货遇到困难的时候,不是坐等业务员来解决,而是主动出击,联系有关方面,深入了解影响卸货的缘由,并提出切实可行的方案。结果以少量的投入,获得较大的回报。"乐泰"轮支付一点工班待时费,而抢回 7 天的船期,无疑是非常划得来的事情。

2.远洋船员的职业特点

第一,服从性。现代海员作为海军的后备军,应该具有军人的气质和风姿,应以服从为天职,用严格的纪律约束自己,一切服从船长的指挥,不得有丝毫的差错。远洋船舶像一部庞大的机器,若有一个螺丝钉松动,拧不紧,就容易导致船毁人亡的惨剧发生。据世界海事组织的统计,国际上所发生的海难事故有85%是责任事故,是人为因素造成的,是可以避免的。其中很大因素与船员不服从指挥及违反操作规程有关。在国外,有的船员不听从指挥、不守纪律而造成漏船,有的甚至掉入色情陷阱,被囚禁。随着中国海员劳务输出规模的不断扩大,对船员的服从性要求越来越严格,因此远洋船员的职业首先要求船员听从命令并服从指挥。

在一艘船舶的船员群体中,职责及权力线十分明确。船长是船上的绝对领导,每个船员的工作都有明确的分工,这种特点既要求船员在某些方面对自己的上级必须服从,又在一定范围内使船员获得自主权。

为了保证船舶的高效而安全的营运,法律和船公司赋予船长和各级领导者明确的决策和命令权,同时也体现在明文规定的领导者有关职责之中。通常,船长或部门负责人在相应的职责范围内所发布的命令不容下级讨价还价,只能执行,否则后果可能不堪设想。下级必须树立起服从意识,对上级发布的命令,即使有不同的看法,也必须首先执行,事后再与领导交换意见,以确保船舶工作的协调一致。

当然,绝对权威和强烈等级观念也有一定的负面效应,易产生上级对下级的不信任和下级对上级的对抗心理,这种上下级关系的非正常发展会阻碍船员良好人际交往的建立和持久,船员之间就会缺少友谊、理解和关怀。因此仅仅靠绝对权威的工作不可能使下级工作人员全面而协调地配合,进而降低船舶的工作效率,这就需要船舶的高级船员关心低级船员,加强沟通,培养船员对船舶的忠诚度。

第二,流动性。由于海上运输的特殊性,船员不可能像陆地上的工厂、机关那样长期固定在一个工作单位和空间。一般来说,大多数船员可能公休一次就换一条船,长的航线可能只有一年左右的同船时间,短的航线,航行几次后也会因公休或工作需要而调往他船。就一艘船而言,几乎每个航次人员都要变动,重新组合调整,内部组织经常变化,时常是船员们在一艘船的一个航次里刚刚熟悉,工休后又是新的全班人马。这一工作性质决定了船员人际关系具有频繁的流动性。

由于这一特点,船员的人际关系可能会出现这样两种情况:一是调动频繁,大家十分珍惜友谊,团结一致,同舟共济,努力工作,产生"相见亦难别亦难"的诚挚相处的心理凝聚磁场;二是由于大家相处的时间短,彼此之间不了解,思想、性格、兴趣又不熟悉,所以一下子不能适应人际交往,往往产生相互戒备的心理距离。这种交往心理对船舶的安全航行、优质生产会造成很大的影响。这就要求船员有较强的能力,善于与各种个性的人交往,而不至由于环境变化、人际交往不适应而影响工作。

第三,单调性。海员远航时,由于长期与社会、家庭分离,海员要比常人忍受更多的分离之苦。远航期间,工作形式固定呆板,缺少丰富多彩的生活,外界信息闭塞,不能见到亲朋好友,不能领略和体验尘世的喧闹,周围环境天天如此,同样的海,同样的住舱、灯光、颜色、气味和饮食,同样的娱乐,甚至连完整的休息也没有。

每天以固定的程序周而复始地工作生活,结果是有限的、同样的感觉贯穿于全部心理活动。而人们在陆地生活中已习惯的经常体验的感觉直觉却严重匮乏,由于这种感觉负荷不足的心理状态的发展,有的海员可能出现紧张疲劳、焦虑、寂寞、抑郁、悲观、情绪紧张过度与能力降低,出现视听错觉,自我感觉差,情绪不稳定;有的海员甚至导致观察、操作行为中的疏忽大意与失误,以及放松警惕性和应付复杂情况的能力下降。

国外对海员进行专门医学调查的结果表明,同样的航海条件和枯燥的海上安全生活,每个海员的反应并不完全相同。那些在日常生活中不安心和不满意的人,在完成单调工作时,常会感到非常烦闷。渴望与外界积极接触的人对航海环境非常敏感。注意力集中于内在心情的人(内向型)受航海环境的影响较小。因此在选拔航海人员时,应考虑他们对单调工作性质的敏感程度。

在航海实践中,要减轻海员单调性心理感受的方法很多,如选择合适的工作速度和节奏、合理地分配工休、交替不同的活动、变换劳动的方式和调整周围工作环境(如合理照明、多样性色彩装饰和适宜的温、湿度等)均可作为改善航海环境的补充措施。要想当一名好船员,必须经受单调、寂寞的考验,培养多种兴趣来丰富业余生活。

【补充阅读】

挑战"寂寞"

当今海员穿一身得体的海员服,戴一顶大沿帽,有与众不同的风度,有传奇的经历,有普通人望洋兴叹的美元,确实令人羡慕,难怪一些大胆的姑娘非海员不嫁。但他们也有远离陆地,远离亲人,远离异性,远离当今各种信息等常人难以想象的痛苦。

海员离开祖国一二个月为短航,四五个月算长航。有风时候多,无风时候少,摇晃、颠簸、噪音、季节交叉、时差变换,这些对职业海员都不算什么。唯独寂寞难耐,无处倾诉,无法发泄,就好比在乏味时想抽一支烟又找不到的那种感觉。在船上就曾有这样一对要好的铁哥们,他们一个是水手,一个是机工,两家又是一栋楼里的邻居,又多次同船,无话不说。船在国外已航行四五个月了,听不到广播,看不见报纸,收不到家书。一天周末喝酒,俩人将饭菜打回房间,开了一瓶烈酒,你敬我,我劝你,一瓶酒见底,开始打酒官司,两个都说自己喝的多,"不服,是骡子是马拉出来遛遛"。结果是谁也不服谁,两人开始大声吵,而后动手从床上滚到地下,大打出手,这才引起众人注意,等将二人拉开,两人都已鼻青脸肿。第二天酒醒,双双找政委要求处分,并都主动承担责任,愿替对方接受罚款。

类似这样难耐寂寞,做出"出格"的事数不胜数。但这毕竟是少数,大多数船员都能战胜寂寞。我有3位同学,他们消磨时间的方式与众不同,一位自上船那天起就英语不离口,几年后英语会话自如,说写听无一不精,后来有公司发现这是个人才,便调他到陆地做了一名公司部门经理。一位同学自上船那天起就自学法律,现已取得律师证书。而另一位同学则锲而不舍地追求一种海洋诗的写作,也已成为小有名气的海洋诗人。

同样都在感受寂寞,但又各自感受不同,男人的寂寞就好比一杯烈酒,看着清流,闻着诱人,品到嘴里却是又辣又涩,完全变了滋味。古往今来多少文人墨客独独喜欢花前月下、竹林松间酌一壶酒,温诗情,观棋趣,赏风浪,其实那不过是他骨子里难以下卧而已。不然半夜三更的何以要"举杯邀明月","听夜船吹笛两箫箫"?古人寂寞时还有明月可赏,笛箫可听,可海员寂寞时只能是"明月不知伊人在,两耳塞满风涛声。"海员寂寞哭也无味,笑也无声。然而只要能够将这种寂寞转化成有意义的工作或学习,那么寂寞又有何妨?

——选自《中国海洋报》第838期

【海员博客】

宁静以致远,淡薄而明志

我在中海集团"昆仑山"轮上实习,顺利完成海上教学实习任务。实习期间,勤于实践,虚心好学,不怕吃苦,尽职尽责,得到实习指导老师、船长、驾驶员、水手长的一致好评。

实习让我亲身体验了船员的生活,班级里的许多同学并不适应这种生活,实习也考验了我们毕业后是否跑船的决心,不少同学因为晕船或觉得船上的生活太单调无聊而决心不跑船,而我相反,我不晕船,也觉得我能适应这种船员生活,我比较随遇而安,反倒喜欢船员的这种"宁静以致远,淡薄而明志"的生活,这种生活有似在一个游动的海岛上生活,给人一种超脱感,还原人的原始的自然心灵的"纯净、宁静……",目睹和感受当今这个复杂的社会,反而喜欢上这种别样的生活。实习生活是轻松的,可是一个月下来,同学们个个吃不消,一个是晕船,再一个是不适应这种生活(包括心理的不适应,一时调适不过来),而我倒是例外,吃胖了,哈哈。

三、海员职业特点与职业道德的关系

首先,职业特点是培养职业道德的基础。职业是一个历史的范畴,不是永恒不变的,职业特点也是不断发展变化的。职业道德随着社会分工和职业的出现而产生,人们从事的各种各样职业的劳动是各种职业道德形成和发展的实践基础。一个社会有多少种职业就有多少种职业道德,这是因为人们无论从事何种职业,总要与他人发生联系,总要对社会承担一定的义务,这就需要遵守一定的职业道德,以调整、处理个人与他人,个人与社会的种种关系。可见,职业的不同特点是形成职业道德的基础。

其次,海员的职业特点规定和影响着海员职业道德的形成与发展。

海员职业是一种独具特色的职业,有其特殊的服务对象、专业技术要求和道德规范。职业的内容是其职业生活,而海员的职业活动是其职业生活的主要内容,包括海员在职业岗位上按照职业要求从事业务活动,履行工作职责,使职业对个人和社会的作用得以实现。海员的职业特点是由其职业与职业生活派生与发展而来的。海员的职业特点规定和影响着海员道德的形成与发展,其间有着内在的、互相制约的关系,例如,海员职业群体性的特点要求海员具备服从命令、严守纪律的职业道德规范,特别是当代海员操纵现代化船舶,服从命令、严守操作规程的要求就更高,不允许有一丝一毫的差错、疏忽,否则就会酿成船毁人亡的惨祸。因此,研究海员道德必须首先研究海员的职业特点。

思考与练习

一、填空题

1. 海运较陆运有许多优越性,如_____、_____等,这样就突出了海员在对外贸易中的作用,对外贸易离不开海员。由此可见,海员是开展对外贸易、发展国民经济的纽带和桥梁。
2. 远洋船员的职业特点是具有_____、_____和单调性。
3. 远洋船长的职业特点是具有_____、_____、涉外性和科学性。

4. 据世界海事组织的统计，国际上所发生的海难事故有 85% 是责任事故，是_____因素造成的，是可以避免的。其中很大因素与船员不服从指挥及违反_____有关。

5. 我国《海商法》明确规定：船长不仅对船员、旅客和在船其他人员有在职权范围内的指挥命令权，而且对_____、船舶航线、外事处理等方面也有指挥命令权，并可以在船舶范围内对有_____行为者实施司法上的指挥命令权。

6. 远洋船员的职业特点，第一是具有_____性。现代海员作为海军的后备军，应该具有军人的气质和风姿，应以服从为天职，用严格的纪律约束自己，一切服从_____的指挥，不得有丝毫的差错。

7. 就一艘船而言，几乎每个航次人员都要变动，重新组合调整，内部组织经常变化，时常是船员们在一艘船的一个航次里刚刚熟悉，工休后又是新的全班人马。这说明远洋船员的职业具有_____性，人际关系具有复杂性。

二、简答题

1. 如何看待远洋船员工作的单调性？
2. 如何认识海员职业的开放性与封闭性？
3. 如何认识海员职业的独立性与群体性？
4. 如何看待海员职业的技术性？
5. 如何看待海员职业的复杂性？
6. 当代海员的作用主要体现在哪三方面？
7. 如何正确看待海员职业的服从性？

三、分析题

国际海事组织秘书长 Mitropoulos 先生在 2010 年国际海员年的贺词中指出：作为驾驶世界船队的海员，全球化经济完全依赖他们的存在。海员实际上是润滑剂，没有他们，贸易的引擎就会停止运转。这支劳动大军得不到承认，还或多或少被认为是理所当然的，这肯定很令人沮丧。例如，当我们开灯时，我们一般不会停下来去想所有那些在石油开采和生产过程及随后在发电和输电等行业各个不同领域中为了使电灯亮起来而付出劳动的人们。当我们日常坐在桌前享用面包时，也不会停下来去想，是谁将粮食运来，使我们本地的师傅能够烤出面包。当我们面临严冬时，我们也不会停下来去想，谁从遥远的产地运来了油，为我们的家供暖，为我们现今极其依赖的能量提供燃料。

你认为应怎样全面看待海员的作用。

第二章　职业道德与职业素养概论

第一节　职业道德规范体系

所谓职业道德,是指从业人员职业生活中处理和协调人与人、个人与社会、人与自然的关系的道德准则,是一定职业范围内的特殊道德要求,即整个社会对从业人员的职业责任、职业态度、职业技能、职业纪律和职业作风等方面的行为标准和要求。

职业道德,有着极其丰富的内涵。综合起来看,职业道德大体上由八个基本要素构成,即职业理想、职业态度、职业责任、职业技能、职业纪律、职业良心、职业荣誉和职业作风,如图2-1所示。

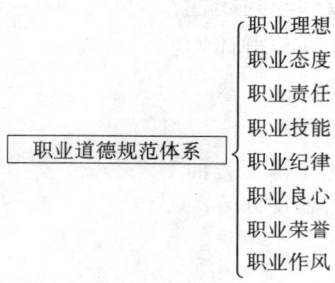

图2-1　职业道德规范体系

一、职业理想

理想是人类特有的一种精神现象,是同奋斗目标相联系的有实现可能性的设想和构想,是人们的信念和追求。它包括三个基本要素:一是社会生活发展的现实可能性;二是人们的愿望和要求;三是人们对社会生活发展前景的形象化构想和设想。

【补充阅读】

董浩云:理想与成就

父亲是位既平凡又不平凡的人,他出生在一个小康商人家庭,却勇敢地闯入一直为洋人所霸据的国际航运业,并战胜无数艰难,终于获得"船王"的头衔。作为第一位华人船王,他为国家和民族赢得了尊严和骄傲。

父亲的成就来自理想,他立志要做"郑和第二",再创我国在世界航运史上的辉煌。因为有理想,他坚持进取,百折不挠,用父亲自己的话说,是"在惊风骇浪中挣扎奋进"。中国的道德文化是他无穷力量的源泉。父亲终于实现了自己的理想。

——摘自金董建平《理想与成就》前言

董浩云是董氏航运集团创始人,世界七大船王之一,被誉为"现代郑和"。董氏航运集团最兴旺的时候,旗下的船舶有近150艘,载重量超过1 200万吨,航线遍及全球。

董浩云1911年出生于浙江定海,从小就对航海心驰神往,对郑和七下西洋的故事尤其兴趣浓厚。"本人自幼即对海洋发生兴趣,以船为第二生命",他曾在一篇文章中如此表明心志。据董浩云一位旧交回忆,有一天董浩云在轮船码头工作时不慎绊倒,手提包内掉出一本英文字典。当时,中国航运业的翘楚顾宗瑞正好在场,认定他是一个努力上进的人,于是一手栽培他到航运界发展。

在纽约,董浩云办公室的显眼处放置着一艘旗舰模型,这是按照15世纪中国伟大的航海家郑和所乘坐旗舰仿制的。当年郑和率领庞大的舰队七下西洋,写下世界航海史最光辉的一页。董浩云追随前贤,再谱新章,终于成为世界上一位著名的独立船东和跨国经营的企业家。

董浩云简历

1911年出生。

1927年16岁,中学毕业考入航运业训练班。

1928年17岁,任职天津航运公司。

1933年22岁,创立航运公司,同一年爆发日本侵略战争。

1937～1941年26岁,创立不足一年的航运公司因抗日爆发破产。30岁在香港成立不足一年的公司被日军接管。

1950年39岁,公司船只被扣,面临财务困境。

1959年48岁,在日本建造7万吨超级油轮"东方巨人",为当时世界上十大油轮之一。

1963年52岁,首开香港至美国东岸定期航线。

1966年55岁,首开香港至欧洲定期航线。

1970年59岁,购置"伊丽莎白皇后"邮轮,并改建为"海上学府"。

1973年62岁,成立"东方海外货柜航业公司"专门经营集装箱航运,拥有22艘集装箱运输船。

1982年71岁,心脏病发,在养和医院病逝。

理想是一个永不过时的话题,任何时代的人类都需要理想。理想是对一系列可能性的选择和追求,是对现实不停的超越。人生实际上就是为了实现人类理想境地而不断努力进取的连续过程。理想是指路明灯,没有理想就没有坚定的方向,而没有方向,就没有生活。理想是人的精神支柱和生活动力。同样,理想作为人生的奋斗目标和精神支柱,在海员的工作和生活中起着极其重要的作用,指引着海员擎起挺进21世纪中国航运业胜利的旗帜前进。

1. 职业理想的含义

所谓职业理想,是指一定的职业道德原则和职业道德规范在一定的职业和从业者人格上的实现,是从业者对符合自己意愿的职业工作的种类以及所达到的成就的追求和向往。

职业理想与职业道德有着密切的联系。职业理想是职业道德的前提,海员只有树立坚定的职业理想,才能有踏踏实实的行动,才能自觉地用职业道德的规范约束自己,才能成为一名道德高尚的称职海员。若无明确、坚定的职业理想,就根本谈不上培养海员的职业素质与职业道德。

职业理想是伴随人生观的确立而逐渐形成的,一般来说,个人对职业的要求可以概括为三要素:维持生活、发展个性和承担社会义务。人的职业理想受诸多因素的影响,时代、社会、家庭等外在条件,个性、爱好、特长、能力等内在条件,职业理想是在客观决定和主观选择的辩证权衡中确定的,因此我们必须处理好"职业理想"与"理想职业"的关系。当我们的职业理想在"理想职业"中实现的时候,当然皆大欢喜,春风得意,能够有效地激发我们的工作积极性和创造性。但大多数情况下我们的"自我设计"在现实中不能如愿以偿时,就会出现一些思想波动,产生一些负面效应。例如,一个喜欢富有挑战性工作的人却从事着相对稳定的文秘工作,一个想从事写作的人却成了市场营销人员,反差是很大的,如何正确对待这种情况?一种是让理想与现实对接,让自己努力去适应目前的职业,转移兴趣,在工作中逐渐体会成就感,大多数成功者都是经过了这样一个磨合的过程。

如何正确处理好职业理想与现实工作的矛盾是衡量一个人成熟程度的标志。在确立职业理想和进行职业选择时,既不能怨天尤人,也不要心灰意冷,而要冷静地分析自身的条件优劣,确定适宜的职业目标。例如,当前由于航运事业的飞速发展,国际海员劳务市场需求巨大,为广大适龄、适岗青年提供了广阔的海员就业机会。很多有志青年积极投身到远洋事业之中,将职业理想与社会需求紧密融合,取得了个人的成才和事业的辉煌。因此,在任何情况下,一个人都应该有一个长远而又切合实际的职业理想。人们从事某一职业,以此赚取劳动报酬维持正常的生存是其基本需求,更重要的应该是在此基础上,发展自己,完善自己,实现自己的个性发展和人生价值,同时,承担起相应的社会责任和义务。只有具备了这三个方面,职业理想才是高尚的。就远洋船员来说,我们应该摈弃那种上船就是赚钱的初浅想法,努力学习和掌握先进的航海技能,为开好船、管好船打下坚实的基础。同时,开拓进取,不断强化自身的综合素养和职业道德,为个人的全面发展、企业的兴旺发达、社会的繁荣昌盛贡献自己的智慧和力量,从而实现自己的人生价值和理想目标。

【海员博客】

我的航海梦

我是一名航海院校的学生,和大多数同学一样航海是我最大的愿望。我喜欢汪洋的大海,一望无际的碧蓝,就像一张人生的蓝图纸,船舶的航迹就是我的人生蓝图框架。

实现梦想只是时间的问题,再有一年半就要毕业了。真想这一年半过得快点,但是内心里又想她慢一点。因为要学的知识太多了,时间短了怕掌握不了。试想若没有足够的知识,又怎能干好自己的事业呢?现在的船舶都是现代化的大型船舶,各种仪器都很先进,没一定的高科技知识是不能驾驭的。理想需要在现实中一点点逼近,在校期间以及走上工作岗位之后都需要广泛搜索知识,增强自己的能力,以便能胜任高科技的工作平台。

另外我们船员的素质正在大幅度提高,同时待遇也在相应而增。前途是光明的,任务是巨大的。面对未来我充满自信,面对挑战我已有准备。强大的知识基础是我坚实的后盾,飞翔吧,我的理想!

美丽的大海,神秘的地方,我愿今生与你相伴。

2. 海员职业理想的确立

热爱海洋,献身海运事业,这是海员职业理想中的一个最基本的要求,是海员安心海上工作、克服困难、开拓进取、做出成绩的动力。只有热爱海运事业,才能做好本职工作;只有热爱海运事业,才能树立起高尚的海员职业道德,才能成为一名优秀的海员。那么,海员如何树立职业理想呢?

(1) 要充分认清海员职业的从业要求。不同的职业有不同的从业要求，海员职业更是如此。例如：在 20 世纪六七十年代，对海员的从业要求非常高，重在思想意识、政治觉悟和出身背景等方面。随着我国的改革开放、国门敞开和先进科学技术在远洋船舶的广泛运用，在船船员数量逐渐减少，海员的从业要求发生转变，更加注重船员的文化程度、实际技能、安全责任意识和独立工作能力。

(2) 要充分认识海员职业的优劣面。人们往往喜欢将职业分为三六九等，其实大多数职业有其优势的地方，也有劣势的存在，而且这种优劣会随着社会的进步、经济的发展出现转换。海员职业也是如此。事实上，很多真正有能力有追求的航海家和航海专业技术人才都经受过大风大浪、艰苦环境的磨炼，都经历过各种诱惑、职业选择的煎熬，从而不断成熟，走向成功。因为当一个人的职业生涯出现挫折、不再一帆风顺时，往往也是其能力得到多方面锻炼的关键时机。有些人缺乏对航海职业的了解和深层次认识，惧怕大风大浪，一叶障目，只认识到海员职业的艰苦性，从而不愿意从事这一行业，失去了很好的就业、成才机会甚至有的已投身海员职业的人，由于个人意志的懦弱，在工作一段时间后，不顾自身条件突然放弃这一职业。一旦在外寻找职业或就业过程中出现挫折，就会感到世态炎凉，发出"英雄"无用武之地的感叹。因此，在任何情况下，一个人都应该有一个长远而又切合实际的职业理想。

(3) 要懂得海员职业理想的实现，不是一蹴而就的事情，需要付出极大的努力。在航运院校读书期间的部分学生，可能由于缺乏对社会的足够认识，缺乏对航海生涯实际情况的了解，对今后的海员职业理想往往带有很大的幻想成分。有的人期望在短时间内就成为航海家，成为公司的管理骨干；有的人只想到海员可以遨游四方，代表国家、企业行使权力，而缺乏过艰苦生活、付出艰辛努力的行为准备，缺乏不断提高职业能力、尽心尽责干好本职工作的思想准备，缺乏献身远洋事业、遵从海员职业伦理的长远打算。一旦遇到一些挫折，很容易改变自己的职业理想。

(4) 要实事求是地建立海员职业理想，而不是职业幻想。当我们在选择海员职业、确立职业理想时，一定要有努力实现个人能力、职业理想与船舶实际工作岗位达到最佳结合的思想准备和行为准备。要充分认识到：只要海员职业理想符合社会需要，而自己又具备了从事海员职业的基本素质，并且做好了为此付出艰辛努力的准备，职业理想就一定会实现。

【海员博客】

由谁能帮我实现海员梦？

我是一名 2006 年毕业的应届生，毕业于东北师范大学国际经济与贸易系，现想做一名海员。望各位前辈指点迷津，谢谢。（最好有船长直接看上我，直接上船，呵呵）

▲一、7 月份参加高考，报考航海院校的本/专科(4 年/3 年)学习；二、10 月份参加成人高考，报考航海院校的成人高考本科/专科(4 年/3 年)；三、参加海事局"岗前培训班"，学时半年。

▲如果想扎根远洋，建议采用第一、二；如果想出去见识见识，建议采用第三。

▲要有思想准备，海员不是人人能干的，要有学识和胆识。你投身远洋的精神令人钦佩，可你要有充分的思想准备：就目前海事局的规定而言，你原来的学历基本没用，也就是说，你虽然是大学本科毕业，但改行远洋和高中应届毕业生相比在学历上没有任何优势，而且你的年龄要比应届高中毕业生大很多，这反而成为你将来成长的劣势。

▲说的不假，远洋船员是一个特殊的职业，需要的，不仅仅是工作的热情

▲对于你来说,如果重新参加普通高考或者成人高考,原来的大学四年未免有些可惜,而且经过了四年,你对高中的知识又还有多少记忆?

▲远洋事业欢迎每一个热爱她的有志青年,但如果已经在其他领域有所建树,再重新回炉,岂不是有些暴殄天物?代表个人意见,谨供参考。

【课堂讨论】

看了以上网上论坛的发言,你能给这位毕业生提出什么建议吗?要实现海员的理想,需要什么条件?

二、职业态度

【补充阅读】

态度决定一切

三个工人在砌一堵墙。有人过来问他们:"你们在干什么?"

第一个人没好气地说:"没看见吗?砌墙!我正在搬运着那些重得要命的石块呢。这可真是累人哪……"

第二个人抬头苦笑着说:"我们在盖一栋高楼。不过这份工作可真是不轻松啊……"

第三个人满面笑容开心地说:"我们正在建设一座新城市。我们现在所盖的这幢大楼未来将成为城市的标志性建筑之一啊!想想能够参与这样一个工程,真是令人兴奋。"

十年后,第一个人依然在砌墙;第二个人坐在办公室里画图纸——他成了工程师;第三个人,成为了优秀的建筑大师。

米卢在执教中国足球队时曾说过一句话:"态度决定一切。"是的,用这句话来概括上面的寓言故事是再合适不过了。我们做任何事情,成败的关键不在于客观因素,而在于我们做事的态度。客观困难的确存在,关键在于我们是直面困难、解决困难,还是回避困难、在困难面前放弃,这便是一个态度问题。鲁迅先生说过:"真的猛士,敢于直面惨淡的人生,敢于正视淋漓的鲜血",只要我们在工作和生活中以积极的态度面对困难,不为困难所吓倒,一定能够战胜困难,成为一名生活和工作中的勇士!

在实际的生活当中,我们常听到这样的抱怨:"工作很累,钱挣的很少","做同样的工作,为什么他挣的钱比我多呢?","领导为什么只重视他委以他重任呢?"诚然,这样的情况实际中确实存在。带着情绪工作,肯定不会有出色的表现。工作需要热情和行动,工作需要努力和勤奋,工作需要一种积极主动、自动自发的精神,工作中的乐趣需要我们用心去体会。面对一些不公平情况,我曾经有过不平衡的心态,认为付出和回报不成比例,不公平,总是带着情绪工作,烦燥的情绪直接影响了工作的质量和工作效率。工作中频繁失误和退步给了我反思的机会,同时也使我认识到问题的严重性,开始从新调整自己,从内心深处改变自己。现在,我对工作的态度完全改变,我觉得工作是一种享受,是能力的释放,是学习的乐园,通过工作,能够不断地充实自我,不断地完善自我,我还年轻,现在最需要的是知识积累,而且经过一段时间的努力工作,对我新接触的工作开始有了一个新的认识,也体会到工作的无穷魅力。由于踏踏实实的工作精神和积极向上的工作态度,让我在普通的岗位也做出了不菲的成绩,同时也得到了领导和同事们的认可。在我的心目中,已经有一种观念根深蒂固,那就是"态度决定一切"。

职业态度主要指人们在从事各种职业活动过程中的举止神情,对自己所从事的职业的看法,以及所采取的行动。从本质上讲,职业态度就是劳动态度。职业态度的好坏可以体现出一个从业者、一个单位、一个职业集团、一个行业系统的精神境界及道德风貌。职业态度是从业人员努力工作,自觉履行对社会、对他人、对其他职业所应承担的职业责任的基础。

每个从业者都要尽自己的努力对从事的职业培养积极的情感情绪,以认真负责的态度去做好本职工作。正确的职业态度,可以在平凡的工作岗位上做出不平凡的贡献。

当员工用一种正确的职业态度对待工作时,他就可以产生以下三个方面的正面影响:

◆改变工作原动力

员工可以改变自身工作的原动力,他可以更主动、努力地去工作。

◆提高个人绩效

当员工更努力、主动地去工作时,个人的业绩也会相应地得到极大的提高。

◆提高组织绩效

企业是由众多的个人组成的,如果每个人都能用积极的态度主动热情地对待工作,那么整个企业的绩效势必也会随之不断地提高。

职业态度的形成有两方面的因素:主观因素和客观因素。

主观因素:从业者心理、生理特点(性别、年龄、能力爱好等),从业人员的价值观,受制于社会的情况(个人素质、文化程度、技术水平)。

客观因素:一般社会因素(社会经济关系、国家政治制度),特殊因素(具体职业环境和条件)。

职业人员的职业态度是由多方面的因素决定的。来自社会方面的客观因素主要有:一是社会经济关系和国家政治制度的影响,如分配政策、经济结构的调整等,影响着从业人员对职业的选择和工作的积极性;二是职业性质、职业条件、职业内容的影响。该职业在社会中的地位如何,具体从事何种劳动,影响着从业人员对职业劳动的看法和劳动热情。来自从业人员自身的主观因素有:一是从业人员的心理和生理特点。由于从业人员的年龄、性别、能力水平、个人爱好的不同,其职业态度也就不同;二是从业人员的价值观。从业人员的价值观念对其职业态度具有特殊的影响。一般来说,职业的选择受从业人员价值观念的制约,当人们选择了理想的职业以后,会表现出对工作和劳动的极大热情,甚至倾其毕生心血,努力实现自己的职业理想。

职业态度在职业生涯中起着非常重要的作用。职场中的人因为前途堪忧、待遇不公、工作不顺而产生了诸多的怨言和愤怒,也正是这些怨言和愤怒使得我们的职业生涯受到了许多的障碍,遭遇了许多的困难和挫折,使得我们一次次从头再来,一次次又失败而去,总是在低层次徘徊,长时间得不到突破和晋级。从事业的眼光看待职业工作,就会少一些怨言和愤怒,多一些积极和努力、合作和忍耐;在一次次的超越过程中,我们不断拓宽了自己的视野,更能从中领悟一些道理,多了一些本领和技能。具体地说,树立正确的职业态度,要做到以下几点:

第一,职业态度端正。在现实生活中,职业只有性质的不同,而没有高低贵贱之分。从事各种劳动和职业都已成为光荣而豪迈的事情。但是,不论任何人,首先要有一个端正的职业态度,否则,什么事情也搞不好。

第二,职业态度谦和。就是说对人要谦虚和蔼。谦虚使人进步,和蔼可以使人感到至亲至善至美。无论从事何种工作,都应做到说话和气,对人亲热,有问必答,有错必改,百问不烦,这是良好职业态度的起码要求。

第三,顾全大局。遇到不喜欢的工作也要顾全大局,要按指令完成工作。不能随心所欲地只干自己所喜欢的工作,不喜欢的工作就不干或怠工。要从企业的大局出发来认识自己工作的重要性,主动圆满地完成本职工作。

第四,找到幸福的感觉。从目前的收入、工作、家庭和社会中找到幸福的感觉,而非愤世嫉俗,这是一种个人的境界。有的人在职场里表现得不错,因为他需要这份工作,但每当他回到家里时心理就不健康了。所以保持个人心理健康是使个人在职场里得到成就、完全独立地生活,并为社会做出贡献的一个非常重要的关键因素。人生活在一个社会里,社会是由大家和小家构成的,个人要有一种责任和义务感,要为家庭承担责任和义务,同样也应为企业承担责任和义务。

第五,常有感恩之情。认知自己的能力与周围的环境时刻息息相关,对人和物常有感恩之情。当你平时看到的人和事对你有帮助时,你的心态自然也相应地会有所改变,你在职场里遇到的人和事有特别好的磨合,你就能非常容易地在一个团队里跟大家一起工作并能客观地看待自己所取得的成绩,而并非只为满足自尊心而工作。

第六,能控制自己的情绪。当遇到别人激动时有能力使其恢复平静,并能控制自己的情绪,这也是工作中经常碰到的情形。因为处理工作中的冲突时,自己的情绪必然会影响到工作中去。客观地看待别人提出的意见,特别是与自己不同的意见,从中对自己的行为进行反思,并制订相应的改正计划和措施。

三、职业责任

职业责任是指人们在职业活动中,对职业本身所负有的社会责任的自觉理解,当这种理解转化为人们的内心信念和情感时,就形成了一定的职业责任观念。职业责任的特点是它的客观性及在一定程度上具有强制性。就是说,无论从业者是否意识到,职业责任都是客观存在的,并要求从业者必须履行的。例如,医务工作者的职业责任是救死扶伤,警务工作者的职业责任是维护社会秩序,教育工作者的职业责任是教书育人。

社会的健康发展是建立在各种职业团体和从业者履行职业责任的基础上的,职业责任作为一种责任是"应该做的",但只有变成从业者的内心要求时,才能自觉地履行,而这种内心要求就是职业道德义务,是在高度的道德觉悟和高尚的道德境界的驱动下形成的。

【补充阅读】

船舶是我的工作、我的事业、我的理想

朱维媛,这位名字听起来柔弱的女性,坚持在船上工作了30年,她是广州海运第一位船舶女医生。

朱维媛说"船舶是我的工作、我的事业、我的理想所在。虽然海员的工作性质极其枯燥单调,没有娱乐、没有消遣,只有海天一色,只有隆隆的机器声,面对的都是在这流动的国土上各种各样的病人。但我常想,我就是要一直在船上工作下去,直至划上句号。"

30年船舶工作的磨练,让朱维媛有说不完的话题,享不尽的乐趣。如今整整80岁的她,谈起当年在船上的工作和生活,仍深情满怀。当年,广州海运局的多艘客船都留下过朱维媛医生的足迹。从第一次上"红卫1"号(也称"新安"号)轮开始,30年中,朱维媛除了公

休就是上船,经常是公休假期未满就被急召上船。运送新兵入伍退伍、知青上山下乡、海南知青回广州生孩子等任务,她所在的船都执行过。为圆满完成任务,船上专门腾出一间客房安置十几位孕妇,也曾特意留出房间给传染病人;至于24小时看护晕浪、难产、高烧、脑膜炎病人等,更是朱维媛工作的"家常便饭"。她因此得过"不知疲倦的人"的美誉。

——选自"长江水上安全信息台"《长江之声》节目《三位女海员》2007.4.12

"让每个船员吃好是我的责任"

"要让每个船员都有个好心情、好胃口、好身体。"这是松河轮管事卢新礼同志经常挂在嘴边的一句话,同时也是他多年来始终努力做好本职工作所奉行的一条基本准则。

卢管事在工作中,以自己的实际行动来履行自己的职责,积极保证船舶伙食"满意工程"在松河轮的实现。在船舶领导的具体组织和领导下,卢新礼充分发挥自己工作的主观能动性,与大厨一起结合内贸航线的特点,根据人体所需的营养精心研究食谱,实施了阳光早餐:做到每天至少三个早点,每周品种不同样。早餐鸡蛋、咸蛋、皮蛋自己选,豆浆、牛奶、咖啡自己挑,奶黄包、叉烧包、小笼包、锅贴、生煎样样有。营养午餐:每天中午保证三个有质量的菜和一个高质量的汤。温馨晚餐:每天晚上五个菜和一个高质量的汤,并做到每周两次会餐。同时,在他的倡导下,他们在船员餐厅实行24小时供应牛奶、咖啡、茶叶等饮料,敞开供应不定量;中午和晚上保证每个船员都有新鲜和不同品种的水果吃。为了让大家吃好、吃饱又不浪费,卢管事和大厨一起经常在每顿就餐时细心观察船员进餐的情况,根据大家的口味和喜好的菜肴,及时调整食谱,让船员吃得满意,吃得健康,吃得开心。难怪船员们都纷纷表示,现在下地看到什么都引不起食欲,船上的伙食足够让大家满足了。

要想搞好船舶伙食,采购是个重头戏。松河轮挂靠内贸五个港口,大多是地处偏僻、交通不便的地方,而且又无供应商,30多人的伙食全靠大家想尽办法一点一滴去购买。所以,为采购伙食之事,卢管事伤透了脑筋,也用尽了心血。在航行中,卢管事和大厨精心研讨食谱,每到一个港口,他们就及时联系车辆,与伙食团成员一起下地采购。为了采购价廉物美的食品,他们来回于市场各个摊位挑选、复称,严格把好伙食关,用好伙食的每一分钱。每次购货回来后,他们都是一身汗水一身泥浆,筋疲力尽,但看到船员吃得美滋滋地,他们的付出也值得。

由于船上人多伙食量大,每个港口都要下地购货,紧紧张张出去,匆匆忙忙回船,没有一点能给自己支配下地活动的时间,包括理发都得在船上请同事帮着理。有的船员和卢管事开玩笑说,你是快要下岗退养的人了,干吗还那么拼命呢?卢管事坚定地回答:"干好本职工作是我的理想和信念,我一定要站好最后一班岗,报答党和公司对我多年来的关怀和培养,也给自己海员生涯划上一个圆满的句号,这样退养以后我心里也会感到踏实,问心无愧。"

正是这样一个普通又平凡的共产党员,在本职岗位上踏踏实实、勤奋工作,还用自己的模范行动影响和鼓舞其他同志努力工作。先后与他同船两名报务主任在他的精神鼓舞下,也都放下即将退养的思想包袱,积极工作,争取为船舶多做贡献。

卢新礼用他的辛勤劳动换来了大家的认可,也实现了他自己"要让每个船员有个好心情、好胃口、好身体"的诺言,群众从他的身上看到了真正的、一个闪光的共产党员的形象。

——节选自《上海远洋》2006第1期(总第111期),作者:张荣珊

四、职业技能

职业技能是指从业者完成本职工作,承担职业责任所必须具备的科学文化知识、专业技术能力。只有具备高超的职业技能,才能出色地完成职业责任,反之则不然,甚至会给国家和社会带来负面影响,从这个意义上来讲,职业技能便有了道德意义,技能称职便是德。良好的职业技能是广大从业者对社会应尽的职业道德义务,因此每个从业者都应该努力学习科学知识和科学技术,刻苦训练和提高专业技能。

适者生存,这是自然界生存的基本法则。在当今社会,知识更新的速度不断加快,我们今天掌握的知识,或许到明天就会过时。如果我们放弃学习,就会停滞不前,就会做不好工作,甚至不能胜任本职工作;而如果文化和技术跟不上发展的要求,就难于在自己的岗位上立足,就会被时代淘汰。莎士比亚说过:"聪明的人善于抓住机遇,更聪明的人善于创造机遇"。无论是"抓住机遇"或"创造机遇",都需要知识的"含金量",否则即使有再多的机遇给你,你都不可能把握。因此,我们要立足于学习,时时更新知识,不断掌握新技术,跟上时代发展步伐,这样才能在激烈的竞争中得以生存,才能不使自己面临"失业"的危险。

五、职业纪律

职业纪律是指在特定的职业活动范围内从事某种职业的人们必须共同遵守的行为准则。职业纪律包括劳动纪律、组织纪律、财务纪律、群众纪律、保密纪律等基本纪律要求以及各行各业的特殊纪律要求。

职业纪律是一种行为规范,它要求从业者在职业生活中遵守秩序(制度)、执行命令和履行责任。职业纪律是社会的法规性和道德性的统一,职业纪律是从业者根本利益的保障。如果没有职业纪律,从业者的职业行为没有约束,我行我素,为所欲为。例如,一位出租车司机不遵守交通规则,引发交通事故,会造成交通阻塞;一个船舶上的驾驶员擅离岗位引起船舶碰撞。正常的职业活动不能维持,就会给国家、集体、人民带来不同程度的损失,而从业者的根本利益也就会受到损害。

职业纪律要求从业者自觉服从党和国家的统一领导,贯彻党的基本路线、方针和服务单位的具体要求及管理标准,遵守工作秩序,这样才能使职业活动正常进行,使社会这架大机器正常运转。纪律和自由是一对互相联系的矛盾,正如著名的教育家马卡连柯所说的:集中的纪律正是对每个人的充分保障。当人们把纪律变成内心信念时,就有了更大的自由和保障。现代社会分工越来越细致,职业要求的纪律也越来越严格和完善,每个从业者都必须严格遵守职业纪律,才能使我们的事业健康发展,国家、集体、个人的利益得到充分保障。

六、职业良心

职业良心是人们在履行义务过程中形成的道德责任感、向善的意念和自我评价能力,是一定道德观念、道德情感、道德意志和道德信念的统一。职业良心最大的特点是它的内在性。它是人们行为的最隐蔽的个性调节器,是个人发自肺腑的精神力量,是个人使自己的内心世界服从一定道德要求的自我法庭。它以内在的强制性力量促使人们遵循一定的道德原则和道德规范。

职业良心在职业生活中有着重要的作用。

首先,从业人员在做出行为选择之际会对自己的行为动机进行审查,符合道德要求的予以肯定,不符合道德要求的予以否定。

麦当劳的创始人雷克罗克在《苦心经营》一书中曾经写道:有一次麦当劳的一个经营者来找我说,他想出把肉饼做成一个圈,再用调味品把中间的洞填满,再用泡菜盖上,顾客就不会发现这个洞,我告诉他,我们想让顾客吃饱,而不是诈他们的钱。我们决定麦当劳的肉饼应该是10个重1磅,不久这个重量就成了食品工业的标准。

职业良心不仅具有调整职业行为的作用,而且有着广泛的社会意义,可以监督并保证从业者及企事业有效地完成职业任务,同时也从根本上维护国家、集体和个人利益,对全社会的物质文明建设和精神文明建设具有良好的促进作用。

其次,在职业行为进行过程中,职业良心能够起到监督作用,对符合道德要求的情感、意志和信念予以坚持和激励,对不符合道德要求的予以克服,在职业行为整体发展过程中保持正直的人格。

最后,在职业行为之后,职业良心能对自己行为的后果和影响进行评价,对符合道德的良好后果和影响,内心感到满足和欣慰;反之,则感到内疚和悔恨,努力去改正错误,挽回影响。

《吉姆老爷》这本书是英国作家康拉德(Joseph Conrad 1857—1924)最受推崇的小说,发表于1900年。内容写一个英国青年海员吉姆由于一时的卑怯而贪生失职,受到舆论和良心的谴责,但他终于以光荣的一死挽回了丧失的荣誉。吉姆在帕特纳号上当大副,运送八百名旅客前往麦加朝圣。中途触礁,船有沉没的危险,吉姆报告了船长。船长带着几名轮机手,偷偷丢下全船旅客跳上一只救生艇逃命。吉姆由于偶然的情况,犹豫之后也跳上了救生艇。他们登岸后,方知帕特纳号遇救脱险,旅客安然无恙。在法庭调查事实时,只有吉姆一人敢于说出真相。船长和吉姆被判定失职……

海员的职业良心具有特殊性。海员的职业特点决定了他们大部分时间远离祖国和亲人,在决定或处理许多重大问题或身边的琐事时,采用的很重要的方法是展开良心的道德"法庭",进行自我"审判",以约束自己的言行。具体表现为以下两方面:

一方面,远洋船员漂洋过海,特别是当船抵达某些发达国家港口的时候,个别船员面对优裕的物质生活,容易受到物质欲望的诱惑而做出有辱国格、人格的事。例如,有的船员顺手牵羊,小偷小摸,捡拾旧物,有的船员公德意识差,乘车不给钱,随地吐痰,乱扔垃圾,闯红灯,攀栅栏……严重损害了中国人的形象。凡此种种,其动机不光是为了金钱与物质利益,有的只是为了图一时方便,但造成的影响极坏。因此,当海员们远离祖国,远离亲人,在异国他乡,特别是在自己遇到某种有利于谋私利的机会时,首先应对祖国人民讲良心,进行道德法庭的自我审判和内心反省,要时时刻刻想到自己的举止言行代表着祖国和人民的尊严,不能对发达国家的某些繁荣垂涎三尺,不要为金钱和物质利益所动,不要只图个人方便而为所欲为,要保持民族自尊心,保持自己的人格尊严,不玷污中国海员的光荣称号,不给祖国和人民抹黑,要有一颗中国海员的良心。

另一方面,海员要在任何情况下都洁身自好,不为美色所动。由于各个国家的性质不同,国情不同,民族风俗习惯不同,因此,远在国外的中国海员要时刻恪守中国的传统道德规范,不能陷入黄色陷阱,被某些不健康的情调所诱惑,要对家庭讲良心,要洁身自好,对自己的伴侣要忠诚,不能朝三暮四,喜新厌旧。总之,海员的工作性质决定其在处理许多重大问题时,很重要的手段是展开良心的道德法庭进行自我审判,约束自己的言行。

七、职业荣誉

所谓职业荣誉,就是从业者在履行职业义务后,社会所给予的赞扬和肯定,以及从业者个人所产生的尊严与自豪感。也就是对职业的社会赞扬和自尊自爱的自我意识。职业荣誉包括主客观两个方面,且这两者是互相联系和影响的。从主观方面看,职业荣誉是自尊自爱的表现,要求从业者敬业爱岗,努力奉献,保持尊严、信誉和人格;从客观上看,要求从业者刻苦掌握职业技能,严格遵守职业纪律,认真履行职业义务,这样才能赢得职业荣誉。

在社会主义条件下,个人荣誉和集体荣誉是一致的,从业人员在事业上的成就是同集体的支持和培养分不开的,所以我们既要充分发挥每个从业者的积极性、创造性,对个人荣誉予以肯定和鼓励,保护和尊重,同时又要倡导每个从业者热爱集体,珍惜集体荣誉,充分发挥自己才能,为集体增光添彩,形成"我以企业(集体)为荣,企业(集体)以我为荣"的观念。

海员的荣誉观应有如下内容:

首先,海员的荣誉观是与祖国联系在一起的,要有中国海员的"品牌意识"。国际海员的形象往往代表着一个国家的形象,海员要时刻把祖国放在自己的心中,牢记自己的言行举止展现着中国人民的风貌,要慎重地处理每一个细小的行为,要有强烈的为祖国争光的荣誉感,时时刻刻不忘祖国的荣誉高于一切。

【补充阅读】

航海人的骄傲

今年的7月11日是伟大的航海家郑和下西洋600周年纪念日。这一天,将作为中国首届"航海日",同时也作为"世界航海日"在我国的实施日期,载入光辉的航海史册。这是中国历史的转折点,是航海时代的里程碑,更是我们每一位航海人的荣耀。中国,这艘现代化巨轮,将在这一天扬帆启航,驶进一个崭新的大航海时代。

7月11日,是值得航海人永久纪念的日子。手捧历史长卷,细细重温那段光辉的历史,一种民族的自豪感和成就感油然而生。600年前的这一天,伟大的航海家郑和率领船队出使西洋,由此揭开了七下西洋的序幕。中国的航海文化源远流长,充分显示出中国人勇于探索和开拓的大无畏民族精神。

翻开历史新的一页,我们也欣喜地看到:一代又一代海之骄子,继承着先辈遗志,前仆后继,勇往直前,为中国的航海事业铸就了新的辉煌。中国加入世贸以来,进出口贸易急剧攀升,航海事业出现蒸蒸日上的好势头。发展和壮大航海队伍的艰巨任务,已经被提上议事日程,成为亟待解决的重大课题。为了更好地弘扬我国历史悠久的航海文化,唤起全民的航海意识,培养更多的航海接班人,一个肩负着历史重任的"航海日"开始应运而生。

"航海日",作为一个见证600年航海史的划时代纪念日,它凝聚着"爱国奉献、开拓创新"的民族精神,融汇着数十代航海人梦寐以求的夙愿,牵动着亿万中华儿女的心。它在我们航海人心灵深处打开了一扇面向世界的窗口,越来越多的人们将通过这扇窗口走近我们的航海事业,了解我们这些平凡的航海人;同时,它也为更多有志于航海事业的年轻人架起了一座通向成功的桥梁。我们为拥有自己的节日倍感欢欣和鼓舞,更坚定了为航海事业奉献毕生的信念。

"航海日"也引领我们站在过去与未来的分水岭,在缅怀先辈丰功伟绩的同时,我们应该清醒地认识到：一切辉煌只能代表过去，所有未开拓的全属于未来。随着"航海日"活动的深入开展，我们的航海事业必将迎来一个崭新的辉煌时代。未来的航海科技，势必要发展成为一门集自动化和专业化为一体的高科技行业。未来的征途上，任重而道远。如何才能超越历史，更上一层楼？这是考验我们现代航海人的一道难题。对于我们来说，是一种压力，无疑也是一种动力。"发展航海，振兴中华"，是我们数十代航海人共同的心愿。作为积极进取的现代航海人，我们应该继承先辈遗志，以"开拓创新，与时俱进"的现代理念为指引，发扬中华民族"艰苦创业，爱国奉献"的优良传统，立足平凡的工作岗位，牢牢把握眼前的大好机会，乘着"航海日"的东风，变压力为动力，加强学习，努力提高自身素质，不断地实现自我超越，为谱写航海事业的新篇章做出自己应有的贡献。

值此"航海日"诞生之际，让我们新一代航海人心连心，手挽手，用实际行动来实践自己的诺言吧！历史，将永远见证我们每一位航海人的骄傲！

——原载：《船友》2005年第8期，作者：王爱民

其次，要突出集体荣誉，正确处理个人荣誉与集体荣誉的关系，以船舶的荣誉、航运企业的荣誉、整个海员集体的荣誉为重，不争名利，多尽义务。一艘船中每个部件的运转都会影响到船舶的航向。员工是企业的一枚徽章、一面旗帜，如果每个海员都工作努力，业务娴熟，道德高尚，就会给全船及祖国添光加彩，同时也能获得个人荣誉，因为个人荣誉作为前进中的一种精神力量也是应该努力获得的。要摆正集体荣誉与个人荣誉的关系，要明确集体荣誉是个人荣誉的基础，个人荣誉是集体荣誉的体现和组成部分，没有集体的帮助，个人就会一事无成，也就不会有个人荣誉，同样，没有个人荣誉的积累也就没有集体荣誉的组成。

目前全球大约有120多万名在船海员，其中菲律宾海员大约占到20%。菲律宾海员以吃苦耐劳、善于沟通、遵守纪律和诚实团结等特点赢得了世界海运业的青睐。鉴于菲律宾海员在全球的影响与地位，菲律宾政府将每年9月29日定为国家海员节，从1997年以来，国家海员节是海内外上百万菲律宾海员及其家属最为激动的日子，每年的庆祝活动都由政府交通部主持。菲律宾国家海员节的宗旨是紧密团结菲律宾海员，为菲律宾乃至全世界的航海事业做出更大贡献。以此可见，海员个人的荣誉和地位与海员整体荣誉相关。

【案例讨论】

创海上中华名牌『华铜海』轮纪事（节选）

凝聚力：表现为协作、上进、吃苦、奉献

走进"华铜海"船员中间，你会感到他们身上有一股股的劲在往上冒。协作、上进、吃苦、奉献，八字船风融进了船员的一举一动。每当船舶挂靠国内港口，在附近休息的船员会闻讯而来，上船帮着工作。这个集体有一种特别的凝聚力。

一次隆冬时节，"华铜海"轮挂靠荷兰鹿特丹港。卸货的时候，被称为远洋轮"三巨头"的船长、政委和轮机长与船员们一起放弃休息，冒着严寒，在船壳外侧搭起跳板，争分夺秒地敲锈上漆，保养船壳。目睹船舶"首脑"与水手一起吃大苦流大汗，港口管理人员无比惊讶。"华铜海"轮出租10年，远航12年，我党优良传统一天也没有丢，他们坚持党支部的核心领导，坚持领导身先士卒，坚持深入细致的思想政治工作。这三个坚持，使"华铜海"人获得了战胜一切困难的力量。

船员说:哪里最苦最累最危险,哪里就有领导在。大修开始之时,艰苦的劳动曾让一些船员望而生畏。此时,船长叶文龙第一个抢起24磅大锤,在工作条件最差的地方一锤一锤地干,看着重重汗水湿透船长的衣衫,人人奋勇。

每一个艰难危重的时刻,党支部都是全船的精神支柱。他们树立了这样的行为准则:要求船员做到的,自己首先做到,要求船员不做的,自己首先不做。在"华铜海",每一位领导干部、每一个共产党员都是一个表率。一次,船舶自温哥华返航至白令海峡,遇上严寒和九级大风,船摇晃到35度,海水阀突然破裂,海水从裂口处喷入机舱。轮机长张余江当即冲上去,用身体堵住裂口,任冰冷的海水冻紫全身,坚持到海水阀修好。

这个先进集体,被交通部授予"两个文明建设标兵船"荣誉称号,先后40多次受到交通部、广东省和中远总公司的表彰。今天,"华铜海"的科学管理模式、协作苦干精神,已在广州、大连、上海、青岛、天津等五大远洋公司激起深远的回声,成为振兴中国远洋事业的一股强大力量。

——原载:《人民日报》1997-01-23,作者:朱竞若　王尧

讨论: 从以上材料中,可以分析『华铜海』轮的品牌是如何创建的? 在船舶品牌的创建过程中,每个海员发挥着什么作用? 结合学校、班级的实际,谈谈如何把班级、学校荣誉与个人的成长结合起来。

再次,在市场经济条件下,从某种意义上说,效益是衡量船舶、公司荣誉的砝码。一艘船只有上上下下齐心合力,务实开拓,抓紧船期,多装快跑,节约开支,提高货运质量,创高效益才有荣誉可言。效益是一块实实在在过得硬的奖牌,因此,为了祖国、企业、船舶乃至个人的荣誉,每名船员都应为创高效益而尽心尽力。荣誉不是目的,而是行为的结果。中国海员有了正确的荣誉观就会产生强大的精神力量,就能够出色地完成远洋运输任务。

八、职业作风

所谓职业作风,是指从业者在其职业活动中表现出来的,体现其职业特点的态度和风格,是社会对职业特定的共同要求。例如,营业员的工作作风应该是热情、周到、耐心;警察的职业作风应该是勇敢善战、雷厉风行;教师的职业作风则是和风细雨、诲人不倦。

职业作风在内容上具有较强的稳定性和连续性,各行各业都有各自不同的职业作风。为了使从业人员养成良好的职业作风,各行业、各部门都根据自己的实际情况制订出服务公约、员工守则等并向社会公开,接受监督。职业作风具有潜移默化的教育作用,在一个行业中可以互相教育,互相影响,互相监督,像一个大熔炉,能使新的从业者养成良好职业道德,能使老的从业者继续保持良好的职业道德。职业作风体现了职业道德要求的精髓,甚至从某种程度上说,职业作风就是职业道德。

【补充阅读】

某航运集团公司企业文化语录

企业宗旨: 德厚诚信、科学运作、勤奋开拓、稳步发展

树立差别理念: 充分认识到能力的差别决定工作岗位的差别;工作岗位的差别,决定收入的差别;收入的差别,决定经济基础和生活质量。不断学习各种知识和各种技能,只有这

样才能在瞬息万变的市场中危踞立锥之地。

工作态度:我们相信天分,更看重勤奋。我们要以饱满的热情投入工作,以积极的、竞争的姿态看待人生、看待社会、看待同事,亦要如此看待市场。

勿以事小而不为:工作无小事,所有的成功者,他们与我们都做着同样简单的小事,唯一的区别就是他们从不认为他们所做的是简单的小事。做好简单的事就是不简单,做事的真功夫不仅表现在激动人心的事件上,而更多是出现在日常运营中事与事之间的微妙链接,人与人之间的默契合作,部门与部门之间的配合,以及复合之间的有效运行,丝丝入扣,环环有序。

团队精神:一棵树不成森林,顽强的团队精神是企业挺立于市场潮头的保证。一盘散沙不足以抵挡浪潮的冲击。我们要坚持团结互助,实现紧密协作、真诚友爱的精神风尚,为我们事业的腾飞添砖加瓦。

第二节　职业道德的特征和作用

职业道德是人们在职业生活中形成和发展起来的,是由各种职业的具体特点、义务所决定的,因此职业道德在适用范围上具有很强的专业性,它主要表现在"走上社会"之后的从业者的意识和行为之中。当然,职业道德也是在家庭教育、学校教育、社会教育等所形成的道德品质的基础上形成发展起来的。

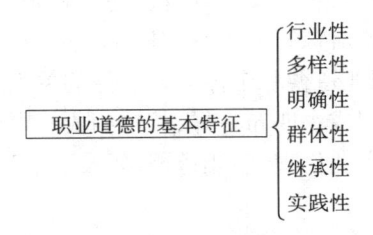

一、职业道德的基本特征

职业道德的基本特征包括如下几个方面,如图2-2所示。

职业道德的基本特征 { 行业性 / 多样性 / 明确性 / 群体性 / 继承性 / 实践性 }

图2-2　职业道德的基本特征

1. 行业性

职业道德是与人们的职业生活、职业活动联系在一起的,各种职业的从业内容和从业方式、从业要求不尽相同,因此,职业道德的内容反映了鲜明的职业要求,职业道德总是要鲜明地表达职业义务、职业责任以及职业行为上的道德准则。不同的职业往往有特殊的职业道德要求。例如商业职业道德强调公平交易,诚实守信,而医务人员职业道德则强调救死扶伤,治病救人,都体现了行业的特殊性。在某些情况下,一个行业适用的职业道德规范对其他行业的从业人员和本行业人员在职业活动之外的行为活动可能是不适用的。例如,对涉及国家、企业经济安全的某些行业保密人员,要求他们严守国家机密,守口如瓶。然而对商店、超市的营业员来说,笑脸相迎、有问必答、百问不厌是他们的责任,如果以"无可奉告"的保密辞令对待顾客,显然是不合适的。所以,行业性是职业道德最显著的特点。当然,各行各业也有共同的、普遍性的职业道德规范要求,如爱岗敬业、提高技能。

2. 多样性

职业道德在表现形式上因不同职业而有所不同,实际生活中,职业的多样性决定了职业道德的多样性。例如,医生有"医德",教师有"师德",商人有"商德"等。从职业道德的内容看,每一个职业的职业道德要求也具有多样性,从职业道德的调节对象看,职业道德既调节从业人员内部关系,又调节从业人员与其服务对象之间的关系。

3. 明确性

各种职业道德规范是人们在长期职业活动中总结、概括、提炼出来的,它总是从本职业的实际出发,采用制度、守则、公约、承诺、誓言、条例,以至标语口号之类的形式,来教育、规范本行业从业人员,并公布于众接受社会监督检查,因此,它具有很强的针对性,要求非常明确,职业道德的表现形式往往比较具体、灵活、多样。这些灵活的形式既易于为从业人员所接受和实行,又易于形成一种职业的道德习惯。如:

舟山市海峡汽车轮渡有限责任公司文明服务承诺

一、服务热情周到、态度和蔼、举止文明;

二、问讯服务有问必答;

三、确保准班准点(特殊情况除外);

四、军车优先过渡,候船不超过两个航班;

五、做到票款一致,不多收钱少开票;

六、不以任何形式"吃、拿、卡、要"。

4. 群体性

职业道德既包括个人的职业道德,又包括群体的职业道德。群体的职业道德(行风)不仅对社会风气有很大影响,而且对该行业中每位职工的职业道德都产生很大的影响,因此我们要正确认识和处理好群体职业道德和个体职业道德的关系,前者是后者的基础,而后者是前者的体现,就像经线和纬线织成一匹布一样,相辅相成。因此航运企业要重视开展伦理道德教育,培育具有航运特色的企业伦理、船舶道德、船员职业道德,形成统一的价值观念。

【案例讨论】

中远集团:海上救助同舟共济

海上救助,承担国际人道主义责任。中远员工心目中的"同舟共济",并不是特指在某一条船上的伙伴般的亲情互助。救助共同在海中行驶的船舶脱离险难,就是具有国际主义精神的"同舟共济"。如中远劳务公司外派船恒荣轮船员成功施救印尼遇险船员。2003年5月,18名船员以COSCO船员的博大胸襟,以英勇无畏的品质和精湛熟练的技能,在马六甲海峡成功救起5名遇险的印尼船员,谱写了一曲展示中国海员人道主义精神的颂歌。

讨论:救助遇险船舶可能影响航运企业的经济效益。在"船舶救险"的责任上,航运企业、船长、船员的救助意识应该如何统一?寻找"企业社会责任"、"企业文化"等相关知识进行分析。

5. 继承性

职业道德是在特定的职业实践中形成的,而人们的职业生活总是有连续性和继承性。每个时代的职业都是在继承前代的基础上发展起来的,所以每个时代的职业道德也具有明显的继承性,继承前代职业道德精华。例如,人们为了航海的安全,要求海员遵守职业道德,而其最根本的内容就是对船上所有旅客的生命财产负责,一旦发生海难,全体海员必须全力抢救旅客的生命,在旅客没有脱离危险之前,船长和船员绝对不能私自弃船逃生。

同舟而济

《孙子·九地》:"夫吴人与越人相恶也,当其同舟而济,遇风,其相救也如左右手。"

[注释] 舟:船;济:渡,过河。坐一条船,共同渡河。比喻团结互助,同心协力,战胜困难。

中国是一个文明古国,素以"礼仪之邦"享誉世界,在几千年的发展过程中,积累了十分丰富的职业道德遗产。今天我们要弘扬民族精神,必须学习、继承中华传统美德。

【补充阅读】

矿长的故事

在唐山大地震三十周年祭的这些日子,我阅读了许多媒体的相关专题报道,有回忆当年强震袭击惨状的,有描述抗灾救灾故事的,更有描写重建家园辉煌成就的。唐山人的命运与我们大家的命运息息相关。

我一直默默地期待着读到那位英雄矿长的完整故事,遗憾的是在我的阅读范围内至今没看到,输入关键词在网上也没有搜索到。我说的"那位矿长"的故事,是去年在凤凰卫视上看到的,因为是随手乱"翻",只看到了片断:

故事讲的是地震发生时,位于地震区的开滦煤矿,照明、通风系统全部被毁坏,矿工们被困在井下,危机四伏。有位矿长(好像姓"于")异常镇定,他指挥全体矿工有秩序地撤退,女职工先上,新工人接着上,老工人再上,共产党员殿后,而他自己最后一个从矿井里爬出地面。在这场天崩地坼的灾难中,竟然创造了井下作业仅万分之七伤亡率的人间奇迹。

我最感动的是,逃出矿井的职工们一个都不肯走开,他们守在井口,直到看见他们的好矿长平安地回到地面。这样的共产党员,这样的领导干部,怎么能不赢得群众的衷心爱戴?

我们为美国的电影《冰峰抢险队》而感动,为好莱坞大片《泰坦尼克号》而叫好。可是,这位矿长比泰坦泰尼克号的船长更了不起,他不仅凭勇气和智慧,也用自己的人格力量组织群众、指挥若定。他没有也不可能凭手枪来维持求生的秩序,在生死考验关头他靠的是"以德服人"。而那些矿工们在这种毫不掺假的自我牺牲精神的感召之下,没有一个人表现出怯懦和自私。

——选自《南方周末》2006-08-03

6. 实践性

职业道德建设具有很强的实践性,它不是空洞的口号,必须落实到具体行动中,要通过职业活动,达到知行统一。

二、社会主义职业道德的特点

社会主义职业道德是在社会主义经济基础和职业活动基础上产生的一种崭新的道德。它以马克思主义为指导,总结和概括了社会主义职业活动的经验,批判地继承了其他社会职业道德的优秀成果,形成了新的规范。

社会主义职业道德具有以上一般职业道德的特点,但是,与以往任何阶级社会的职业道德相比,又有自己的特点。其中,最大的不同就在于社会主义职业道德的人民性,以"为人民服务,对社会尽责"为最高宗旨。

在社会主义市场经济条件下,各行各业,每个从业者个人,都成为相对独立的经济实体,为了保障全社会共同利益的实现,既要保护团体、个人合法利益,又需要倡导"为人民服务,对社会尽责"的集体主义原则,其原因如下:

(1)"为人民服务,对社会尽责"客观反映了社会主义职业活动中的道德关系的本质。在社会主义条件下,人与人之间的关系是平等合作的关系。人们的根本利益和共同利益是一致的,只是社会分工不同。人人都是他人的服务主体,同时又是他人服务的客体,即"我为人人,人人为我"。因此,"为人民服务,对社会尽责"是每个从业者的基本出发点和最终目的,是社会主义社会正常运转和社会主义各种职业活动正常进行的基础,也是每个从业者生存和发展的基础。

【课堂讨论】

盲人打灯笼的启示

以前有个盲人,晚上出门常打灯笼,人们笑他白费力,他回答:"我虽然看不见灯照亮的路,但别人就会看见我是个盲人,就不会撞上我。"

这个故事对我们有何启示?

分析提示:这个故事体现了人与人之间的道德关系,即"我为人人,人人为我",是人生存和发展的基础,也反映了职业活动中道德关系的本质。

(2)"为人民服务,对社会尽责"集中体现了集体主义原则的基本思想,任何一个从业者的职业活动要正常进行,自己的利益要得到保障,都离不开集体。整个国家(社会)、集体和个人的关系是和谐统一的,如果个人为了私利损害集体和国家的利益,企业为了小团体利益损害社会和国家的利益,影响了社会的正常运转,那么从长远看,其个人和小集体的利益也得不到保障。相反,如果个人和企业都能坚持"为人民服务,对社会尽责",既为服务对象提供优质产品和服务,又为社会生活秩序正常进行履行职责,必然赢得服务对象的信任和社会的支持,从而使企业和个人得到发展,企业的集体利益和职工的个人利益也会在更大程度上得到实现。

(3)"为人民服务,对社会尽责"是社会主义职业道德规范的核心内容,它像一根红线,贯穿于整个社会主义职业道德的具体规范之中。各行各业都有自己的具体职业道德,体现自己职业的特殊要求,但"为人民服务,对社会尽责"是其共同的基本要求,其他规范要求都是这一基本要求在各种职业活动中的具体表现。

三、职业道德的作用

加强社会主义职业道德建设,对社会进步、企业发展、个人成才有着重要作用。

(1) 职业道德是全社会良好道德风尚的标志

社会风尚是人们精神面貌的综合反映,但归根结底是现实社会关系的综合反映。职业道德风貌本身就是社会道德风尚的一个重要方面。职业道德本身受社会风尚制约的同时,也对社会风尚产生影响,人们在自己的职业活动中,能否普遍地遵守职业道德,对于社会生活的稳定,良好的社会风尚的形成,有着直接的关系。如果人们有高尚的职业道德,彼此互相帮助、互相支持、方便他人、热情服务,以"为人民服务"作为自己工作的目的,那么就会产生出良好的社会关系和社会道德风尚。在社会生活中,人们形象地把商业服务比喻为社会道德风尚的"窗口",把医务人员称为"白衣天使",把教师称为"人类灵魂的工程师"……这都是职业道德对社会道德风尚产生积极影响的例证。相反,如果人们不讲职业道德,以次充好、以假乱真、玩忽职守、以权谋私,这些职业生活中的不正之风就会对社会道德风尚产生消极影响,从而产生尔虞我诈、见利忘义等种种不良的社会现象。职业道德状况反映了整个社会的精神文明发展水平,特别是在社会主义社会,如果每个人都把自己的工作看成是社会主义事业的一部分,自觉地按职业道德的要求去做,就会形成互相尊重、互相关心、互相帮助、友爱和谐、公正诚实的良好社会风气,从而有力地推动社会主义精神文明建设的发展。

(2) 职业道德是企业文化的重要组成部分

企业文化(亦称公司文化),是 20 世纪 80 年代美国根据企业经营管理的需要,吸收了日本企业的管理经验首先提出来的,它是一个企业的经营之道、企业精神、企业价值观、企业目标、企业作风、企业礼俗、员工科学文化素质、职业道德、企业环境、企业规章制度以及企业形象等的总和,是在一定的环境中,全体职工在长期的劳动和生活过程中创造出来的物质成果和精神成果的表现。

国际航运是我国正在高速发展的行业,在国家经济建设和社会发展中起着举足轻重的作用;国际航运业又是涉外性很强的企业,它面对的是国际和国内两个航运市场的激烈竞争。我国各大航运企业,都把企业文化建设作为做大做强自身、建设一流企业的一项重要举措,给予了高度的重视和大力支持。中国航运界的两大巨头——中国远洋运输(集团)总公司,中国海运(集团)总公司,都制订了企业文化建设纲要,提出了本企业文化建设的战略、目标和措施,以文化力作为企业核心竞争力的重要组成部分,力争在激烈的国际国内航运市场竞争中提高自身的竞争能力,保持企业立于不败之地。

【补充阅读】

关于 OOCL 的企业文化

今天的东方海外

"我从孩提时代起就迷恋上了大海。船是另一个我。"东方海外的创始人——已故董浩云先生曾经说过。凭借着希望、梦想和富有远见的领导能力,董浩云先生将自己的毕生精力投身于航运事业。

从 1947 年至今,东方海外已经成为世界最具规模的综合国际集装箱运输、物流及码头公司之一,也是香港最为人熟悉的环球商标之一。东方海外为客户提供以客为尊的物流方案、精益求精及不断创新的服务精神,一向享誉业内。东方海外率先在中国提供全线物流及运输服务,在信息服务方面亦是业内先驱。

公司理念

目标

成为最优秀和最具创新精神的国际集装箱运输和物流服务供应商,为世界贸易提供重要联系,为我们的客户、员工、股东和合作伙伴创造价值。

核心价值观

东方海外拥有四种核心价值观,公司的一切活动都围绕这些价值观进行:

以人为本　　以客为尊　　以质量求优异　　社会责任

东方海外的企业文化

以人为本

随着已故的董浩云先生对以充满活力的集装箱运输和物流行业来推动世界贸易的展望,我们相信人是我们事业成功的关键。在东方海外,"以人为本"是我们4个核心价值观之本。我们尊重我们的员工,我们投资于我们的员工,并且我们认可员工的努力和成绩。

"亲历亲为"精神

在东方海外,我们崇尚多样性并且提供平等机会。为了我们的员工拥戴我们的理念与核心价值观,我们招募和选择的员工都展示出"亲历亲为"精神、职能与管理竞争力以及六个核心竞争力,即以客户为中心、以结果为导向、以成就为动机、沟通、创新与团队协作等。我们相信这种管理、激励与培养员工的方式对我们业务的增长与成功是至关重要的。

职工是企业的主体,任何一种良好的企业文化必须以企业职工为中介,借助职工的各种生产、经营和服务行为来实现。如果职工缺乏一定的职业道德,自私自利,与企业貌合神离,那么,企业就不可能形成良好的企业文化,当然也就更谈不上发挥应有的功能。职业道德在企业文化中的重要地位主要表现在以下几个方面:

①企业环境需要由职工来维护和爱护,如果职工没有爱厂如爱家的职业道德,不爱惜企业的厂房、机器、设备等,不讲究卫生,随意丢弃废物、堆放物品,企业环境就很难保持整洁、宽敞、明亮、安全、舒适、高雅。

②如果职工没有严格遵守规章制度的觉悟,随意违反规律,那么企业的规章制度就形同虚设。

③实现企业价值观、经营之道和企业发展战略目标的主体是职工,职工若不能接受企业的价值观和经营之道,不把这种价值观和经营之道落实于生产经营行为之中,企业价值观、经营之道也就只能是空中楼阁,企业发展目标也不可能实现。

④企业作风和企业礼仪本来就是职工职业道德的表现,如果职工不具有较高的职业道德水平,企业就不会有好的企业作风和企业礼仪,即使企业制定了一定的企业礼仪,也很难维持下去。

⑤职业道德对职工提高科学文化素质和职业技能具有推动作用。职工若有较高的职业道德,就会刻苦学习科学文化知识,努力钻研业务,熟练职业技能。

⑥企业形象是企业文化的综合表现。职工若没有较高的职业道德水平,不能保证产品和服务的质量,就会直接破坏企业形象。企业形象是企业文化的综合反映,其本质是企业信誉,商品和服务品牌是企业形象的核心内容,是整个企业生产、经营、管理和文化的结晶,商

品品牌信誉度的高低反映着企业的综合素质。因此,职工只有具备全面的良好的职业道德,在企业采购、生产、经营、销售和服务的每一个环节,恪尽职守,精益求精,才能树立企业良好的形象,有利于创造著名品牌。

职业道德在整个企业文化中占有重要地位,因此要有效发挥企业文化的功能和作用,就要求员工必须具有较高的职业道德水平。

(3)职业道德可以提高企业的竞争力

职业道德与企业的兴旺发达甚至生死存亡也密切相关。职工若具有良好的职业道德,不仅有利于协调职工之间、职工与领导之间、职工与企业之间的关系,增强企业凝聚力,而且有利于企业的科技创新,有利于降低产品成本,提高产品和服务质量,从而有利于树立良好的企业形象,提高产品的市场竞争力。

【补充阅读】

职业道德与日本企业的腾飞

日本非常重视员工的职业道德建设。企业职工之间以及职工与企业之间的关系一般比较和谐,职工对企业有高度的忠诚心,企业内部很少发生冲突,即使发生冲突,也总是靠调解协商解决,很少诉诸法律;在第一线生产作业的工人有高度的主人翁责任感,他们工作非常自觉、认真、负责、踏实,基本上没有偷懒、怠工或偷工减料的行为,因而也用不着监工;日本企业工人很少罢工,在资本主义世界各国中,日本企业工人因罢工而造成的损失最小。每一千名工人一年因罢工造成了劳动日损失数,日本仅为23天,而德国是204天,美国是455天。日本人还以勤劳著称世界,无论是国家机关的公务员,还是企业的职工,上班都要提早,中午吃饭都是小步跑,国外的日本工人也是如此。外国人一致评价日本人是"只知工作的小蜜蜂"。正是日本企业职工的勤劳以及对企业的高度忠诚,才使日本保持了全世界第一的劳动生产率,也大大降低了日本产品的成本,使得日本企业得以用产品的低价来夺取国外的市场。

①职工具备良好的职业道德有利于减少厂房、机器、设备的损耗,节约原材料,降低废、次品率。职工若能爱厂如家,一方面,在生产过程中就会加倍爱惜、保养和及时修理厂房、机器、设备,减少其损耗,延长这些固定资产的寿命;另一方面,会想方设法节约原材料,提高原材料的利用率;再者,职工具有高度的敬业精神和质量意识,在工作中就会精益求精,一丝不苟,从而减少产品中的废、次品率。

②职工具备良好的职业道德,职工与职工之间、职工与领导之间、职工与企业之间就会保持协调、融洽、默契的关系,从而降低企业作为整体的协调管理费用。如果大家各负其责,相互信任,既没有必要设额外的监工,也不需要处理员工间无谓的纠纷和矛盾,那么企业就可以以较低的协调、组织、管理成本将有形资源高效率地转化成可以销售的商品,从而获得较高的经济利益。

③职工具备良好的职业道德,给社会提供质量可靠、价格实惠的产品,对顾客服务热情周到、耐心细致、文明礼貌、讲求信誉,就会改善企业形象,提高企业声誉,增强企业在社会上的可信度,从而有利于降低企业与政府、社会和顾客的谈判交易费用。

④职工具备良好的职业道德,有较强的时间观念,在工作中惜分珍秒,有利于提高劳动生产率,有利于提高企业在市场上的竞争力,有利于企业获得更高的利润。

⑤职业道德有利于企业树立良好形象、创造企业著名品牌

⑥职业道德可以促进企业技术进步,具有良好的职业道德是职工提高创新意识和创新能力的精神动力,是职工努力钻研科学技术、革新工艺、发明创造的现实保证。

【案例分析】

创海上中华名牌——『华铜海』轮纪事

银灰色的船身,雪白的驾驶台。一望无际的大海,衬托出中国远洋文明建设标兵船——"华铜海"轮雄伟的身姿。

这艘6.5万吨的远洋货轮,在惊涛骇浪中创下了骄人业绩。12年来,它安全航行95万海里,相当于绕地球赤道43圈,保持了年均99%的营运率,为国家创利1 655万美元。它以一流的效益、一流的管理、一流的服务,被国际航运界誉为"中国出租船舶的一面旗帜"。

走上这艘巨轮,人们更会惊叹。这艘12年未进厂维修的巨大货轮,从甲板到机舱、每一个角落,处处整洁如新。它在大海上服役22年,主要设备仍然保持着出厂初期性能,仍能跑环球航线和无限航区。一位权威人士说:中国的远洋船舶如果有20%达到"华铜海"的水平,中国远洋船队在国际市场上的竞争实力就会上一个大台阶。

这艘20世纪80年代购买的二手船,是如何角逐国际市场的?"华铜海"人的"秘密武器",将为中国远洋事业注入怎样的活力呢?

高效益:来自三个争创一流。

1984年5月,广州远洋运输公司的6.5万吨级散装货轮"华铜海"轮开始担负出租任务,它先后为美国、日本、英国、瑞典和香港等国家和地区租用,每分钟租金8美元。时间就是金钱,当时国际航运市场萧条,"华铜海"轮决心以高效益赢得高信誉。

多装快跑求效益。"华铜海"挂靠秦皇岛港装煤,为了在港口限定水尺内多装货,他们设法排去压水舱,当货上船后,细心观察的船员又发现,按照传统的大舱均衡载货方法,船舶六面吃水深度不一样,说明还有潜力。当时正值深夜,船长、大副、二副、三副、驾助当即全部出动,经过昼夜奋战,细致调整,终于使这六面吃水深度达到了完全的一致,载货量由此提高了551吨。两年后再次挂靠时,他们又向原有纪录发起挑战。经过仔细调查,发现船上22个水舱内还有地脚水,多排一吨水就可多装一吨煤。他们把潜力挖到了极限,甚至船上的淡水也减少到最低量,待船出港后再开动造水机造淡水。这次的载货量在原有基础上又提高了318吨。

不辞劳苦,精益求精。他们在实践中总结了为租家提供一流服务、创造一流效益的四个原则:装货到最大水尺,航线走最经济航线,非生产停泊时间最短,费用开支最省。

"华铜海"出租后的第二年,由美国康福特港卸完矿石后,前往新奥尔良受载粮食。装粮对船舱的洁净度要求很高,为了给租家争取船期,"华铜海"人主动提出利用航行的36个小时自己扫舱。舱高18米,宽32米,打扫要经过五六道工序,他们全船行动,两天一夜没有合眼。船舶一进港,就发出了"准备装货"的通知。12年间,该轮先后有24次由装矿石、煤等改为装粮,他们都是自己扫舱,并在严格的港检中一次通过。

只要对租家有利的事,他们就干,为了给租家创造一流的效益,他们绞尽脑汁,克服各种艰难险阻去争取。

一次,"华铜海"轮由秦皇岛驶往丹麦,租家突然电告,要求提前数天赶到,否则将蒙受

重大损失。按此要求,"华铜海"必须以每小时13.5海里的速度即20世纪70年代出厂时的航速昼夜全速前进。"华铜海"人检验了设备,分析了全部可能出现的意外情况,决心全力以赴。他们全船一心,加速前进,闯过了南海的热带风暴区。当船顺利行至比斯开湾的时候,又遇上了九级顶头风,在狂风恶浪中,他们采取了非常措施:用人工控制主机转速。经过近30个小时的搏斗,终于成功闯过大风区,准时抵达目的地。

远航十多年,"华铜海"人打下了一个又一个硬仗,创造了一个又一个奇迹,没有出过一次事故,没有误过一天船期。勇气、智慧与汗水,凝结成中华海上第一品牌的盛誉。

讨论:"华铜海"轮创海上中华名牌,靠的是什么?从职业道德角度与船舶经营、企业发展关系角度进行讨论。

(4)职业道德是个人成才、事业成功的保证

每个人通过从事职业活动,获得劳动报酬,维持劳动力再生产和人口再生产,维持社会生存和发展。这是迄今为止人类存在和需要的必然的社会现象。特别是在市场经济竞争条件下,要获得高收入的就业岗位,从事性质优良的职业,就必须具备一定的知识和能力,同时还必须具备一定的做事态度和做人态度。一个人只有确立相应的职业道德观念,培养起职业情感,树立职业理想,形成良好的职业习惯,以及具有相应的义务感和责任感,才能赢得社会和他人的尊重和赏识,才能不断取得进步,才能成为对社会有用的人。

卡耐基曾经说过:"一个人事业上的成功只有15%是由于他的专业技术,另外的85%靠人际关系、处世技能"。这里的处世技能主要指的是与人沟通和交往能力以及宽容心、进取心、责任心和意志力等品质。

【课堂讨论】

道德素质在求职从业中的作用

在一次企业招聘现场,走廊里散落着不少雪白的复印纸,许多应聘者都熟视无睹,只有一位把它们捡起,整理好交给接待小组,并说:节俭是美德,浪费是犯罪。这一切都被老总从监控器里看得一清二楚,结果这位应聘者被优先录取。

从中我们得出什么结论,试分析。

讨论提示:企业对劳动者的素质要求是多方面的,其中道德(职业道德)素质是十分重要的一个方面,要先做人,后成才,"德才兼备"才是合格的劳动者。

海员职业道德素质是培养高素质国际海员的基本要求。"中国是全球海员数量最多的国家之一,但是与世界海运业的迅猛发展相比,中国海员的数量,尤其是高级船员的数量,依然存在缺口。"从事了二十多年船员培训和管理工作的交通部海事局船员处一位官员表示,提高中国海员的整体素质,培养更多具有国际竞争力的高素质海员,是经济全球化背景下海运业发展对人力因素的必然诉求。高素质海员应具备良好的敬业精神、扎实的专业知识、熟练的操作技能、丰富的航海经验、较高的安全、环保、保安意识以及健康的心理。从人文因素考虑,海员还应当具备良好的组织管理能力、语言沟通能力、经济意识、法律意识、团队意识等。所有这些构成了高素质海员的基本要求。然而,在市场经济的新形势下,海员队伍的思想道德出现了一些问题。

例如队伍稳定问题。航运企业的船员中真正热爱航海,把其作为事业看待的也不在多数。不少人把海员这个职业仅仅作为一种谋生的手段,"脱贫解困"走上小康后即想调动工作,并不想长期在海上工作。这种过分"功利性"流动,给船员队伍,特别是高级船员队伍的稳定和培养带来难度。又如违纪违法问题,海员中违纪违法问题表现为两个方面:一是违纪,具体表现为责任心不强,违章作业和航行,造成责任事故,给国家的财产造成巨大损失;二是违法,具体表现为走私贩毒、赌博、打架斗殴等。因此,加强海员职业道德教育,提高海员的敬业意识、环保意识、法制意识等,提高船员素质,是促进船员全面发展、事业成功的必由之路。

加强海员职业道德教育,了解海员职业道德是航海类学生必修的一课。

良好的职业道德的养成要靠知、情、意、行四个方面,而"知"即对职业道德的系统认识、了解,只能在学校经过系统教育来达到。职业道德教育是职业道德品质养成的前提条件,是职业素质的一个重要组成部分,为以后走上工作岗位,对职业活动中的职业道德作出正确判断,弃恶从善打下基础。所以在校学习期间,学习了解职业道德对即将走上工作岗位的职业院校学生来说是必修的一课。

第三节 职业素养及其构成

航海是一项高风险的事业,而80%以上的海上事故是由于人为因素所致。1995年,国际海事组织对STCW78公约作了较大修改,修改后的公约对海员的专业知识、管理才能和心理素质等提出了更高要求。作为即将进入社会的航海院校学生,应该顺应时代要求,把握历史机遇,全面加强职业素质培养与训练,以自己的聪明才智和良好的职业素养,为自己今后的职业生涯开拓出宽广而又通畅的发展道路,成就自己的海员梦想。

一、职业素养及其特征

1. 职业素养的内涵

素养一词,《现代汉语词典》解释为"平日的修养",《辞海》解释为"经常修习培养"。由此看来,从词的本意角度来说,素养是指人通过长期的学习和实践(修习培养)在某一方面所达到的高度,包括功用性和非功用性。职业素养是指从业者通过教育、社会劳动实践和自我修养等途径,形成发展起来的在职业活动中发挥重要作用的内在基本品质,是一种较为深层的能力素质,它渗透在个体的日常行为中,影响着个体对事物的判断和行动的方式。借鉴冰山理论来分析职业素养,在一个人的综合素质中,"八分之一"是知识、技能,职业素养是属于"八分之七"。惠肯企业经营管理网首席顾问、资深培训师陈方博士在《怎样真正提升员工的职业素养》一文中指出:"员工的才能既有显性的,也有隐性的。显性的因素包括外在形象、技术能力、各种技能等,这些因素就像浮于海面上的冰山一角,事实上是非常有限的;冰山水底的隐性因素包括员工的职业意识、职业素养和职业态度,在更深层次上影响着员工的发展。"

职业素质和职业素养的概念具有相似性,前者涵盖了人的先天禀赋与后天素养经过长期积淀形成的基本品质,而后者侧重于后天的实践与修养。

2. 职业素养的特征

职业素养具有以下特征(如图2-3所示)。

(1) 专业性

职业素养是一个人从事职业活动的基础,并且总是同职业联系在一起。不同的职业对参与者的素养要求是不同的。例如,医疗卫生工作者的职业素养要求与工程技术工作者的职业素养要求就有很大的不同,它不仅表现在专业素养方面的不同,还表现在职业道德要求方面也有所不同。同样一个职业,不同的岗位,如海员中船长和一般船员的职业素养要求也不一样。

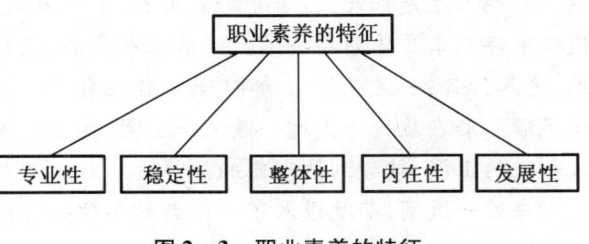

图 2-3 职业素养的特征

(2) 稳定性

稳定性是指职业素养一经形成,便会在从业者的个性品质中稳定表现出来,他的一言一行,一举一动,都能透出其职业素养的信息,如学者的博学、记者的敏锐、军人的果断、律师的缜密等。

(3) 内在性

内在性是指从业者的专业知识和技能以潜能的形式存在,通过职业活动来充分展现,职业活动是从业者职业素养形成的中介,也是职业素养外化的桥梁。

(4) 整体性

整体性是指一个从业者要在职业活动中有所作为,有所成就,不仅需要专业知识、技能,还需要有理想、信念、责任感、沟通能力、自控能力……是一种整体的综合的素养。海员职业的特点决定了海员需要具有较高的综合素养,一般包括相应的科学文化知识与专业知识、良好的身体与心理素质、优秀的语言表达能力、出色的应变能力、团结协作和团队精神、合适的人际交往能力、敏锐的观察力。

(5) 发展性

发展性是指随着社会的发展,科技的进步,对从业者的职业素养不断提出新要求,新标准。近几年来,由于应用于船舶的新技术、新设备层出不穷,航运管理模式、管理理念不断更新,以及船舶自动化程度不断提高,海员必须具有更高的学科知识,如管理科学、计算机科学、网络知识等。所以每个船舶从业者必须从时代发展的需要出发,不断提高和完善自己的职业素养。

【海员博客】

过 闸

在京杭大运河上,从微山湖畔到江都的入江口,上下水落差有好几百米,这中间有十座船闸安坐其中,将运河的水位控制得波澜不惊。

船若从下游长江进入运河,则需一道一道闸地过,闸是复式船闸,宽有25米,长约200米,过闸时,船从下游进闸后,将上游的水慢慢地放入闸室内,让船随着水位慢慢升高,直到与上游水位相平,再打开上游闸门,船就可无须逆流平稳而行了。

船在下游时与上游水位相差近百米,如果不是在船闸里放水让船慢慢地上浮,船很难在如此逆差中行走。而船在进闸后吸收了上游的水位,调整了自己的高度,让自身与上游的水位持平,就没了水位逆差的困扰。

想想人也是如此,随着年龄的增长,不断地从书本中、从社会上汲取知识、经验,让自己慢慢地浮起来。你想要去的上游水位有多高,你就要在闸室里上浮多高,否则达不到那个高度,逆水行舟,一定是事倍功半,如果你把自己提升到与上游相同的水位,以后的路程就会一帆风顺。船在航行中走过一道又一道闸,就会轻松地到达预定的地方;人在追求中通过一次又一次的上浮,就会到达理想的彼岸。

每过一道闸,船就进入了一个新的高度航行;每过一道闸,人生就有了一个新的境界。

二、职业素养的构成

职业素养的构成,如图2-4所示。

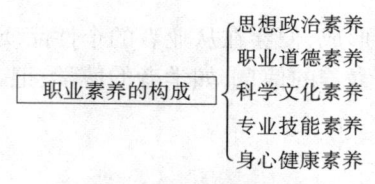

职业素养的构成 ｛ 思想政治素养 / 职业道德素养 / 科学文化素养 / 专业技能素养 / 身心健康素养

图2-4 职业素养的构成

1. 思想政治素养

思想政治素养是指从业者的世界观、人生观和价值观。世界观是指对世界的根本看法和认识。人生观是指对人生的根本看法和态度。价值观是指人生和社会的一切事物价值的衡量尺度。这"三观"是互相联系而统一的。有了对世界正确的认识,科学的世界观,就会认识到人生真正的价值在于对社会的创造和贡献,只有在这个过程中人的价值才能得到体现,才能获得自身的幸福。"三观"的核心是理想信念,正确的理想和信念就像人生的航标和风帆。我们的共同理想是建设有中国特色的社会主义,我们要在这个理想的指导下,确立自己的生活理想和职业理想,并为之努力奋斗。思想政治素养是职业素养的灵魂,它对其他素养起着决定作用,决定着其他素养的性质和方向。

2. 职业道德素养

职业道德素养是指从业者在职业活动中表现出的职业责任、职业态度、职业纪律、职业良心、职业作风等。《公民道德实施纲要》指出,随着现代社会分工的发展和专业化程度的增强,市场竞争日趋激烈,整个社会对从业人员职业观念、职业态度、职业技能、职业纪律和职业作风的要求越来越高。要大力倡导以爱岗敬业、诚实守信、办事公道、服务群众、奉献社会为主要内容的职业道德,鼓励人们在工作中做一个好的建设者。从业者应该把职业道德规范内化为自己的信念,在职业活动中自觉遵守,这样职业活动才能正常进行,社会才能良性运转。

由于社会处在转型期,过度地追求经济效益等原因导致了不诚信,缺乏职业道德的种种现象屡见不鲜。在航运业,也常发生伪造、变造、买卖、租用、冒用各类证书,超载、盗窃载运货物、发生事故逃逸等违反职业道德的现象,提高从业人员的职业道德素养刻不容缓。

3. 科学文化素养

科学文化素养是指人们对自然科学、社会科学、思维科学等各种基本知识认识和掌握的程度,科学文化素养是专业素养形成的基础,只有首先学习并且掌握一定的科学文化知识,才能学习一定的专业知识和形成一定的专业素质。没有一定的物理知识,就无法学习机械、建筑等学科的专业知识;没有一定的生物、化学知识,就无法掌握医学知识。所以科学文化素养是地基,只有地基打深、打稳,才能建起专业素养的高楼。

科学技术的应用使海员过分地依赖这些技术,仿佛不需要专业知识和技能就可以轻松上船工作,实际上,航海是一项非常专业的技术,更是一项实践性非常强的技术。海上航行环境瞬息万变,如果没有扎实过硬的知识,就不可能应付各种紧张的局面。航海不是日薄西山的行业,其发展离不开创新意识。中国通过这么多年的发展,迈进了航海大国的行列,但与航海强国还存在不少的差距。欧美等强国在航海科技、管理经验、国际立法提案等方面仍然占据着领先和垄断的地位,许多发展中国家基本上没有发言权。这就要求我们热爱科学,努力学习科学知识,以求实严谨的态度对待科学,同时要勤于实践,勇于创新,推动科学的发展。我们在校学习特别要培养一种创新精神,正如江泽民总书记指出的那样"创新是一个民族的灵魂,一个国家兴旺发达的不竭动力"。我们要在平时的生活、学习、工作中有意识地培养自己的创新意识和创新能力,一方面努力掌握科学文化知识,打好基础,另一方面勇于实践,勇于打破传统观念的束缚,大胆怀疑,小心求证,开阔视野,开拓思路,为自己创出一片新天地。

4. 专业技能素养

专业技能素养是指从业者从事某种职业时,专业知识水平和专业技能熟练程度。专业技能是从业的基本功,是职业素养的核心内容,一个人的专业技能素养越强,在职业活动中发挥的作用就越显著,就越能取得成就,做出贡献。

对普通海员来说,须要掌握许许多多的专业技能。如水上求生、消防、撇缆、插钢丝缆、接八股缆以及电焊、机修、车工和钳工等基本技能。

【校园新闻】

校园里的航海技能比武

航海学员们大比武内容一共有四项。舢板操作比武、投掷缆绳比武、上高悬空作业比武以及消防演习大比武。

虽然学员们今后的培训方向是海员,坐的是海船,但开小艇也是作为一个海员遇到紧急事件实施应急处理的素质之一。这项比赛主要考验学员们的敏捷度和灵活度,谁的速度最快,谁就赢。海员把缆绳抛到岸上或其他船上,这也是一个海员的必修课,谁抛得最远最准谁就赢。上高悬空作业也是每个海员要掌握的。学员们个个如蜘蛛人般在高塔上攀缘,让人不得不佩服他们的能耐!最后是比赛看谁能在规定时间内穿好消防服参加应急抢险活动。

专业技能素养是通过掌握专业知识和专业技能形成的,两者相辅相成,专业知识是专业技能形成的基础,而专业技能又是专业知识的实际运用和加深理解,所以我们要努力学好专业知识,勤学多练专业技能,使理论联系实际,学以致用,才能提高专业技能素养。

5. 身心健康素养

身心健康素养包括身体素质和心理素养。身体素质是指人体各个器官的机能状态和水平,心理素养是指人的个性心理(认识与意向)的机能状态和水平。身心健康素养的要求是身体健康、心理健全。身体健康主要是指人体各生理组织功能健全,发挥正常,对外界各种刺激反应灵敏、准确;机体有着较强免疫力;动作协调、准确、迅速;人体耐力好。心理健全主要是指具有正常的观察力、分析力、记忆力、想象力;具有积极向上的情感,情绪稳定,善于控制情感;具有坚强的意志,能经受挫折和磨难等。

身心健康素养是从事职业活动的重要条件,特别是现代社会,工作效率高,生活节奏快,对从业者的身心健康素养要求越来越高。身心健康素养好,择业范围较广,否则就要受到一定限制。例如视力不好者要避开驾驶、测绘等职业;情绪不稳定者则要避开与人直接接触的职业如接待员、教师、导游等。身心健康素养好,就能精力充沛、情绪饱满地做好工作,还能创造出更好成绩,否则体力不支,力不从心或有压抑、紧张、焦虑的心情,是不能很好地完成工作任务的,相反还可能会造成失职或更严重的后果。

有研究表明,人性的弱点主要源于不同的压力因素,即危险、不利的环境、时间压力、疲劳因素、生物钟紊乱、繁重的脑力劳动等。这些压力会导致听不进反对意见,最终会导致错误的决断。

海员长年与大海打交道,船舶狭窄、闭塞、单调、生活和工作枯燥,常常面对恶劣天气、海况,遭遇险恶局面,船舶高速化、配员减少等原因更是直接导致了工作强度的增加。这都对人性的弱点构成了巨大的挑战。如果作为一名海员没有健康的体魄和良好的心理素养,不具备豁达开朗、积极进取、坚韧不拔的性格,就不可能自觉地调整自己的生理和身体状况去主动适应工作环境。

要想提高身心健康素养,一是要积极参加体育锻炼,养成良好生活、学习习惯;二是要针对专业特点进行实用性身体训练,如武警、公安人员等要有身体耐力,反应要求高,运动员、飞行员对肺活量要求特别高,从事航运、水产业的操作人员要学会游泳等,总之要根据不同专业的培养目标选择相应的训练项目;三是要正确认识自我,接纳自我,形成自尊、自爱、自我控制、自我完善的自我心理保健;四是要能和社会保持良好接触,建立与他人和谐的人际关系。

【课堂讨论】

结合自己实际和所学专业谈谈在身心健康素养锻炼方面的方向和目标。

分析:1.自己所学专业和将来相关职业对身心健康素养的要求。2.自己在这方面的状态和水平。3.今后努力的目标。

三、职业素养提高的意义

1.有利于提高劳动生产率,推动社会发展

从业者的职业素养越高,就越能在职业活动中发挥主观能动性、积极性和创造性,必然会导致劳动生产率的提高,而劳动生产率的提高,会使经济发展速度提高,社会产品总量增加,人民生活更加丰富多彩,从而推动社会的全面发展。

一艘价值上亿美元的现代化集装箱船舶上,船员总共才十几个人。一艘现代化的船舶建造得再好,设备再先进,但缺乏训练有素的船员来操作,不仅一事无成,还会给船公司、给社会带来无法估计的损失。所有这一切让船东认识到,操作船舶的船员才是船公司得以生存和发展的基础,加强船员队伍的管理,强化船员的素养已成为航运业发展的重中之重。

【补充阅读】

许振超的"绝活"

如果不是亲眼目睹,绝不敢相信许振超的"无声响操作"会是那样神奇。偌大的集装箱放入铁做的船上或车中,居然做到了铁碰铁,不出响声,外国船员称"匪夷所思",但中国的码头工人许振超出神入化般地做到了。

这是许振超的一门"绝活",其实他所以创造了这种操作法,是因为它可以最大程度地降低集装箱、船舶的磨损,尤其是降低桥吊吊具的故障率,提高工作效率。实践证明,它是最科学也是最合理的。

有一年,青岛港老港区承运了一批经青岛港卸船,由新疆阿拉山口出境的化工剧毒危险品,这个货种特别怕碰撞,稍有碰撞就可能引发恶性事故。当时,铁道部有关领导和船东、货主都赶到了码头。为确保安全,码头、铁路专线都派了武警和消防员。泰然自若的许振超和他的队友们,在关键时候把"绝活"亮出来了。只用了一个半小时,40个集装箱被悄然无声地从船上卸下,又一声不响地装上火车。面对这轻松如"行云流水"般的作业,紧张了许久的船主、货主们迸发出了欢呼。

许振超是位创新的探索者,他的认识很朴素:我当不了科学家,但可以有一身的"绝活"。这些"绝活"可以使我成为一名能工巧匠,这是时代和港口所需要的。就是凭借着这样的一种信念,许振超"技术口袋"里的"绝活"愈来愈多了。

"一钩准"是许振超20世纪70年代初开门机时的创造。集装箱上有4个锁孔,从几十米高的桥吊上看下去,很难分辨,更别说用在空中摆荡的吊具放下去,一次把锁眼都对齐,把集装箱抓牢靠了。但是,许振超和他的队友们就是做到了。许振超练成"一钩准"的诀窍是,钩头起吊平稳,钢丝绳走"一条线"。他的大徒弟张显新操作起来,轻松自如,一钩一个准。他笑着说:"我练了1年才练出来的。"

许振超的另一个"绝活"叫"无故障运行"。结合青岛港口的实际,许振超提出了一个核心班轮保班作业"一二三"的工作法,"一"就是"一个目标":桥吊呈现无故障运行;"二"就是"两个制度":凡是保班作业,一是技术主管昼夜值班制,二是出现突发故障15分钟排除制度;三是"三个事先":对桥吊,保班作业前要技术主管事先检修一遍,事先掌握船舶技术资料、作业箱量,事先动员。功夫不负有心人,他们实现了保班作业无故障运行的目标。之后,他们又在全国沿海港口率先实现了"核心班轮保班全部100%"的目标。

工友们都说许振超能琢磨也会琢磨,他创造的那些"绝活"推广后,铸造了青岛港的新优势,也引领了工友们创新的兴趣和热情。

2. 有利于从业者迎接市场经济和知识经济的挑战

市场经济给人们带来了激烈竞争的压力,优胜劣汰是市场法则,在劳动力市场也一样。同时知识经济这种新的经济形态即将到来,意味着劳动力结构的调整,一方面新技术领域的产业会增加就业机会,另一方面传统产业面临更大挑战,使企业对从业人员的职业素养要求不断提高。高学历、高(专业技术)职称、双师型、一专多能型的从业者受到欢迎,而职业素质不高,职业综合能力不强的劳动者可能会面临淘汰出局的结果,所以提高职业素养是迎接新经济形势挑战的需要。

3. 有利于促进人的全面发展

人生中最年富力强的时间是在职业活动中度过的,职业素养的形成和提高过程也就是人在思想政治、文化知识、专业技能、身心健康等各方面学习、锻炼、进步和成长的过程。职业素养提高后,使人在职业活动中能够发挥能力,展示才华,获得物质利益(报酬),享受美好生活,实现人生价值和促进人的全面发展。

目前,社会向企业提供的绝大多数是普通劳动力,而企业却需要知识型、技术型的劳动力。随着宏观经济结构调整力度加大,预计今后几年劳动力供求结构性矛盾将更趋突出。特别是进入市场经济后,国内企业之间的竞争、国内企业与国外企业之间的竞争更加激烈。在竞争中,谁拥有高素质的人才,谁成功的把握就大,反之则相反。所以在市场经济发展过程中,对劳动者职业素养要求会越来越高。

四、航运业发展对航海人才培养提出的素质要求

1. 航运业发展对航海人才培养提出的素质要求

从20世纪70年代开始,特别是近十年以来,航运科技的发展突飞猛进。一方面大量高新技术如 IT 科技、通信电子科技、环保和节能科技、新船型、新材料、新工艺以及高科技设备和系统如 DATA BRIDGE(智能驾驶系统)、GMDSS(全球海上安全系统)、自动化无人机舱和 ECDIS(电子海图系统)、AIS(自动船舶识别系统)等得到普遍应用。另一方面,由于船舶的大型化和造价的急剧上升(目前一艘一般装备的大型货轮造价都达数亿元人民币),海上事故所造成的经济和环境损失都是相当惨重的。为防止海上事故的发生,IMO 及有关组织不断加紧立法,如 SOLAS(海上人命安全公约)、STCW78/95(海员培训、发证和值班国际标准公约)、ISM(国际安全管理系统)、PSC(港口国检查)等法规均作了大规模修订,提高了对航运从业人员素质以及管理制度上的要求。

正如国际海事组织秘书长奥尼尔指出的,新时代航海人才应满足行业的下列发展趋势:

(1)在未来的船舶上,计算机和先进的电子设备将成为标准的装备,并且和其他装备一起与岸上的航行系统相联结。船舶交通管制系统将发展成为有效的岸上航行控制系统。

(2)港口间的人员和货物流动将变得更简便易行。将会有越来越多的国家认识到 IMO 为促进海运而制定的公约所带来的好处。它们将接受并实施这些公约。其结果可大量减少至今仍阻碍国际贸易往来的一些繁琐程序,以有利于航运业及其服务对象。

(3)未来的海员必须比过去的船员更为专业化,素质要求更高。航运业正发展成为一项复杂的科技性行业,它需要受到高级培训的男士和女士们来经营。

(4)未来的海员还必须证明自己是称职的,因为港口管理将变得更为普遍且日趋严格。贸易国家将要求进入本国港口的船舶必须符合国际标准。它们将检查船舶及其船员,以确定这些船舶与船员是否达到了相应的标准。

(5)船长会更多地被要求履行经营管理的职责。性能更好的通信系统的出现将使海员在公司的经营中发挥比过去更为积极的作用。这意味着远洋船员的意见会比以前更容易被采用,不过付出的代价是某种程度的自由,而这种自由曾是海上传统生活中的吸引人处。

(6)海洋环境将会受到更多的关注。政治家、新闻媒介和公众将比过去更密切地关心海洋的环境情况,他们希望航运业能以最严格的标准来营运。不能满足这些标准的公司将对其行为负全部责任。在岸上或海上管理不善的单位将受到严厉的处罚。

因此,海运需求的发展不仅仅是量的增长,更主要体现在以信息技术为主的结构调整,海员将不得不应对新时期的各种各样新环境和新挑战,应对越来越高深的航海技术、越来越严格的国际条约和规定的挑战,高风险的航海业对海员业务能力和职业道德的要求等,这些都对航海技术人才培养提出了更高的要求。

2. 我国航海人员基本素质综合分析

根据《交通人才需求预测及交通教育发展战略研究》课题组对国内主要航运企业的调查所提供的情况,我国航海专业人才的素质现状如表 2-1 所示。

表 2-1　航海人才各种素质的评价统计(%)

百分比　　等级　项目	好	较好	一般	较差
政治素质	13.1	69.7	17.2	0
业务素质	24.0	71.2	4.8	0
文化素质	22.7	62.8	14.5	0
身心素质	11.6	69.9	18.5	0
平均	17.85	68.4	13.75	0

总体上说,海运企业的各类专业人才普遍具有较高的政治思想素质,业务文化素质也较好,主要表现在基础知识、专业知识比较扎实。海上企业的专门人才的身体素质基本符合船员标准,能够适应海上工作环境的要求;在心理素质方面基本上能承受艰苦的工作环境带来的压力。但在身心素质上存在的问题主要表现在体质较弱,心理状态及应变能力也需加强。

(1) 文化素质有一定程度缺失

一个受过高等教育的人,不论他学的是什么专业,都应在哲学、语言、文学、艺术、历史等领域有较丰富的知识,这是教育的基本任务和作用。在海运业发展史上,"航海家"是个令人崇拜的字眼,他不仅需要超人的胆识,高超的技能,还要有通晓天文地理、风土人情的广阔知识面,其中文化素质也是最基本的。海员的文化底蕴、艺术修养必须达到一定的层次,才能满足海运业发展的需要。尽管现代航海业务中各种实用文体都已经格式化了,但是,许多海员写出的文体仍然语句不顺,思路不清,如果是船舶领导,布置任务将不能达到简明扼要、内容清晰的目的。

(2) 英语能力是我国海员素质中的一个薄弱环节

当今世界通行的航海语言是英语,航海图书、国际海运法规及日常业务操作均以英语为工作语言,英语已成为航海的必备工具。但英语沟通能力差,依然成为我外派海员的重大困扰。中国海事服务中心针对外派船员、国内外派机构和国外船东进行的一次问卷调查结果显示,只有2%的答卷者认为我国干部海员的整体英文水平"非常好"或"好",认为"一般"的占52.1%,认为"不好"的占44.9%。

海员英语不过关有两种情况:一是理解力差,看不懂英文;二是能看能写,但口头交流困难,即哑巴英语。我国海员很少有能够与国外代理、租船人、货主及理货人熟练交流的,遇到海事等特殊情况,不能很好地根据国际法规据理力争,从而在事情处理过程中处于被动地位,尤其是在港口国检查越来越严格的情况下,语言交流的作用越来越大,许多滞留项目都是因为语言交流不畅而导致的。更有甚者,驾驶员竟听不懂VHF甚高频发布的"前方水下有未完工的桥墩"的航海警告,径直前行,全然不知冒多大的风险。这一点,从我国海员的外派市场行情上也可以看出,菲律宾海员外派较成功,很大程度上是因为他们的英语水平比中国海员高。

(3) 应用技术较狭窄,新技术接受能力欠缺

航海本身是一种技术性很高的行业,进入21世纪,信息技术给航海带来的冲击是巨大的。航海将向计算机配载、电子导航、无人机舱及船岸即时沟通等方向发展,这要求我国的海员能够适应这种变化,及时更新知识和技术,跟上现代科技的发展,而中国海员在这方面

有不少欠缺,主要表现在以下几方面:①由于受教育过分专门化的限制,知识面狭窄,典型的表现是技术上的狭窄,学驾的不懂机、学自然科学不懂生产经营成本,不懂经营管理;②重理论轻实践,动手能力不强。到了船上便一筹莫展,不知从何下手;③对现代高科技懒于接受或接受太慢。现在电脑已经非常普及,但有些海员仍是用一个手指敲键盘,一次一个字母地输入,往往让国外代理产生不快,以为是对其轻视或不合作;④对海运业新的法规适应太慢。为保证海上人命和财产的安全,保护本国利益,国际海事组织和各国海事当局都采取了一系列新的措施和规定,海员应该尽快适应,并严格执行。ISM规则的实施已经几年了,至今仍有海员因为违反规则而出现问题。

(4) 敬业精神和职业道德需加强

海运业科技含量的增加,海运经营的精细化科学化,要求海员必须以全身心的力量投入,工作要从细处着眼,精益求精,任何的工作粗心和失误都可能导致经营上的巨大损失,勤勉的工作态度和良好的职业道德成为海员素质中非常重要的一方面。我国的海员与国外海员,尤其是西方国家的海员比较起来,这方面欠缺尤为明显。主要表现在:①工作态度散漫。海员处在特殊的工作环境中,一些海员受国内企业职工多年养成的大锅饭思想的影响,工作热情不高,时间观念不强,甚至工作时间敷衍了事,这种现象经常出现。ISM规则和港口国检查都非常重视因海员的疏漏和不作为而引起的缺陷项目,我们在这方面尤应注意加以改进;②工作进取心差。有些海员上船后只在乎自己在船期间的待遇,遇到利益分配斤斤计较,很少对船东的经营效益和自己的事业发展打算,很难适应高速发展的社会需要;③服务服从意识不强。有些海员对上级对船东的命令执行不力,甚至置若罔闻,没有真正以服务的态度来对待工作。船上工作由于其特定的环境和性质所决定,上下级之间层次是非常严格的,下级对上级的服从是绝对和无条件的。要适应船上工作,服务服从意识的培养也是一项基础工作;④行为举止缺乏修养。海员在国内代表一种职业,在国外则代表中国。仪表风度是个人修养的体现,海员的仪表举止因其工作船舶在世界各地航行,而有更深层次的意义。得体的衣着,优雅的举止,在外国人面前不卑不亢的态度无论何时都是应该得到肯定的。我们的海员在船穿着随便,有时到国外港口下地仍是短裤拖鞋,很不雅观,久而久之便使人产生中国海员邋遢的普遍印象。

3. 航海院校的人才培养目标

航海类专业是一个特殊的专业。工作条件极其艰苦,职业环境复杂多变。在船舶航行中,海员不仅要有精湛的专业技术,强健的体魄,而且要有较强的环境适应能力;良好的心理素质和及时果断、独立处理各种难以预料的突发事件的能力;较强的组织领导能力和服从意识;较强的法律、安全环保意识。目前,通常认为航海类专业人才应具有的综合素质由思想道德素质、业务素质、文化素质、身心素质四个部分组成,如表2-2所示。

根据航运业发展对航海人才培养提出的要求,各航运院校把培养目标定位在:培养适应社会主义现代化建设和航运业发展需要的,德智体全面发展的,符合国际和国家海船船员适任标准、能胜任现代化船舶驾驶与管理的航海技术人才。

航运院校注重培养学生敬业精神、团队精神、自律精神,经济意识、法律法规意识、环境意识、服从意识,实操能力、外语应用能力、应变能力和管理领导能力。

表 2-2 航海类专业人才的素质结构

素质类型	具体分项	基 本 要 求
思想道德素质	政治思想	具有坚定正确的政治方向,具有一定的政治理论水平,树立正确的世界观、人生观和价值观,努力为人民报务,具有奉献精神
	爱国精神	了解中国的历史和国情,具有强烈的民族自尊心和自信心,自觉维护祖国的尊严和国家、民族的利益
	道德素质	具有良好的团结互助精神和强烈的社会责任感,具有同舟共济的集体主义精神
	法律意识	具有良好的服从意识,一切行动听指挥,严格守纪、知法、懂法、守法,维护社会稳定,自觉遵守涉外纪律和劳动纪律
	专业思想	热爱航海,爱岗敬业,干一行,爱一行,能立足岗位,踏实工作,能克服各种因素干扰,做好本职工作,具有良好的职业道德
业务素质	科学态度	具有献身科学的精神,积极参加各种科技创新活动,有严谨的治学态度,较强的科技创新能力,专心致志的钻研精神
	知识	具有扎实的基础知识,精通航海业务,具有渊博的相关知识,较好的外语水平
	能力	具备学习能力、分析解决实际问题的能力、组织管理能力,独立工作能力、灵活应变能力、语言表达能力、涉外工作能力
	技能	具备 STCW 公约评估项目所规定的实际动手操作技能,使用计算机处理信息和使用工作语言的技能
文化素质	人文知识	具有较系统的人文知识,基本了解世界、中国历史、地理、风土人情
	文化修养	有较高的文化修养和鉴赏能力,有丰富的精神世界,高雅的审美情趣和一定的业余爱好及特长
	现代意识	能与时俱进,努力学习新知识,具有较强的市场意识、竞争意识、经济意识、环保意识、安全意识、全球化意识
身心素质	人际交流	具有良好的人际交往能力,尊重别人,善于与人相处,能较好地归属社会群体,懂得外交礼仪和涉外知识,懂得尊重他国习俗和权益
	心理素质	有承受失败和挫折的勇气,有知难而进的精神,有较强的心理承受能力和适应能力,有机智果断、临危不乱的应变能力
	身体素质	有适应海上工作环境的体魄,有较高的海上求生技能

作为海上专业毕业生应具备以下几方面的知识和能力:

(1) 具有良好的综合素质

培养学生具有职业道德、体育游泳、文学、心理等方面的知识和素养,具有相应的人文修养。

(2) 具有航运管理和法规方面的基础知识,对国际航运市场经济有一定的认识。

(3) 具有扎实的专业理论基础

学生必须熟练掌握本专业领域的基础理论和基础知识,掌握本专业的扎实的实际动手操作技能;广泛了解与本专业有关的最新动态和相关领域的基本知识;具有较强的实际动手操作能力和创新意识。如船舶驾驶专业必须具有 STCW78/95 公约要求的、船舶操作级职能对应的航海技术专业知识和"航行"、"货物装卸和积载"、"船舶作业管理和人员管理"、"无线电通信"的操作级能力,以及一定的管理级航海技术知识。

(4)突出的英语应用能力

达到国家对大学专科外语要求,并具备较强的适应本专业需要的外语听、说、读、写能力。其中听力和口语能力尤为突出,并能相对熟练地用英文进行与船舶驾驶、轮机管理专业有关的业务洽谈。

(5)熟练的计算机操作和应用能力

培养学生具有熟练操作计算机和应用本专业软件处理有关业务的能力,掌握计算机辅助制图和计算机高新技术等知识。

【相关链接】

浙江国际海运职业技术学院的船员教育和培训质量方针

确保培养出符合国家法规和国际航运业需要的,具有较好的英文水平、实践技能、敬业精神和安全环保意识的合格船员。

【补充阅读】

航海者的素质要求

钱永昌

海上工作的特殊环境:

(1)远离领导、独立作战、流动分散、连续作业;

(2)气候多变、环境复杂、不分昼夜、协同操作(风浪浓雾、暗礁险滩始终处于动态之中)。

特殊环境下对航海者性格与精神的特殊要求:

(1)意志坚毅,勇敢坚定;

(2)反应敏锐,处事果断;

(3)胆大心细,沉着镇定;

(4)刻苦耐劳,豁达乐观。

海上工作的要求:

(1)要有壮志四海,献身祖国航海事业的远大理想;

(2)要有执行纪律的高度自觉性;

(3)要树立牢固的安全第一思想;

(4)要培养反应敏锐、处世果断的作风;

(5)要养成适应海上工作、生活要求的良好习惯。

(一)要有壮志四海、立志献身航海事业的远大理想

我国历史上就是航海的先驱国,自古以来一直处于领先地位,对航海技术的发展有着杰出的贡献。

目前,我国已成为世界上的航运大国,正向着世界航运强国推进。实现航运强国的历史重任落在你们年轻一代身上。

海运事业是执行改革开放国策的重要基础,因此,你们也肩负着国家兴旺发达、建成小康社会的光荣使命。

海运事业是全球经济一体化的基础条件,也是我国融入全球一体化的基本条件。

海运事业是一个豪迈的事业、绚丽多彩的事业、浪漫的事业,是一个勇敢者的事业,是一个值得骄傲的事业,是一个使人仰慕、肃然起敬的事业,是一个对素质、修养要求更高的事业。

一个有志气的青年人,应该成为一个敢于面对挑战,勇于艰苦创业,具有远大胸怀、有作为的航海者。

一个航海者,一般要过好五个"关",即事业关、晕船关、艰苦关、家庭关及生活关。其中,最易在晕船及家庭两方面过不了关。所以,只要有坚强的意志及健康的思想,就一定能克服这两个"关"。

(二)执行纪律的高度自觉性,要有高度的组织纪律观念和严格的组织纪律性

执行纪律的自觉性,是由海上环境、工作条件的特殊性决定的,是由于与大自然作斗争、海上的生产过程的特殊要求所决定的。往往是一个小错就会酿成船舶覆没的大祸,往往成败于千钧一发之间,往往是差之毫厘,而成失之千里之恶果,任何的丝毫的麻痹、侥幸都将酿成千古之恨。

高度的组织纪律性重点体现在两个方面:不折不扣的、正确无误的、迅速及时的执行命令;一丝不苟的严格遵守规章制度及执行操作规程。

海上工作需要高度的集中意志、统一指挥、坚决的服从和执行命令,决不能有丝毫的含糊、迟疑与懈怠。尤其是在危急状态下,更是要毫不犹豫,不折不扣,快速地执行命令。

规章制度、操作规程是科学的归纳、经验的总结;是血的教训的代价所换来的,如不遵守、不执行规章制度和操作规程,必将要付出沉重的代价。

海上的规章、规程是极为严密、极为科学、极为完备的规章规程。

事故往往是由于人为的因素造成的,人为因素中绝大部分是由于不遵章守纪所造成的。只要严格遵章守纪,严格按操作规程办事,安全是可以有保证的。

按1991年IMO事故统计分析(碰撞、触礁、搁浅、火灾),其中直接人为因素占81.5%,而其中占18.5%的为设备、气象等原因,但严格讲也是与人的因素有关。

再科学、严密、完备的制度归根结底也必须由人去认真执行,因此,必须要求不论什么职位的人都要严格要求自己。

无数的事故都可从不执行规章制度、操作规程中找出原因及教训(如值班制度、雾航规则、安全操作、出航前准备、货物装卸、配载、器械保养)。

(三)树立牢固的安全第一思想

"安全思想"不是空洞的口号,而是要在上船第一天起,就要在头脑中、行动上时时、处处、事事都要牢记的观念。大到航线设计,小到螺丝松紧,都要以"安全第一"来衡量工作,要求自己做到万无一失,始终立于不败之地。

安全的最危险敌人是什么?答案是麻痹(思想)与侥幸(心理)。麻痹、侥幸表现在:马马虎虎、漫不经心、不认真,"不会吧?!难道就这么巧?就差这一点就出事?!",贪图省力、省事、偷懒、得过且过,实质是没有责任心。

但不安全的事故,往往就发生在一丝一毫的麻痹、不在乎、侥幸上。俗语说:"差之毫厘,缪以千里""不怕一万就怕万一""无巧不成书",恶果往往就出在这一点上。

要认识到：必然性寓于偶然性之中，偶然性的事故寓于麻痹、侥幸的必然性中，事故是麻痹、侥幸的必然恶果。

要求：

(1) 每一个航海人员，尤其是船长必须做到谨慎终身，不可侥幸、麻痹分秒。要时刻有"兢兢业业、踏踏实实、如履薄冰、如临深渊"的精神状态。要始终处在"居安思危"的精神状态中。

(2) 要战略上藐视，战术上重视。要有战略上以一挡十，战术上以十挡一的指导思想。任何工作事情都要有周密的安全措施；都要有几种预案，要设几道防线，要预防可能出现的问题，对可能出现的问题要做到心中有数。凡事宁可多三分安全措施，不可有一分冒险行为；要成竹在胸，一环扣一环，一道防一道。只要认真、严格、谨慎、措施到位，安全是有保障的。

(3) 办事要一丝不苟，防微杜渐。任何工作，大到航线设计，小到松紧螺丝，必须有严谨的工作作风。要意识到往往有一丝的不到家，就潜伏着大事故、大隐患。有一丝的不到之处，就会从这个缺口扩大而酿成大祸。所以，要把任何隐患防止与扼杀在细微之中，不容其渐变扩大。

(4) 凡事要寻根究底，求得水落石出。在工作中，特别是在航行中，发现或感觉到任何微小的异常（异常的声音、气味、动静）都要十分警觉，必须要弄个水落石出，放心为止。这实际上是一个高度警觉的要求。

(5) 要做到不打无准备之仗，要有万无一失的周密措施。每一航次、每一项工作，都要有周密的措施、充分的准备。"出航后的安全，一半取决于出航前的工作"，就是指在港期间的装卸、货物配载、积累，都要为出航后的安全保障做好充分准备，有些事到了海上、在航行中是无法补救的。

(四) 要反应敏捷、处事果断

处理事情要有魄力，看准了就要果断。要能敏锐地预感出潜在的危险。如：有危险的预感时，切忌犹豫，要当机立断。但也不排除在紧急危机情况下的"急中生智"。

但魄力、果断和"急中生智"是建立在精湛的技术及丰富的经验基础上的，不然果断就成了盲动。

要锻炼自己头脑灵敏，目光锐利，思路敏捷，反应迅速。任何正常、不正常的变化都要在自己的监视之下，要做到眼观六路，耳听八方，明察秋毫。海面上发现的任何变化，海平线浮现的任何迹象，都不能放过。因为一切都在行动中、变化中，所以有两点特别要注意（尤其在海上避碰、狭水道航行、港内操作时更要注意）：密切关注与善于判断相对方位的变化、密切关注与善于判断相对速度的变化。

(五) 养成适应海上工作、生活要求的良好习惯

有许多良好习惯是规章上、制度上没有的。但老海员长期传下来的良好的习惯是十分可贵的。

长期的谨慎的海上生活，使一个航海者养成一种自然的反应。

起床后第一件事就是注意窗外海上的天气；出房间第一件事首先去感觉一下风向及风力。

身在房间，心在驾驶台；一个船长，即使身在房间，也会有每20分钟瞭望的习惯。

站在驾驶台，必须保持任何时候都要密切关注航行前方，眼睛始终注视前方。

在驾驶台值班,任何工作必须行动迅捷,保证最充分的瞭望时间。

驾驶台要绝对守纪律,思想集中,窗明几净,保持整齐、整洁、安静、头脑始终处于冷静状态。

下命令要明确、响亮、不含糊,并要核实命令的准确执行的情况。

船长要把自己看成是安全的最后一道防线。"重要事,必躬亲"(如转向、过转向点、过灯塔、狭水道航行、雾航、特种货物、危险品、大件的装卸等)。

要善于把海图的平面图形在头脑中想象为立体的形象。要善于把物体或目标的相互位置,能随着船位的变化而在头脑中反映出来。

越危急、越紧张,越要镇静、沉着、沉稳,做到处惊不乱。一慌乱,思路、观察将随之混乱,下属人员也会无所适从。

在甲板巡视或工作时,都要使自己随时处于保证绝对安全的位置,观察上下左右,站在一个安全的位置,即使发生意外也不存在有对自身带来任何安全威胁的位置。

在使用先进仪器、仪表的同时,要经常保持基本功的使用与锻炼,如瞭望的敏锐视力,测位的计算准确快捷等。

每到一船,必先熟悉全船设备、设施,尤其是应急应变的部署及设施,以及包括能在黑暗中准确摸索的行为能力。

航海技术是一门实践性较强的学科,有很多经验只有经过实践并经总结、归纳,才能形成概念性的经验,所以要养成在实践中不断总结经验、积累经验的习惯,从而不断提高自己的判断能力。

许多"小窍门"却派"大用场"的经验总结,更有实用价值。

如:不同船只在不同吃水(不同受风面积)、不同风向风力及不同海域、不同季节、不同海流对船舶带来的风压及流压的影响。

如:从海上逐渐接近陆地或目的地时,从海平面初显的地形地貌、初显的物标图像的素描记录,有利于以后航次相同情况下的辨认。

如:在船舶不同吃水情况下,盲区安全的测定技术。

如:养成快速而又精确地测定目标或天文船位的本领等不胜枚举的良好习惯。

一个航海者必须具有能适应海上特殊环境的特殊素质,才能成为一个胜任的航海者,才能在与大自然的斗争中立于不败之地。

最后,航海者除需具有上述的良好素质外,还要有良好的文化修养、广博的知识,了解与尊重各国、各民族的风俗习惯,成为一个懂礼貌、讲风貌的航海者。

总之,做一个既坚毅,又文明,令人肃然起敬的航海者。

(注:钱永昌,新中国第一代远洋船长,曾任交通部部长兼党组书记。)

思考与练习

一、名词解释

1. 职业素养
2. 职业理想
3. 职业道德

二、问答题

1. 如何理解职业道德的继承性？
2. 职业道德的基本特征有哪些？
3. 职业素养的构成，主要包含哪些方面？请结合海员实际分析。
4. 联系自身实际，谈谈如何提高我们的身心健康素质。
5. 简述职业素养提高的意义。
6. 影响职业态度的因素有哪些？
7. 海员的职业荣誉观有哪些内容？
8. 如何正确理解航海院校的人才培养目标？
9. 社会主义职业道德的原则是什么？

三、小调查

1. 请通过网络，收集资料，调研一下各航运公司的企业文化，并填写相关表格。

航运公司	企业宗旨	价值理念
OOCL		
中远集团		
中海集团		
舟山海峡汽车轮渡有限公司		
德勤集团		

2. 请访问一位我校毕业的海员，了解一下他对海员职业素养的认识和体会。

第三章 海员的职业素养

职业素养是指组织对个人素质方面的要求,是一种较为深层的能力素质要求,它渗透在个体的日常行为中,影响着个体对事物的判断和行动的方式。一般说来,一个人能否取得事业的成功,在很大程度上取决于本人的职业素养,职业素养越高的人,获得成功的机会就越多。在现代社会中,可以用大树理论来描述两者的关系,每个人都是一棵树,原本都可以成为大树,而根系就是一个人的职业素养,枝、干、叶、花、果就是其显现出来的职业素养的表象,要想枝繁叶茂,首先必须根系发达,因此,人们越来越重视自身个人素养的提升。

最近几十年,随着经济全球化发展步伐的不断加快,尤其是我国加入 WTO 以后,我国的对外贸易日益频繁,海上运输作为主要的对外贸易渠道在经济发展中起着不可替代的作用。海员作为一个特殊的群体正在不断地发展壮大,由于其职业的特殊性,他们经常穿洋越海,走出国门,驶向五大洲,因而这一职业决定了海员必须具备较高的职业素养。

在"2006 年深圳国际海事论坛"上围绕"高素质海员"的主题进行了多方面探讨与交流,业界一致认识到培养"高素质海员"是发展我国航海事业燃眉之急的需求,也是实现发展"海员劳务输出大国"目标的"瓶颈"。2006 年 2 月在日内瓦召开的第 94 届国际劳工(海事)大会上,交通部副部长徐祖远指出:"高素质海员队伍是海运事业可持续发展的前提。"海员的职业素养依据不同的标准,有不同的划分。本章主要从身心健康、交际礼仪、终身教育、诚信履约、业余爱好等方面来分析海员的职业素养。

【补充阅读】

谈高级船员职业素养

随着国际国内航运市场竞争的不断升级,我们很快就发现企业之间有很大的差别,这种差别反映在企业的每个角落和每个细节上,如船员的职业素养。如果把分别来自马士基、中远和国内其他航运公司的三个船长放在一起,不用作任何介绍,大家都会在很短的相处时间里辨认出来他们各自的身份。为什么?很简单,就是那些在高级船员身上表现出的职业素养存在明显差异性。在此,就高级船员职业素养话题与大家交流,以促进共同进步。

我们的船长、轮机长,不管你在什么公司或什么类型的船舶服务,想要让你的手下服气、听从你,其实没有太多的条件,就两个条件:首先是领导能力,就是你有没有领导人的魅力,你会不会带这个"封闭空间"中的团队;其次就是专业,在广义上来说"专业"的好坏,就是职业素养的高低。

职业素养可分四个方面:工作技能,工作形象,工作态度,工作道德。

为什么有时候我们的普通船员会对高级船员不买账?其实从职业素养的角度来说,原因就是我们的高级船员在上述四个方面表现得不够"专业",在工作技能上不怎么精益求精,在工作态度上经常抱着"无所谓"态度,在工作形象上不像一个高级船员,在工作道德上缺乏远大的理想和敬业精神。

下面就从这四方面来讨论高级船员的职业素养。

1. 工作技能

高级船员工作技能不仅仅是知识的储备,还有知识的应用能力、领导技巧和团队精神,外加心理要求,综合地形成了一个高级船员的工作技能。

我们踏上公司的任何一条"华铜海"式先进船舶,不难发现这些船舶之间有以下几个共同点:

(1)总体方面。船舶拥有卓越的团队,设备管理完好,并保持船舶以外的良好的工作关系。

(2)岗位管理。每个部门和岗位都有完善的安全规章和须知;证书和资料分类有序,文件档案齐全,里面的内容都是最新的;并且所有船员具备应有的工作知识和技巧。

(3)船上所有的工作,船员都很用心地做,包括细节问题也做得相当的"完美"。

(4)船舶所有的会议、培训不是走过场或是"假账",而是注重实际效果。演习训练有预先计划内容和事后的评估,包括发现问题的改进措施等。

(5)船舶各部门或上下级之间传递的信息或文件中,不是命令的口吻,更多的是询问的口吻或建设性的意见。

(6)船舶有从高级船员起,由上而下、完善的学习计划。

我们把这些方面与其他船舶去相比较,很快就发现了哪些船舶的船长和轮机长工作技能更好、职业素养更好。

2. 工作形象

大家走在大街上会经常看见广告灯箱中有的灯不亮了,或字掉了下来,其实这就是不专业的表现,不注意工作形象。

常言道:"干一行像一行",也就是所谓职业素养中的工作形象。我们总忘不了老一代船长在驾驶台上,挺胸直背的站立姿势,永不忘记把望远镜挂在胸前;静静地观察着远方,很少说话;轻轻地来回走动,下达舵令清晰洪亮。那模样就是干这行应该有的职业模样。

在现代船舶管理中,具有良好的工作形象的高级船员会关注以下几方面。

船舶:

(1)统一性。任何使用的器械和工具(包括品牌和材质)、文件夹款式、张贴的告示和提示(包括高低位置)、生活用品、公共场所装饰、颜色、风格等,力求统一。

(2)标准性。无论是对内还是对外、申请还是汇报,文书格式是标准化的;工作流程、工作作业都是标准化的。

(3)简单性。所有的场合没有过多的摆设和物品;工作次序简明,部门之间工作配合无须过多的协调。

个人:

(1)衣着。在船舶靠码头期间会有区别于其他船员的穿戴制服和职务标志。

(2)谈吐。语言高雅、思绪敏捷、智慧,不时穿插成语和典故;在对外接待中要含蓄和迂回。在工作场合尽量不使用"时髦"的语句。教育和指导船员讲话简练、有针对性。

(3)工作。会在重大工作前,运筹帷幄,关注过程中的每个细节。为工作所做的准备时常令人吃惊。例如,到港口前,在大台的桌面上,所有需要的证书和文件提前依次平放在那里;画机械草图时,橡皮、直尺等工具早已悄悄地被摆放在一边。

(4)沟通。与人沟通时能把握好自己的站或坐的姿势,和蔼的语音和语调,不盛气凌人;解决问题时候注意先听后说,给出双赢策略,并总能被对方接受。

(5)面对问题。十分注重效率,但更注重船舶安全和处理效果。

3. 工作态度

有句俗话："认真做事只是把事情做对了，用心做事才能把事情做好"。我们仔细地去品这句话，可发现有许多哲学道理在其中。例如，公司在2005年后不少船舶主机上使用了电子汽缸油注油器，不少的同行对它在实船使用和管理，以及故障处理获得了许多的经验，也写了不少的体会文章，可以说大家都很认真地去做了。可是在国家节能减排大形势下，对研究过去历史上主机汽缸油消耗情况并作出比较和探索进一步节能的可能性方面，就很少有同行"用心"把这事情做得更好。又如，一个船长仅仅把船安全的开回来，那只能是算"认真"地完成了航次任务，假设这个船长还把经过的航区的气象、港口和代理情况、同航线其他公司船舶班期和货运等情况总结出来，并给上级合理化建议，使得以后航线计划能更安全更经济，那才是"用心"的工作态度。所以只有"用心"的工作态度才能把工作做得更精湛、更完美。

不用心的工作态度往往会表现在以下几个方面：

(1) 同样的错误会犯好几次；
(2) 对周围不关心，与部下不沟通；
(3) 满足现状，缺乏创新精神；
(4) 没有安全忧患意识。

优秀的高级船员除自己积极向上外，还需在工作上坚持原则，不和稀泥；对发生的工作偏差，要勇于认错，从自己开始整改；在船舶内部建立良好的"互助文化"；让全体船员将自己当作船舶的窗口；建立船舶有效的评估体系，实施奖罚制度。

4. 工作道德

"工作道德"这个名词好像很熟悉，又很陌生。具体说，常见的表现有：经常抱怨自己的岗位；经常说他人的无能和坏话，以抬高自己在团队中的作用；工作中无进取心，口口声声要跳槽；有错误不承认，为自己懒散找借口；船舶发生问题时不主动协助处理，冷眼在一边观望；甚至做出出卖企业利益的事情等，这些都是工作道德败坏的表现。

在茫茫的大海上，一个高级船员工作道德的优劣，会对全船产生意想不到的影响。如果你在工作中，处处把心思放在工作上，以工作为重，注意细节，关心别人，大家很快地就会喜欢上你；如果在处理问题中，你处处先公后私，利益面前学会"谦让"，矛盾出现时在不违反原则前提下做到"容让"或"忍让"，这样你自己的威信就会树立起来，大家开始信任你；如果在事业追求中，你处处表现出敬业、精业和兢业，那么毫无疑问，大家最后会对你产生依赖，跟着你。这样，一个紧密、高效和卓越的团队就由此而产生，接着你会收到"战无不胜"的大礼作为回报。

高级船员职业素养的养成，不只是一个人的问题。任何的职业素养都是由上而下的要求，常言道："上行下效，上梁不正下梁歪"。各层面的船员不可能自动自发地进行职业素养的修炼，除非是各高级船员乃至整个公司都朝这个方向去努力，下面的员工才会耳闻目染，有个职业化的样子出来。所以，高级船员一定要从自己做起，只有职业素养比下面船员更专业、更完美，自己做好了再去要求别人，下面的人才会服你。在职业素养自我培养中，要与最好的比，学会面对差距自我修炼，把自己培养成真正的航海职业人才。

第一节　海员身心健康与航运安全

海员是一个特殊的职业群体,主要从事海上作业,在船上工作时,他们要经受许多与岸上工作不同的复杂因素的影响,如海上的自然环境、水文和气象的复杂变化、湿度大、风浪多;船舶的机动性大,在不同的海域中作业,停靠不同的港口码头;船舶的环境特殊,不但固定,且空间狭小,既有噪音,振动,颠簸,高温,空气污染;又与家庭、社会分离;生活单调,获得信息少而迟缓,新鲜食品蔬菜供应受限;工作时间呆板,机械紧张度高,值班时间多而时间安排特殊,劳动强度和体力消耗大等等。所有这些因素不仅严重影响了海员的身心健康,而且影响了航运安全。因此,作为一个合格的海员不仅应具有一定的专业知识和技能,而且还必须拥有健康的身体和良好的心理素质。

安全对于航行的重要性是不言而喻的。在决定安全的诸多因素中,人是最活跃的因素。人的因素包括很多方面,通过大量调查,结果表明人的身体素质和心理素质是诸多因素中最为重要的两个因素。

【案例分析】

在某轮,一名机工因为心理健康问题,工作时精力不集中,导致发生工伤,迫使船舶中途挂靠港口,送岸治疗。在另外一艘船上,一名海员因为心理健康问题,在夜里从自己房间的窗户跳下,摔到甲板上,造成双小腿骨折。导致无法继续随船,只好安排在国外住院治疗,最后单飞回国。

分析:(1)根据权威机构的统计,船舶所发生的事故百分之八十是船员的因素所致,船员的因素主要指船员身心健康方面的因素;(2)由于航海职业充满艰辛与风险,工作和生活环境条件十分恶劣,船员的身心健康状况不容乐观,改善与促进海员的身心健康,势在必行。

一、身心健康概述

"一切的成就,一切的财富,都始于健康",健康是人生最宝贵的财富。提到健康,人们往往只重视生理方面的健康,而忽视心理方面的健康。实际上心理与生理两方面的健康同等重要,二者互相联系,互相制约,相辅相成。

世界卫生组织对健康的定义是身体、心理及对社会适应的良好状态,其中社会适应性归根结底取决于生理和心理的素质状况。心理健康是身体健康的精神支柱,身体健康又是心理健康的物质基础。良好的情绪状态可以使生理功能处于最佳状态,反之则会降低或破坏某种功能而引起疾病。身体状况的改变可能带来相应的心理问题,生理上的缺陷、疾病,特别是痼疾,往往会使人产生烦恼、焦躁、忧虑、抑郁等不良情绪,导致各种不正常的心理状态。作为身心统一体的人,身体和心理是紧密依存的两个方面。

在我们所面对的这个日新月异的时代,人的身心时刻都在受到不可避免的震荡,所以,如何加强自己对外部事件的承受能力,保持身心健康,就显得非常重要。尤其对于海员来说,由于远洋运输的要求,海员在天水一色的大海上一漂就是一年半载乃至更久,工作和生活环境条件恶劣,远离家乡和亲人,活动范围狭窄、压力大、任务重,这些都严重威胁着他们的身心健康。

【补充阅读】

世界卫生组织确定心理健康的六大标志

1. 有良好的自我意识,能做到自知自觉,既对自己的优点和长处感到欣慰,保持自尊、自信,又不因自己的缺点感到沮丧,甚至自暴自弃。

2. 坦然面对现实,既有高于现实的理想,又能正确对待生活中的缺陷和挫折,做到"胜不骄,败不馁"。

3. 保持正常的人际关系,能承认别人,限制自己;能接纳别人,包括别人的短处。在与人相处中,尊重多于嫉妒,信任多于怀疑,喜爱多于憎恶。

4. 有较强的情绪控制力,能保持情绪稳定与心理平衡,对外界的刺激反应适度,行为协调。

5. 处事乐观,满怀希望,始终保持一种积极向上的进取态度。

6. 珍惜生命,热爱生活,有经久一致的人生哲学。健康的成长有一种一致的定向,为一定的目的而生活,有一种主要的愿望。

二、海员的身心健康

(一)海员常见的身心障碍

1. 听觉降低

听觉是海员维持有效工作的重要感知功能。一方面,海员要在噪声的环境中工作;另一方面,要在经常性的噪声之中听出船上轮机和其他部位是否处于正常工作状态,虽然有些仪表可以反映一部分情况,但听觉的敏锐性甚至可以随时体察出还没形成明显障碍的情况。

海员在船舶上工作和休息都无法摆脱噪声的影响,尤其是在机舱里工作,噪声的影响就更加严重。即便是在甲板上,机器的振动、海浪的涛声,也如影随形地影响着海员。在船舶装卸货过程中,在遇到狂风巨浪的情况下,噪声的影响更是无法摆脱。长期生活在这样的环境中,海员会产生听觉的疲劳,当经年累月发生听觉疲劳时,就会引起职业性听力降低或耳聋。

2. 晕船

船舶环境的特殊性如果用一个字来表达的话就是"摇",船舶在航行过程中,由于受到风、浪、涌的作用而使船体发生不规则运动,这种不规则的运动刺激船员的平衡器官,一部分人员会出现面色苍白、眩晕、出冷汗、恶心呕吐等一系列植物神经反应的症状,这种现象称为晕船。初次出海的船员大约需要 2~7 天时间才能适应船体的颠簸,但适应之后还要不断训练,否则,3~4 个月不航行,就会重新发生晕船的现象。晕船不仅使船员增加了难以忍受的痛苦,而且也使船员的工作效能严重下降、思维迟钝、易疲劳,甚至严重的晕船可导致船员自制力丧失。

除此以外,由于海员处于紧张的工作或压力过大的生活环境中,极易引起高血压、冠心病、消化性溃疡等疾病。

3. 情绪消极

海员长期在海上航行,远离陆地和亲人,面对茫茫大海,生活单调枯燥,易产生孤独、郁闷、烦躁情绪,如果不能很好地自我调节心理,正确地面对现实环境,就很容易产生悲观、失望和感情冲动。

海员的心理疲劳伴随着持续的紧张状态而出现,同时还会出现一些消极的情绪,例如愤怒、憎恨、忧愁、悲伤、恐惧和痛苦等,都会对海员的身心健康产生十分不利的影响。

【补充阅读】

造成船员心理压力及非健康状态的原因分析

1. 工作压力。由于航运市场的不断变化,公司采取了减员增效、加强船舶管理、严格控制航运成本、扩大自修等措施;日益严格的港口国检查、船旗国检查、船级社检查,还有公司内部组织的检查评比,这些都要求要保持良好的船况。这一切使船员的劳动强度和工作量同以前相比明显提高,船员也感到他们所担负的责任更大了。

2. 学习压力。科学技术发展迅猛,各种新技术、新设备在船舶广泛应用。例如 VDR、AIS、电子海图、无人机舱、电脑技术、互联网技术等,所有这些都要求船员要不断地学习,才能适应船舶工作的要求。公司在这方面也采取了一些相应措施,例如对轮机员进行补电、对高级船员进行电脑和英语培训等。但是对于年龄较大、文化基础薄弱的一些船员,仍有不小的学习压力。

3. 社会压力。20 世纪 90 年代以前,船员的收入相对较高,而且因为职业的关系,可以经常从国外购买一些紧俏商品,因此当时的船员拥有比较优越的社会地位和经济地位。随着改革开放的深化,中国经济蓬勃发展,国内商品极大丰富,国民人均收入不断提高,"中国制造"的商品已经遍布世界。船员也就失去了职业所带来的种种便利,社会地位和经济地位相对感到下降。

4. 家庭压力。新一代的船员,包括一些年龄稍大一些的船员,基本上都是家中的独生子,家庭负担较重。遇到诸如家人生病、购房、搬家、教育子女等,很多时候分身乏术,无可奈何。而且船员由于长年在外,和家人、朋友缺乏沟通联系,社会信息匮乏,社会交往活动大大减少,容易产生孤独、烦躁和恐惧感。

5. 其他方面的影响。船员由于工作环境的原因,长期偏食酸性食物(鱼、肉、蛋、奶等),而相对缺乏碱性食物(新鲜蔬菜、水果、豆制品等)。研究结果表明,长期偏食酸性食物的人,脾气容易急躁,性格比常人刚强、倔强。而且,船员的饮食结构中,维生素、矿物质和微量元素都摄入不足,这些也会导致心理行为异常。此外,船员的日常生活中,运动量不足,接受户外日照时间短,性生活缺乏,这些也会影响船员的情绪,造成情感失调,产生抑郁等不良情绪。

(二)海员身心健康与航行安全

安全是船舶永恒的话题,海上船舶航行安全工作取决于船员的素质,船员身心健康是船员素质的基础,同时又是确保航行安全的根本前提。海员生活在大海这个特殊的自然环境和船舶这个特殊的人造环境之中,海员的身心健康对航行安全起着非常重要的作用。人的身体素质直接影响船舶航行的安全,一个处于亚健康状态的海员,在工作中常常会感到筋疲力尽,注意力难以集中,导致航行事故的发生。

【补充阅读】

上海远洋运输公司召开专题讨论会关注船员心理健康

8 月 23 日,公司在长阳南楼 11 楼会议室召开专题讨论会,关注船员心理健康。公司纪委书记、工会主席颜铁观、各船舶管理部部长和船员管理科科长、党工部部长及相关同志参加会议。

会议通报并分析了公司船员心理健康面临的新形势和新情况,讨论了加强船员健康管理、开展船员心理健康服务,有效实施船员心理干预的重要意义、有效途径和工作措施。

与会者认为,关心船员身心健康、开展船员心理健康服务的工作必须引起全系统各级管理者的高度重视。必须提高关心船员身心健康对维护企业、船舶和船员队伍稳定重要性的认识,提高关心船员身心健康对实现船舶安全生产、企业经济效益和中远品牌形象的重要性的认识;要加强对影响船员生理和心理健康的管理因素、环境因素、社会因素、个人及家庭因素等内外因素的深入分析研究,努力寻找和认识规律;要在全系统、全公司和全船大力营造尊重船员、关心船员、爱护船员的良好氛围,从管理、疏导、服务、援助等多渠道,研究制定提高船员身心健康的针对性措施,并切实抓好落实。

与会者建议,探索建立船员心理咨询机构,聘请心理咨询师(心理医生),并建立内部兼职心理辅导员队伍,一方面为有需求的船员提供心理咨询和治疗,另一方面加强各层面的心理健康知识辅导和培训,加强对船员心理健康的研究,将其纳入员工思想状况分析、企业稳定形势分析和政研会的工作内容,利用相关工作和信息平台,定期分析研究船员心理健康面临的新形势、新问题,并提出工作指导意见和对策。与会者还就职能部门、船舶管理部、船舶如何进一步关心船员身心健康、改进工作,提出了具体意见。

1. 健康的体魄是航行安全的前提

身体素质的好坏表现了一个人的健康状况。健康的体魄也是德和智的物质载体,在人才成长与成功过程中起着基础与关键的作用。人只有拥有健康的身体,才能从事实践活动,完成一定的工作,发挥其应有的社会作用。如果没有健康的身体,一个人的生活、事业和幸福也就都无从谈起。

海员需要长期在海上生活与工作,在漫长的航海旅程中,因工作时间、工作环境关系,船舶对船员的生理素质要求是很高的,诸如视力、听力、反应能力、身体协调能力、抗眩晕能力等,这些都直接影响船舶的航行安全。

2. 乐观的情绪是航行安全的必要条件

情绪,人们常称之为情感的外在表现,海员由于长期与亲人分离,心神不安,船上环境压抑、单调导致情绪不振,把紧张、害怕、焦躁、抑郁等不良情绪直接带到工作中则会导致疲劳、脑子迟钝、动作缓慢,直接影响航运安全。

船员在船上工作,身居"斗室",远离陆地,漂泊海上,常年累月会产生忧郁自卑、萎靡不振、灰心丧气、忧愁苦闷、悲观冷漠、孤独客观等消极情绪,对航行安全是不利的。培养乐观的情绪,海员首先要有一个好的心境,好心境是一种使人的所有情绪体验都染上某种色彩的较持久而又微弱的情绪状态。如一个人兴致勃勃时,干任何事情都乐滋滋的;而灰心丧气时,总是干什么事打不起精神来。

3. 良好的心理素质是航行安全的保证

航海是一个特殊的职业,狭窄的生活空间、社交空间,特殊的工作条件及值班制度,复杂多变的气象条件,时差、意想不到的突发事件等都要求船舶航海人员具有较优异的心理素质。良好的心理状态,能使人心情愉快、精神饱满、头脑清醒、工作效率高,能较好地处理好各种突发事件;而抑郁、担心、紧张的心境会使人反应迟钝,精力分散,避碰反应速度变慢,这对航行安全是十分不利的。

良好的心理素质是船舶安全航行的可靠保证,只有具有良好的心理素质,航海人员才能更好地操纵船舶,提高船舶的安全航行系数,最终才能高质量地完成航行任务。一名合格的航海人员只有具备良好的心理素质,才能在各种航行状况下,稳定地发挥能力,从容地操控船舶,确保船舶的航行安全。

海上作业时情况千变万化,船员除了需要具有良好的心理素质,还应当具备应对各种突发事件的特殊心理品质。培养特殊的心理品质,需要培养海员积累从平时或待命状态中,可靠、准确、迅速地转入高度紧张活动状态的经验,以及通过设置具有意外、新奇和变幻不定的情景,有效地锻炼全船整体的战斗稳定性和各部门的密切协同性。当船舶遇到意想不到的突发事件时,船员敢于面对现实,沉着冷静,勇于战胜一切困难。尤其在船舶遇到或预测到新的、突发的、严重的事故情况下,船员特别是高级船员还必须具备敏锐的观察力、持久的记忆力、集中的注意力、灵活迅速的思维能力、科学决策和果断指挥等特殊的心理品质,才能沉着应对特殊情况,解决一切困难。

【补充阅读】

远洋船员在航期间的心理变化

目前远洋船员在航工作持续时间一般都是十个月左右,特殊情况超过一年甚至更久。他们各阶段心态变化的时间长短因人而异,既与船的环境条件有关,也与船员个体的生理、心理素质有关。大体可分为以下几个阶段:

第一阶段为最初航行适应期。这一阶段的船员身体素质好,精力旺盛,思维敏捷,责任心较强,干劲十足,一心扑在工作上。同事间对彼此的性格脾气、喜爱偏好等比较生疏,相互间较为客气。但由于对船舶装备及操作机能不熟悉,心理压力的存在也是在所难免。

第二阶段为最适宜航行阶段。此时船员的所有心理和生理现象都处于最佳状态,对船上的工作、生活基本上适应。他们吃得饱、睡得香,情绪稳定,精神饱满,乐于助人。工作得心应手,即便出现一些小差错,也是属于偶然因素引起。

第三阶段为疲劳补偿阶段。在此阶段中,船员开始反应迟缓,他们偶尔会抱怨疲劳,渴望多躺一会儿,不愿参加娱乐活动,不想看书,对集体的关心程度下降。这些现象主要靠自身不断增强的意志力来加以补偿,所以此时尚能履行自己职责范围内的工作。

第四阶段即疲劳阶段。船员会出现情绪不稳定,易急躁,易兴奋,睡眠障碍,体力及脑力劳动能力下降,持续疲乏感,精神不振,工作态度不认真,错误多,效率低,易违反船舶管理规章制度。人际关系趋于紧张,家庭思念加重。

第五阶段是过度疲劳阶段。长期的远离亲人、远离故土,持续的高强度体力及脑力劳动,或因遭受突然的应激事件,出现精神疲劳、头痛,表现为睡眠不好、困乏,但躺在床上又睡不着觉,没有食欲,挑食。消极心理越来越明显,悲观情绪突出。

第六阶段表现为最后的热情。通常在返航即将休假途中,船员情绪高涨,感到一身轻松。但易产生敷衍侥幸心理,此期如果不多加注意,最容易出现麻痹大意导致差错或失误。

所以,作为船员管理部门,要适时掌握和了解船员心理变化动态,才能防患于未然,并充分调动广大船员的工作积极性和创造性,挖掘他们的最大潜能,才能保障船舶的航行安全。

（三）海员身心健康的培养

海员身心健康培养的目标是使海员拥有一个健康的身体和愉快正常的心态，能够胜任自己的工作，确保航行的安全。

1. 培养健康的体魄

身体素质的优劣，关系到海员自身抵御海上恶劣环境和连续疲劳侵蚀的支撑力。大风浪中航行，冰区中航行，常年处于高温炎热的工作环境，容易造成海员职业性的人体连续疲劳，使生理素质低下的海员不堪负重，产生退让推诿的惰性，继而上升为反应迟钝和人为失误，导致航行中事故的发生。

生命在于运动，运动显示了生命力的鲜活，海员应抽出一定的时间来进行体育锻炼。一方面，海员应学习一些健康知识和健身理念，掌握一定的健身方法和手段。如工作之余在甲板散散步，船舶靠港期间尽可能下下地，哪怕遛遛码头沾沾地气也能令人更舒坦一点。平常注意积累一些养生的方法，更能令你终身受益，例如，头常梳，目常运，鼻常揉，耳常弹，脸常搓，齿常叩，口常漱，津常咽，腹常施，肢常抖；又如用右手的手心按摩左脚脚心，再用左手手心按摩右脚的脚心，有降压、安神、养心的作用；还有中医讲究的"顺四时以适寒暑，节饮食以养脾胃，调阴阳以济刚柔"等。此外，你还可选择跑步、俯卧撑、引体向上、仰卧起坐、哑铃等运动方式。另一方面，实施"海上俱乐部"计划，投入大量资金为各船购置健身器、双杠、康乐球盘、乒乓台等健身器材，海员在工作之余可以利用健身器进行运动，或打打乒乓球。

2. 培养良好的注意品质

注意是心理活动对一定对象的指向和集中，可分为无意注意、有意注意、有意后注意三种。注意的品质包括注意的稳定性、注意的广度、注意的分配、注意的转移四个方面，这些品质的综合就形成良好的注意力。马克思在《资本论》第一卷曾指出"在劳动的全部历程中，他还必须有那种有目的的意志，也就是要把注意集中起来。并且一种工作的内容和进行方法对劳动者越少有吸引力，他越是不能把这个工作当作自己的体力和精力的活动来享受，这种注意就越是必要。"因此，对于航行安全来说，由于海员所从事的工作比较单调，海员良好的注意力就成为必不可少的重要条件。

在海事调查中发现，事故的80%与人为因素有关，而在人的因素中有60%以上是由于"不注意"所造成的，身心疲劳是"不注意"现象发生的主要原因。导致海员身心疲劳的原因很多，主要有心事负担，使注意力不能集中；寂寞引起厌烦而导致心理疲劳；饮食供应不好陷入单调，造成营养不足导致疲劳产生；为缓解寂寞而过度看录像、打扑克影响了正常休息，而导致疲劳等。一旦身心陷入疲劳状态，必然会导致注意范围缩小、操作姿势不端正，对重要信息失去注意，影响到海员的有效操作和机敏反应，容易引发事故，对船舶航行安全构成严重威胁。

为了使"不注意"现象不再出现，避免事故的发生，应积极培养海员良好的注意品质。

首先，保持良好的精神状况。一个人在工作中，是否处于精神饱满的工作状态，是关系到能否防止人为因素造成事故的重要手段。

其次，保持健康的体魄。俗话说："身体是革命的本钱"，只有拥有健康的身体，才能保质保量地完成工作，防止事故的发生。

最后，提高海员的安全意识，这是提高海员注意力的根本措施。平时要训练良好的注意品质，眼观六路，耳听八方，想到问题的各个方面，同时还要防止疲劳的干扰。

3. 培养正确的态度

态度是指个人对某一对象所持有的评价与行为倾向。态度是人的动机与行为之间的中转机制，同时它具有动力性质，包括认知、情感和行为倾向。认知是个人对事、对物、对人的认识和理解；情感是个人对一定对象的喜爱或厌恶、尊敬或蔑视、同情或冷淡；行为倾向是指态度与行动相联系的部分。人们的一般倾向是经常考虑收获，而较少考虑损失，正所谓"人见利而不见害，鱼见食而不见钩"。海员在工作中对不如意之事，往往具有否认的倾向，不相信坏事怎么能轮到我头上呢？所以对于航海安全，人们往往加以漠视，也就是说，容易形成认识上的偏见。

认识上偏见的产生首先是以有限的或不正确的信息来源为基础，比如没有亲自经历过海难事故，也很少听人讲起，于是产生盲目的安全心理。其次是因为人内心固有的刻板印象，比如在水域宽阔、能见度好等情况下，人们放松警惕，认为没有出事故的可能。许多经验告诉我们，往往正是在我们放松警惕时，事故才发生。再次偏见有过度责任的倾向，偏见中含有先入为主的判断，这都会使我们的安全意识错误定向。比如，某船长在台湾海峡亲眼见另外一艘船失火后，船毁人亡的惨状，当他的船在北方某港前发生火灾事故，虽然事故较小，但他武断地下令弃船，这就是过度类化倾向起作用。

培养海员的正确态度可以从加强海员的认知能力、培养海员的积极情感、进行"危险预知训练"三个方面入手。

4. 培养乐观的情绪

船员的心理承受能力差，对于突发事件一点心理准备也没有，对航海事业的危险性认识不足，平时对应变演习认识不够，一旦出现险情，就会惊慌失措。

我国海员往往把上船工作当成是一种谋取薪水的手段而已，一旦上船，往往心中念家，盼望着早日回家，在这种心情的笼罩之下，度日如年，徒增了许多焦虑。这种对上船的心理感受，自然影响到生产安全的维护。

船员需要有良好的心境，乐观、愉快、满意、自信对船员的生活工作有很大的影响，尤其是在航行时，它有助于船员适应特殊情况，克服困难，发挥积极性，提高工作效率，促进坚强意志的培养，并有助于身心健康。

应激状态是出乎意料的紧张情景所引起的情绪状态。航海业比较危险，紧张，意外事件的发生率较高，对船员的应激素质要求也较高。最常见的是进出港口，离靠码头，船舶避碰，机械故障，狂风巨浪，恶劣气候以及其他意外情况的发生，这些都刺激船员的大脑，使激素分泌增加，身体处于充分动员状态，心律、血压、体温、肌肉紧张度、代谢水平等都发生显著变化，需要增加活动力量，以应付紧急情况。应激状态使机体有特殊的防御、排除机能，使人精力旺盛，思维清晰、准确，动作机敏有力，推动人化险为夷，转危为安。

5. 培养良好的心理素质

进入21世纪，随着航运事业的发展，船舶航海人员担负的责任日益重要，IMO对船员应具备的应急应变能力要求越来越高。心理素质的好坏，关系到构筑应急应变的防线能否稳固不破，可以说心理素质占据着船员综合素质的半壁江山，培养海员良好的心理素质显得任重道远。

建立来自家庭、同事、组织等和谐的社会支持系统，这对海员保持良好的心理素质具有重要作用。

首先，由于海员的特殊性，对家庭照顾可能要少一些，海员家属应该体谅，不能经常抱怨,动辄吵架,制造家庭紧张气氛,更不能让船员带着家庭矛盾出海。船员出海期间,尽量不要向其报告痛苦、不幸的消息,因为他们在海上知道了也无法解决,只能增加痛苦和烦恼,影响他们的情绪,埋下事故的隐患。一般的事应等他们出航安全回来再告知,急事可以寻求组织帮助。

其次,航海人员出海期间,生活的空间大大受限,同事几乎成为唯一的接触人群。人们经常在一起,可以产生牢靠的友谊,但也很容易产生矛盾。出现矛盾,应该首先站到对方的角度把矛盾的起因分析一下。如果自己是主要因素,就应主动承认错误,寻求对方谅解;如果双方都有责任,应该主动作自我批评,同时指出对方应改进的地方,消除误会;如果对方是问题的主要因素,也应该坦诚指出对方的错误,帮助其认识改正,决不可把矛盾埋在心里,自己生闷气,甚至寻机报复。同事之间应该互相关心、互相体谅、同舟共济。

再次,组织是和谐社会支持系统中关键的环节,家庭问题需要组织关心,同事矛盾需要组织解决。同时还应该注意航海人员的政治思想教育和组织丰富的文体生活。政治思想教育,可以帮助解开人们心中的症结,构筑和谐的人际关系。丰富的文体生活,可以使大家精神放松,调节情绪;可以让大家彼此接触,增进了解。

第二节 海员交际礼仪与船舶文明

在现代开放的社会系统中,随着社会生产力的不断发展,物质生活条件的逐步改善,社会文明程度的日益提高,人们对礼仪倍加推崇,讲文明、懂礼貌、尊重他人、服务社会已成为人们的共识。每一个社会组织和个人都需要在广泛的、频繁的社会交往中谋求自身的发展,争取事业的成功,因此,交际礼仪已成为现代社会、现代人必备的素质之一。海员交际礼仪作为海员必备的职业素养,对铸造船舶文明起着极其重要的作用。

一、交际礼仪概述

礼仪是人们在社会交往过程中形成并得到共同认可的各种行为规范,它是人们以一定的程序、方式来表现的律己、敬人的完整行为。它体现了一个国家、一个民族、一个地区的道德风尚和人们的精神面貌。所以,礼仪是人类精神文明的产物。我国作为东方文明古国和东方文化的发源地,素有"礼仪之邦"的美誉。数千年对文明的不懈追求,形成了丰富多彩的东方文化和礼仪。

交际是人在共同的社会活动中,通过人与人之间相互接触、互通信息、交流情感,或达到相互了解,彼此吸取对方的长处和积极因素,从而增进友情,和谐合作,促进事业成功;或彼此满足相互间的精神慰藉,实现自我价值,增加社会群体的聚合力。为了使交际双方能够愉快地相识相知、理解合作,交际双方都希望达到交际目的,实现各自需要。这种交际规则可以说就是交际礼仪。所谓交际礼仪是指人们在交往活动中约定俗成的各种行为规范及实施程序。

现代交际礼仪将使我们在人与人的交往中增添一份自信与和谐,将使我们的生活更加美好,因为——有"礼"走遍天下!

二、海员的交际礼仪

(一)海员人际交往的特点

海员工作在船舶之上,经常远离喧嚣的城市,由十几个或几十个形成一个小的社会群体。这种特殊的社会群体使得船上的海员人际交往带有明显的不同于其他职业的特点。

1. 人际交往对象频繁流动性

一般来说,远洋航线船舶上的船员可能只有一年左右的同船时间,而近海或沿海船舶,航行几次后由于公休、探亲或人员调动等原因,都会更换一定数量的船员,这使得船员之间接触交往不多、情感交流较少。

2. 人际交往对象相对封闭而又开放

在船上工作的时间面对的人群是绝对固定的,几十个人风雨同舟朝夕相处,形成了不同于其他职业的交际圈,船员们在相对小的群体中处于相对封闭的环境里。而开放性则是伴随着经济全球化而产生的,船舶成为一个运动的载体,航行于世界各港口,到达不同的民族,不同的社会制度的国家,接触不同的人,因而使得海员的交往对象又具有开放性。

3. 角色的单一性

在日常生活中,陆地上工作的人,往往要扮演多个角色,但在船上,每个船员始终是一个固定的角色,角色的固定化和工作的专业化,无形中形成了一种心理上的压力,使船员不得不时刻想着自己的身份和职责,加上船上生活单调枯燥,使得海员之间的人际关系比较紧张。

(二)海员交际礼仪的原则

美国著名的礼仪学家,爱米莉·波斯特在她的巨著《西方礼仪集萃》中这样讲:"表面上礼仪有无数清规戒律,但其根本目的却在于使世界成为一个充满生活乐趣的地方,使人变得平易近人。"在西方人看来,礼仪是人的一种行为准则,需要遵守一定的原则。

人们的各种交际活动自始至终都有一些具有普遍性、共同性、指导性的规律可循,这就是礼仪的原则。海员作为一个特殊的职业,其交际礼仪也有其固有的原则,探讨这些原则,有助于海员交际礼仪的规范化,增强海员对礼仪的认识,进而加强礼仪在交往中的指导作用。

1. 遵守原则

礼仪规范是为维护社会生活的稳定而形成和存在的,实际上是反映了人们的共同利益要求。船舶上的每个海员不论身份高低、职位大小、财富多寡,都有自觉遵守、应用礼仪的义务,都要以礼仪去规范自己的一言一行、一举一动。如果违背了礼仪规范,会受到舆论的谴责,交际就难以成功,整个船舶上的人际关系会失去和谐。

2. 敬人原则

儒家认为"礼者,敬人也。""敬人者,人恒敬之;爱人者,人恒爱之。"敬人是礼仪的一个基本原则,它要求海员在交际活动中互尊互敬,友好相待,对交往对象要重视、恭敬。尊敬是"礼"的本义,是礼仪的重点和核心。在对待他人的诸多做法中最重要的一条,就是要敬人之心长存,处处不可失敬于人,不可伤害他人的个人尊严,更不能侮辱对方的人格。可以说,掌握了敬人的原则就等于掌握了礼仪灵魂。敬人要求每个海员都能做到敬老船员、敬上级、敬同事。

3. 宽容原则

一般来说,交往双方的心理总存在一定的距离,存在不相容的心理状态,这种差异会在交往者之间产生思想隔膜,甚至会使关系僵化,要想缩小这种心理上的差异,让人与人之间能多一份和谐、多一份信赖,就必须抱着宽容之心。宽容就是要求海员既要严于律己,又要宽以待人;要多容忍他人,多体谅他人,多理解他人,而不能求全责备,斤斤计较,过分苛求,咄咄逼人。唯有宽容才能排除人际交往中的各种障碍,不能宽容他人的人,往往会得理不饶人,使人际间关系恶化。共性是寓于个性之中的,人们应该维护和发展共性,以理解和宽容来增强人们之间的凝聚力。

船舶上的船员一般来自不同的地方,有着不同的性格、经历、教育背景和生活习惯,而且由于长期生活在封闭的空间,会或多或少地养成常人认为不可思议的生活习惯和对生活的态度,作为一名海员只有主动地去接受和宽容他人的这些不同和"缺点",才能营造和谐的船舶氛围。

【海员博客】

宽容,铸造温馨大家庭

从上船的第一天起,我总是抱着外来船员不好相处的想法处处留意,生怕招惹麻烦。时间不长,我"小心翼翼"、"缩头缩尾"的举动被身边友善的同事察觉,他们开始默默关心起我来。有一次,货轮空放回美国洛杉矶装运废钢,途中对辅机进行常规的检修工作。检修后期由我为辅机道门新做垫床时,由于大小丈量不对,导致最终道门垫床尺寸不符。材料的浪费、工作的延误,使我都无颜面对大家,但是大家没有讥讽和抱怨,代之以善意的教导和宽容,暖意融化了我内心的疙瘩,我不由自主地融入了这个温馨的大家庭中。

4. 真诚原则

交际礼仪的运用基于交际主体对他人的态度,每一个海员如果能抱着诚意与对方交往,那么他们的行为自然而然地便显示出对对方的关切与爱心。因为无论用何种语言表达,行为是最好的证明。在通常情况下人们可以用谎言来掩饰自己的企图,但却无法用行为来掩饰自己的空虚,因为体态语是无法掩饰虚假的。因此唯有真诚,才能使自己的行为举止自然得体,与此相反,倘若仅把运用礼仪作为一种道具和伪装,在具体操作礼仪规范时口是心非,言行不一,弄虚作假,投机取巧,或是当面一个样,背后一个样,有求于人时一个样,被人所求时又一个样,将礼仪等同于"厚黑学",是违背交际礼仪的基本原则的,结果只能是导致船员彼此之间的关系更加紧张。

5. 适度原则

俗话说"礼多人不怪"。人们讲究礼仪是基于对对方的尊重,这是无可厚非的,但是,凡事过犹不及,人际交往要因人而异,要考虑时间、地点、环境等条件。施礼过度或不足,都是失礼的表现。例如,海员初次见面时握手时间过长,或是见谁都主动伸手,不讲究主次、长幼;休假告别时一次次地握手,或是不住地感谢,都会让人觉得厌烦。礼仪的施行只是内心情感的表露,只要内心情感表达出来,就完成了礼仪的使命。

海员在人际交往中还要根据活动的对象和目的选择适当的社交距离,也就是要把握与特定环境相适应的人们彼此之间的情感尺度。人际交往的空间距离主要有四种:亲密距离45 厘米、私人距离45～120 厘米、社交距离120～360 厘米、公共距离360 厘米。如果你正在向船长汇报工作应选择社交距离,如果你正在与同事谈论工作可以选择私人距离,而如果你正在和好友谈心则可以选择亲密距离,在海员的人际交往中选择并保持合适的距离是极为重要的。

6. 尊重的原则

尊重包含自尊和尊敬他人,是礼仪的感情基础。包括尊重他人,也尊重自己;给他人方便,也给自己方便;令他人舒适,也令自己舒适。在船舶这个有限的区域内,海员为了更愉快地工作、生活,有必要也必须与其他海员建立融洽的人际关系。在交际活动中,每个海员都渴望得到别人的尊重,尊重别人意味着对别人的理解,"理解能博万人心",有了理解,就有了交往的基础。由于在日常交往中,人们渴望受到尊重的心理经常被不经意的忽视,从而不知不觉地影响了相互交往。例如,一些老船员希望得到新船员的尊重,少数民族的船员希望得到汉族船员的尊重,国外船员希望得到中国船员的尊重。所以,海员要建立良好的人际关系,首先要尊重别人。

7. 平等原则

平等在交往中表现为不骄狂,不我行我素,不自以为是,不厚此薄彼,不傲视一切、目空无人,不以貌取人,只有这样才能结交更多的朋友。船舶是一个特殊的群体,它要求所有的船员在工作中必须对上级绝对的服从,每个人都有与其职位相对应的职责和权力。但在生活中,则每个船员都平等地享有权利和履行义务,都有平等的人格尊严,要求大家平等相待。比如:有些船上为了丰富船员的生活,购置了一些健身器材、运动设施、图书、碟片等,对于这些资源大家是共享的。

8. 自律的原则

礼仪的最高境界是自律。自律指在交往中,要克己、慎重,积极主动,自我反省,自我要求,自我约束。以此来约束自己在交往活动中的行为,而无需别人的监督。对于一些远洋航线船舶上的船员来说,长期固定的空间、同样的面孔、单调的工作生活,会使其感到莫名的烦躁不安,常因一些小事与同事闹的不可开交。避免这种情况最好的办法就是要经常的自我反省、自我约束,不断调整自己的情绪,理智地对待身边的人和事。

【补充阅读】

严于律己

做人首先要做到严于律己、宽以待人。明朝人林翰曾在家书中写了一首《诫子弟》:"何事纷争一角墙,让他几尺也无妨,长城万里今犹在,不见当年秦始皇。"这是他家与邻居争宅基地的地边,其家人想要依仗他的势力和别人争地。他不仅不仗势欺人,反而要求家里让出三尺,这是何等的肚量,使邻家也深受感动,也让了三尺,于是两家之间形成了一个六尺宽的巷子。

(三) 海员交际礼仪的培养

美国的成人教育家卡耐基认为,一个人事业上的成功,只有15%是由于他的专业技术,另外的85%要靠人际关系、处世技巧。

今天,礼仪已成为人们步入文明社会的"通行证",无论是人际的、社会的以至国与国之间的交往,抑或是商业、旅游业等服务行业的接待服务工作,都离不开对礼仪规范的遵守。具体来说,海员交际礼仪的培养主要包括以下几个方面。

1. 讲究仪态

仪态,又称"体态",是指人的身体姿态和风度。人的一举手、一投足、一弯腰乃至一颦一笑,并非偶然的、随意的,这些行为举止自成体系,像有声语言那样具有一定的规律,并具有传情达意的功能。海员可以通过自己的仪态向他人传递个人的学识与修养,并能够以其交流思想、表达感情,所以海员在人际交往中必须讲究仪态美,做到"内正其心,外正其容"。

在人际交往中,交往对象对你发自内心的好恶亲疏,往往都是根据其在见面之初对于你仪容的基本印象"有感而发"的。作为一名新船员,要想给同事留下美好的第一印象,一定要注意自己的站姿、坐姿和走姿。俗话说"站如松",站姿是人类的一种象征,男子的站姿应如"劲松"之美,具有男子汉刚毅英武、稳重有力的阳刚之美;"坐如钟",坐姿是人际交往中人们采用最多的一种姿势,它是一种静态姿势。幽雅的坐姿给人一种端庄、稳重、威严的美。"行如风",这说的是走姿,走姿始终处于动态之中,体现了人类的运动之美和精神风貌。作为一名光荣的船员,走姿要刚健有力,豪迈稳重,有阳刚之气。

2. 把握语言艺术

语言是人与人之间交流的最基本的工具,对语言艺术的把握直接影响良好人际关系的建立。同一艘船上的船员往往来自不同的地方,有着不同的方言,这就要求我们在与对方交流时一定要做到:口语表达清晰、语句流畅,交流时语调温和、语速适中,因为这种有魅力的声音容易使对方产生愉悦感。在表达思想感情时做到:语音标准、吐字清晰,说出的语句符合规范,避免使用似是而非的语言。

3. 学会微笑

微笑是一种国际礼仪,是世界通用的体态语,是一种令人感觉愉快的面部表情,它超越了各种民族和文化的差异。微笑是人间最美丽的面庞,是最佳表现自我的面孔,也是一种特殊的语言——"情绪语言"。它可以和有声语言及行动相配合,起"互补"作用,沟通人们心灵,架起友谊的桥梁,给人以美好的享受。海员单调的工作、生活、交往中更是需要微笑、离不开微笑。

对于海员来说,微笑可以缩短人与人之间的心理距离,为深入沟通与交往创造温馨、和谐的氛围;可以表现自己心境良好、充满自信、真诚友善、乐业敬业;可以调节情绪,以积极的情绪感染对方,创造出融洽和谐的气氛,使对方感受到温暖和愉快,给别人带来乐观、积极的情绪;可以使同事的消极情绪转化为积极情绪;还可以消除隔阂,所谓"一笑消怒仇"。一句话,微笑有益于健康,做一个笑口常开的海员,不仅活得健康快乐,而且人际关系也很好。

要真正的学会微笑,必须表里如一,真诚的用心去微笑;必须眼睛要含笑;必须和大家一起笑。

4. 懂得制怒

在人际交往中,愤怒容易破坏人际关系,甚至会使相当好的人际关系毁于一旦。因为人们在发怒时,难以控制自己的情绪,容易丧失理智,就会说出一些偏激的话,做出一些丧失理智的事,所谓"怒从心头起,恶向胆边生"。海员由于其工作的特殊性更是容易发怒,因为船上的工作生活是单调的,面对的面孔是同样的,生活的空间是有限的,甚至连休息也是一样的。今天的情况和昨天的一样,明天又与今天一样,令人感到莫名的烦躁,在这种情况下,缺乏自制力的人,易激动,对他人的过失或小事易愤怒。在船上经常发生两个船员为小事而争吵甚至大打出手的事件,比如,为争看一份报纸,或为打扑克牌、娱乐等。因此,懂得制怒,在海员的交际中起着非常重要的作用。

制怒的方法主要有：第一，善于把握自己的言行与情感，心存大志，能吃亏，能忍气。所谓"忍一忍风平浪静，退一步海阔天空"，在人际交往中，心存大志，不计较一切无关宏旨的小事，就能控制住自己的情感，即使受到了较大的刺激，也能把怒气驱散。第二，委婉、幽默，这样可以使自己情绪安定、神经放松、心情平静。第三，理智法，就是以自己的理智控制自己的愤怒情绪，使之渐渐平息下去。第四，转移注意力，这是一种积极地接受另一种刺激而达到抑制愤怒的方法，指对环境、对象、话题的转移。第五，请人疏导，俗话说：快乐有人分享是更大的快乐，痛苦有人分担就可以减轻痛苦，愤怒时不妨找朋友吐口气，从别人那里得到的不仅有安慰，还可能会有开导和解决的办法。

5. 运用幽默

海员在日常交往中，由于各种原因常会遇到一些尴尬的情境，或两人怒目相向、剑拔弩张的时刻，如果我们这时能够适时的幽默一下，就可淡化对方激愤，调解对方矛盾，营造轻松环境，缩短心理距离，减少人际间的摩擦，从而化解冲突，让对方有"台阶"下，把不安定的因素化为团结的有利因素。在海员的日常交往中，最常用的幽默交际方法是大事化小、小事化无以及适度夸张、自我嘲解和妙用玩笑。

6. 掌握闲谈技巧

对于海员来说，除了八小时的工作时间，其余时间如何度过很是让他们犯愁。远离家人和社会让他们觉得很孤独，如何充实自己的生活，活得开心些，掌握一些闲谈技巧很有必要。闲谈主要指人们在日常交往中，轻松、简短地谈论一些无关的话题，以达到交流的目的或缓和气氛的目的。对于海员来说，闲谈可以帮助其缓和紧张气氛、与别人建立亲密的关系；也可以放松自己的神经，获得友谊。

闲谈技巧主要包括：第一，选择话题时，最好找到双方共同感兴趣的话题。第二，适时地发问，以激起对方的兴趣，从而调整交谈的气氛。第三，闲谈中要注意礼貌对人、机智幽默，不要出语伤人。第四，在谈话中，不随便打断对方的谈话，不使用行话、术语，不与别人抬杠、争执，不搬弄是非，不传播别人的信息，也不把朋友对你说的话当作闲谈的资料去到处宣扬。

7. 注意微小之处

习礼而后谙熟此道，注意微小之处，对于海员来说能唤起同事心理上的愉悦，赢得友谊和尊重，有助于我们更好地驾驭事理和情理，铸造文明船舶。

俗话说：一滴水可以折射太阳的光辉。小处端正的人往往能取得人们的信任。例：法国有个银行大王，名字叫恰科。他年轻时并不顺利，52次应聘均遭拒绝。第53次他又来到了那家最好的银行，礼貌地说完再见，转过身，低头往外走。忽然，他看见地上有一枚大头针，横在离门口不远的地方。他知道大头针虽小，弄不好也能对人造成伤害，就弯腰把它捡了起来。第二天，他出乎意料地接到了这家银行的录用通知书。原来，他捡大头针的举动被董事长看见了。从这个不经意的小动作中，董事长发现了他品格中的闪光的东西。这样精细的人是很适合做银行职员的。于是，董事长改变主意决定聘用他。恰科也因此得到了施展才华的机会，走向了成功之路。

【课堂讨论】

你是怎样理解"小处不可随便"的？

8. 了解涉外礼仪

船舶是一个运动载体,它航行于国内各个港口,到达不同民族、不同制度的国家,因而船员会与各式各样的人发生交往。另外,随着经济的发展,我国与外国的交流与合作日益频繁,海员外派市场发展迅速,海员有更多的机会与外国船员同船工作以及为外国船东服务。作为一名当代船员,必须了解各国的交际礼仪才能与各国船员建立和谐的人际关系,为工作和生活创造有利条件。

众所周知,东方文化主要是以儒学为主导的中国文化为代表,西方文化主要是指欧美的英国、美国、加拿大,以及大洋洲的澳大利亚、新西兰等国家的文化。每一个民族都具有特定的精神思想、价值观念、风俗习惯和行业方式,具有不同的文化特色与个性。因而中国船员与外国船员文明交往的前提是必须尊重各自文化个性、风俗习惯。

尊重各国家、各民族的风俗习惯,已成为国际交往的基本原则。在人际交往中我们首先应多了解各民族的风俗习惯。如韩国的交际习俗是男子见面时,习惯微微鞠躬后握手,并彼此问候。日本人最重视的东西是面子,与日本人相处,应时时记住给对方面子,而且具有足够的耐心。在见面时行鞠躬礼,初次见面30度,告别时是45度。美国人喜好交际,社交场合一般行握手礼,熟人则施亲吻礼。加拿大人在人际交往中的自由与随和,是举世闻名的,握手是其见面礼,拥抱、接吻等见面礼只适用于亲友、熟人、恋人和夫妻之间。英国人在交际活动中习惯行握手礼,他们一般不喜交谈,强调绅士风度。法国人非常善于交际,他们爽朗热情,会主动与你交往,懂英语但更喜欢用法语交流。与德国人进行交往要十分遵约守时,德语中有一句话:"准时就是帝王的礼貌"。在与他们交谈时,不宜涉及纳粹、宗教与党派之争,在公共场合窃窃私语或是大声讲话,德国人认为都是十分无礼的。澳大利亚人人情味很浓,乐于同他人进行交往,见面习惯于握手,交往中讲究平等,不喜欢以命令的口气指使别人,在社交场合,忌讳打哈欠、伸懒腰等小动作及议论种族、宗教、工会和个人私生活以及等级地位问题。

其次,在涉外交往中应遵守一些基本原则。第一,信守约定。在人际交往中,必须认真严格地遵守自己的所有承诺,说话务必算数,尤其要恪守时间方面的约定。第二,不必过谦。中国人在交际中讲究的是含蓄和委婉,奉行"满招损,谦受益"的古训,在对自己所作所为进行评价时,中国人大都主张自谦、自贬,不提倡多作自我肯定,尤其是反对自我张扬。实际上,在对外交往时,或为外国船东服务时,过于自谦并非益事,它常常会引起他人的疑惑和不满,甚至丢掉工作。因此在涉外交往中,当面对别人的赞美时,要敢于、善于充分地从正面肯定自己。第三,讲究次序,遵守某些规则和惯例,尤其是外派船员更应了解各国的风俗习惯和某些规则。第四,尊重隐私。所谓隐私,就是指一个人出于个人尊严和其他某些方面的考虑,因而不愿公开,不希望外人了解或是打听的个人秘密、私人事宜。在涉外交际中要做到"八不问"年龄不问、收入不问、婚姻不问、工作不问、住址不问、经历不问、信仰不问、健康不问。这样才能和外国船员建立起和谐的人际关系。

再次,与外国船员共事时,应尊重他们的节日,送去节日的祝福或与其一起庆祝。国外的节日主要有:圣诞节(通常为12月24日至次年1月6日)、复活节(每年春风月圆后的第一个星期日)、狂欢节(一般在2,3月份)、愚人节(4月1日)、情人节(2月14日)、感恩节(每年11月的第四个星期日)、母亲节(每年5月的第二个星期日)、父亲节(每年6月的第三个星期日)。

二、海员交际礼仪铸造船舶文明

交往被认为是现代社会每个人不可缺少的"维生素"。广交朋友,可以使船员交流感情、排遣寂寞,增添积极乐观的情绪。交际成功的关键在于礼仪,一个人在交际中是否懂礼仪、能否自然而然地运用交际礼仪,这绝不仅仅是个表象问题,而是一个人内在素养的体现。交际礼仪的自觉运用,涉及人的性格特征、知识程度、价值观念、心理因素等诸多要素,它体现着一个人的文化修养和内在气质。是一个人的知识阅历、道德情操、精神风貌的折射。

作为一名海员,讲究礼仪既是尊重别人,也是尊重自己。良好的礼仪不仅能体现自己的高尚的道德修养,而且能使自己获得别人的尊敬和好感。一艘船舶的文明程度直接反映了这个船上船员的行为规范和文明水准,一个讲究交际礼仪的海员群体可以形成良好的社会道德观、伦理观,铸造出优秀的船舶文明。

1. 良好的交际礼仪有利于海员形成团结互助、同舟共济的精神

现代的船舶,自动化程度较高,船上人员也较少,人员分工明确,这就使海员之间的配合操作显得极为重要。海员只有具备良好的交际礼仪,建立良好的人际关系,才能在工作中做到相互配合,取长补短,互相理解,互相关心,团结合作,同舟共济,共同铸造船舶文明。

2. 良好的交际礼仪有利于船舶内部形成一个和睦友好的工作气氛和环境

对于海员来说,他们的工作、生活仅局限于一个有限的浮动空间里,长时间的海上航行,容易产生烦恼、孤独、暴躁、焦虑的情绪,常常会因为工作或生活中的一件小事情而相互指责、相互争吵,甚至大打出手。因而作为海员更需要关心、理解和感情交流,也更需要有一个融洽和睦的工作、生活环境。海员拥有良好的交际礼仪是船舶内部形成和睦友好工作气氛和环境以及铸造船舶文明的重要前提。

3. 良好的交际礼仪有利于构建一个人人为我、我为人人的和谐、文明船舶

人是一种高度社会性的动物,每一个人都不能脱离群体,不能离群索居,否则就会身心健康残缺不全。对于海员来说,海上航行的船舶就是一个他们依附的一个小的社会群体,船员由不同年龄、不同性格、不同经历、不同文化水平、不同兴趣爱好的人组成,在这样的一个大家庭中,只有拥有良好的交际礼仪,互相关心、互相爱护、互相帮助,一人有难大家帮,有福同享、生死与共,才能构建一个人人为我、我为人人的和谐文明船舶。

【名人名言】

"人无礼不生,事无礼则不成,国无礼则不宁"

——荀子

"从仪态了解人的内心世界、把握人的本来面目,往往具有相当的准确性和可靠性。"

——达·芬奇

礼尚往来。往而不来,非礼也;来而不往,亦非礼也。

——《礼记·曲礼上》

礼节乃是一封通行四方的推荐书。

——[英]弗·培根

第三节　海员终身学习与职业规划

在 21 世纪的今日,一个人在作生涯规划的同时,必能感受到终身学习是未来人类不可避免的理念与行动。

一、终身学习与职业规划概述

1. 终身学习概述

自 20 世纪 70 年代以后到世纪末,学习问题引起了国际社会的高度关注。1972 年联合国教科文组织提出了《学会生存》的报告,预言说未来社会"最终将走向学习式社会"。1994 年在意大利举行了"首届世纪终身学习会议",提出了终身学习是二十一世纪的生存概念。是各行各业自身发展和适应职业的必由之路。欧洲终身学习促进会最终提出了终身学习的概念:终身学习是通过一个不断的支持过程来发挥人类的潜能,它激励并使人们有权利去获得他们终身所需要的全部知识、价值、技能和理解,并在任何任务、情况和环境中有信心、有创造性和愉快地应用它们。

我国的教育权威专家厉以贤教授认为:终身学习是个体在一生中持续发展其知识、技巧和态度的过程,以实现个人在一生中各个时期各个阶段的各种学习需求的满足。简单一句话就是要活到老学到老。这个定义不仅注重个人主体性和时序性在终身学习中的重要性,更将终身学习的学习内容范畴明确地表述出来,那就是终身学习不仅仅学习知识、还有技巧和态度。海员职业的特殊性,决定了其专业知识、技能技巧和正确态度在工作中的极端重要性。当代的海员只有不断地通过终身学习,才能增长知识、端正态度、提升技能技巧,才能顺利完成工作、确保航行安全,从而获得幸福而圆满的人生。

陈宜安教授首先注意到生命个体在终身学习中的主体性作用和时间上的要求,她认为:终身学习是以学习者为主体,强调个人学习活动在一生中自主地、多方面地、持续地或经常性地进行。具体来说,终身学习有四大特点:第一,强调主体转换,体现个体的生命需求和发展需要;第二,强调学习者的个体学习权利,重视学习者个体的参与意识;第三,强调对学习内容、过程和方法的自主选择,注重自我设计和自我完善;第四,强调学习的终身性、全民性、广泛性、灵活性和实用性。

终身学习是终身教育的发展,是终身教育要达到的目的。终身学习是一种社会行为,是人们的一种生存方式,它为人的发展与完善提供一种新的选择。党的十六大报告提出要"形成全民学习、终身学习的学习型社会,促进人的全面发展。"在知识经济已初步形成的情况下,人才已成为第一资源,知识和能力对于一个人的生存和发展将起着决定性的作用。而获取知识和能力的根本办法是学习与实践。这种学习与实践必须是坚持不懈地、持之以恒地和毫不放松地持续进行。使学习者真正学会认知、学会做事、学会共同生活、学会创造,从而使人的智力、体力、人格、情趣和社会性等方方面面得到全面和谐的发展。

学习的目的即是人生的意义,即为社会服务、即是成就自己。因此我们可以说,生命的意义就在终身学习,终身学习就是终身认真对待自己,时时提升能力,时时为更重要的工作做好准备。从知识结构上来讲,海员应该学有所专,识有所长,精深的专业知识是其工作的必备条件,但其他相关知识同样不可忽视。尤其是随着科技进步的日新月异,船上的机械化、信息化程度越来越高,设备更新越来越快,海员必须不断学习才能适应。假如你想做得更好,升得更快,早日成为船长或轮机长,就必须从现在开始,树立一种终身学习的观念,保持一种终身学习的习惯,使自身技术呈一个不断上升的趋势,才能获得职业的充分发展,最终实现职业生涯目标。

【补充阅读】

李嘉诚是一位终身学习的楷模,小的时候,李嘉诚想方设法博览群书,为自己的成长和事业的成功打下坚实的基础,即使后来功成名就了,李嘉诚也没有停止学习的脚步。现在,李嘉诚已年逾花甲,但仍然坚持不懈地学习。他除了学习有关经济和科技方面的知识外,还特别喜欢看名人传记,从中吸取经验和智慧。

李嘉诚没有因为成功和年龄而放弃学习,学习成了他生命中不可或缺的一部分。有人曾问李嘉诚,他靠什么赢得成功,李嘉诚回答说,靠学习,不断地学习。李嘉诚不仅把终身学习作为自己的信条,更是用自己一生的行动证明了终身学习的巨大力量。

2. 职业规划概述

职业规划,是职业生涯规划的简称,是对职业生涯乃至人生进行持续的系统的计划的过程,包括职业定位、目标设定、通道设计三部分内容。具体来说,是指个人与组织相结合,在对一个人职业生涯的主客观条件进行测定、分析总结的基础上,对自己的兴趣、爱好、智能、性格取向、价值以及助力、阻力等进行综合分析与权衡,结合时代的特点,根据自己的职业倾向,确定其最佳的职业奋斗目标,并为实现这一目标做出行之有效的计划与安排,以期达到自己人生的最高境界。

当今随着社会分工的越来越细和经济社会的快速发展,职业规划对我们每个人都显得非常重要,没有明确的职业规划,就很容易迷失自己。一艘船在海上航行离不开灯塔、航标等设施的照亮和引导,一名职业发展优秀的海员同样离不开职业规划的引导。职业生涯规划根据时间的长短可划分为短期规划、中期规划和长期规划。短期规划,为三年以内的规划,主要是确定近期目标,规划近期完成的任务;中期规划,一般为三至五年,规划三至五年内的目标与任务;长期规划,其规划时间是五至十年,主要设定较长远的目标。一般来说,一个海员从工作之日起要想升到船长或轮机长大概需要十年左右的时间,这就需要他们在实际工作中制定合理的职业规划。

职业理想有如七彩长虹,凭着它,我们可以开垦出一片神奇的土地,走出一条金光大道。职业生涯是一片沃土,需要我们投入时间和智慧去经营。我们树立职业理想的过程,便是在心目中进行职业生涯规划的过程。职业生涯规划是一份人生的规划,是一个富于挑战的设想,它对于人生道路来说具有战略意义,至关重要。决策正确,则一帆风顺,事业有成;反之,则弯路多多,损失多多,及至苦恼多多、教训多多。要制定出科学的职业生涯规划方案,必须在规划时贯彻如下9条原则:

(1)清晰性原则。每个职业学校的学生都有一定的专业知识和技能,这是自己的优势之一,也是职业生涯规划的基本依据。该原则要求海员在制定职业生涯规划时确定的目标、制定的措施都应该清晰、明确,实现目标的步骤直截了当。

(2)挑战性原则。该原则要求制定的目标或措施并不只是维持其原来状况,而是对海员的工作提出了新的挑战。

(3)变动性原则。该原则要求制定的目标或措施应一致并具有弹性或缓冲性,这样就能根据实际情况的变化对生涯规划作相应的调整和变动。

(4)激励性原则。目标只有符合自己的能力、性格、兴趣和特长,才能对自己产生内在的激励作用,激励自己向更高的目标发展。

(5)适时性原则。拟定生涯规划时必须考虑到生涯发展的整个历程,作全程的考虑。因为职业生涯目标,牵涉到多种可变因素,因此规划应有弹性,应留有余地,以增加其适应性,为自己的发展创造更多的机遇。

(6)具体性原则。该原则要求生涯规划各阶段的路线划分与安排,必须具体可行。

(7)可行性原则。实现生涯目标的途径很多,在作规划时必须要考虑到自己的物质、社会环境、组织环境以及其他相关的因素,选择确实可行的途径。即规划要有事实依据,符合社会发展的客观需要,而并非是美好幻想或不着边的梦想,否则将会延误生涯发展机遇。

(8)长期性原则。该原则要求职业生涯规划方案一定要立足长远目标,避免急功近利行为。只有目光长远,才能够准确预测职业发展方向,做出正确选择。

(9)社会性原则。社会环境对我们的职业规划影响很大,尤其是我们的父母及其亲戚、朋友等,他们的职业观念、工作阅历、生活经验等,会在很大程度上影响我们的决策。作为职业生涯的规划者,应该善于分析他们提出的建议或忠告,独立地进行规划。

人的一生会遇到许多机遇和挑战,做好准备的人会很好地利用这些稍纵即逝的良机,做出正确抉择,从而实现自己的人生理想。在这众多的抉择中,对人生影响最大、最长远的就是职业规划。职业规划是一个连绵不断的"前进序列",只有一步一步地、脚踏实地地迈好每一步,才会闻到生涯目标实现时醉人果香。每一个海员都应该成为自己人生事业的规划者和耕耘者,一份科学合理的职业生涯规划可以发掘自我潜能,增强个人实力;可以增强发展的目的性与计划性,增大成功的机率;可以提升应对竞争的能力,使自己早日成为船长或轮机长。

3. 终身学习与职业规划的关系

生涯规划与终身学习两者是相互联系、相互制约、相辅相成、不可分割的有机整体。生涯规划与终身学习都是一种策略,可以帮助我们安全的生存、快乐的生活,并且达到自我充分发展、开拓生命意义的境界。我们除了在学校教育中获得必要的知识技能外,更需要有足够的自我学习、自我调适与自我成长的终身学习观念和方法。航海是一种技术含量非常高的行业,需要将理论知识在实践中综合运用,才能适应千变万化的海况和机械状况,并且,这种实践还要经过长久的练习与磨练,才能熟能生巧、运用自如。因而,对于刚走出校门的大学毕业生来说,他们虽具备一定的理论知识,但其实践技能尚不足以胜任海员工作。在实际工作中,他们只有树立终身学习的观念,为自己制定一份合理的职业规划,才能在以后的工作中不断学习、不断提高,最终成为一名合格的海员。

【补充阅读】

浅 谈 海 员

国际海事组织前秘书长奥尼尔先生曾说:"我们今天生活在一个由全球经济支持的社会中,若没有船舶和海运,这个经济就无法运作。"因此,自然不能无视一个特殊的群体——海员。

从事航海既能体会波澜壮阔,也可分享静谧孤独,这种历练是我们的人生所不可或缺的,亦有利于职业生涯的后续发展。

不必讳言,海员的工作性质决定了同家人相聚的时间少,船上的生活也相对单调、寂寞亦显枯燥,航行期间的活动空间相对较小。但有心人可充分利用工余时间进行自学,系统规律并持之以恒地攻读英语,同时结合实践学习本职业务,为晋职应试和今后的职业生涯逐日、点滴地积淀厚重的知识储备和实践工作经验。笔者体会到,船舶的工作环境受外界干扰少,这恰恰有利于规律的自学安排。我们已进入终身学习的时代,在航海的工作生活中,坚持以书为伴地多看书、广涉猎,既能缓解并冲淡寂寞的心理,亦可通过博览群书升华自己的知识层次和拓宽知识领域。古语讲:"腹有诗书气自华",年轻的朋友,您试试看。

号召大家努力适应海事事业发展的新形势和新要求,牢固树立勤于学习、善于学习、终身学习的意识,积极制定职业规划,努力争当政治素质过硬、业务技术精湛、服务水平一流的海事职工。

二、海员终身学习的必要性和紧迫性

"学会学习"是"学会生存"的前提。随着时代发展和社会进步,新事物、新情况层出不穷,新知识、新技术不断出现。对于船舶来说,先进的导航仪器和机械设备不断涌现,要求海员必须开阔视野,更新观念,学习新知识,掌握新本领,以适应科技发展对工作的要求。学会学习,学会生存,适应社会、科技发展和变化的需要,核心就是要在全船树立终身学习的观念,让学习成为21世纪海员的生活方式,养成处处学习、时时学习的习惯。

1. 海员终身学习是科技快速发展的必然要求

"知识就是力量",知识就是财富。21世纪是"知识爆炸"的时代,科技突飞猛进、信息与日俱增,专业知识更新周期越来越短,旧知识淘汰很快,我们随时面临知识危机。处于现代社会中的任何人,都不可能一劳永逸地拥有足够的知识,"活到老,学到老"是新世纪应有的终身学习观。尤其对于专业技术要求比较高的的海员来说,新知识、新技术的学习是不能一次性完成的,因而更需要树立终身学习的理念,在不断的学习中来提高自己,促进自己的职业发展。

【补充阅读】

广东明年全面实现船员考试无纸化

记者12月8日从广东海事局获悉,2010年广东海事局辖区船员考试工作将全面实现无纸化和预约制,船员考试将从传统的纸面考试进入到计算机无纸化考试时代。

据介绍,2009年广东海事局海船船员适任统考已全部采用计算机终端考试,在实现海船船员理论统考无纸化的基础上,内河船员理论统考无纸化工作也获得突破。第二期珠江水系内河船员统考在佛山考点首次成功试行了计算机考试,标志着珠江水系内河船舶船员的考试也进入了无纸化时代,不仅使船员考试工作提高了工作效率,而且在时间、资金、人力、物力、专业、社会资源等方面得到了优化整合。

广东海事局船员管理处处长梁军介绍说,为实现2010年船员考试工作全面无纸化的目标,广东海事局通过资源整合和片区联动等方式大力加以推进。按全国统考要求,海船船员非统考和内河船员考试将由广东海事局自主研发的"移动式船员考试系统"进行,该考试系统安装在一台手提电脑上,考试时只需将手提电脑与计算机考场的考试终端连接,即可由计

算机随机组卷和自动阅卷,从而实现广东海事局辖区船员考试"五统一"(考试标准统一、评卷标准统一、题目统一、题量统一、考时统一)的目标。

目前,广东海事局已经在广州、湛江等地建成海船船员计算机考场4个,在佛山建成内河船员计算机考场1个。广东海事局要求,有条件的分支局建立自己的计算机考场,没条件的分支局可以利用社会资源,使用学校、培训机构的计算机考场,或采用计算机自动组卷方式开展船员理论无纸化考试。

2. 海员终身学习是与国际接轨的要求

作为一名国际海员,对国际组织的公约、国家间的条约、异国他乡的风俗习惯、法律法规等,都得有所了解。而且,这种学习必将伴随海员的整个职业生涯。

一些国际组织包括国际海事组织(IMO)、国际劳工组织(ILO)等根据世界经济发展,国际海运出现的新情况等不断对一些公约、规则进行修改,也会新制定一些公约、规则来对船舶包括船员进行管理和约束,船员必须密切注意这些公约和规则的修改,学习新规则,才能理解并遵守公约和规则。

当前世界各国安全环保意识逐渐加强,与船舶安全环保相关的立法也越来越多,越来越严格。特别是欧美各国、澳、日、韩、新加坡等国,法规制定严苛,修改频繁,处罚严厉,去相关国家之前,海员得了解该国与船舶船员相关的法律法规,才不至于由于不知情而违反当地法律。

另外,各国的风俗习惯也都不相同,甚至一个国家的不同地区也常常有当地特殊的风俗,如果海员不了解、不理解,就会闹出笑话,甚至引起当地人的反感,给工作带来不必要的麻烦。

【补充阅读】

ISPS 产生背景

2001年"9·11"事件及以后一系列恐怖事件的发生,使国际社会认识到恐怖事件会在任何时间、任何地点发生,在世界范围内反对恐怖主义已是大势所趋。为了减少海上恐怖主义的可能性,以提高船舶及港口的防范能力,国际海事组织(IMO)在2002年12月召开的海上保安外交大会上通过了一系列海上保安的强化措施,建立了海上保安新制度。

2001年11月,国际海事组织第22届大会通过第A.924(22)号大会决议,要求各委员会研究反恐问题,提出修改《1974年国际海上人命安全公约》(SOLAS公约),增加海上保安事项。新的SOLAS公约的修正案建立了海上保安的国际法律制度,其内容不仅适用于船舶和船员,同时也适用于港口设施,对港口的保安系统在硬件、软件两个方面提出了十分详尽的要求。2002年2月,第一次海上保安会间工作组会议起草修正案;2002年5月,IMO海上保安外交大会通过了修正案以及《船舶和港口设施保安国际规则》(International Code for the Security of Ships and Port Facilities),简称ISPS Code。

3. 海员终身学习是海运形势发展的必然要求

海员的终身学习还必须关注国际海运形势的发展,如世界经济政治形势,各国的经济政治形势等。

和平与发展是当今世界的两大主题,世界各国都致力于国家社会稳定、经济发展,但是,目前各国的经济发展是不平衡的,同时也存在着地区冲突、社会动乱等不和谐因素。海运业是世界经济的温度表,经济的好坏可以直接从海运业看出来,所以海员准确把握经济的发展脉搏,就会懂得本行业的现状与发展,才能很好调整自己的就业方案,规划好职业发展的速度和预期目标。而目前地区冲突此起彼伏、极端主义、恐怖主义愈演愈烈,尤其是海盗的日益猖獗,不仅损害船舶财产,甚至海员人身安全都失去了保证,所以海员必须时刻关注这些传统的、非传统的威胁,学习新的规避危险的方法、措施,才能保护船舶财产、保障自身安全。

【补充阅读】

中国被海盗劫持货轮及25名船员成功获救

中新网12月28日电 据外交部网站消息,中国外交部发言人姜瑜28日宣布:据中国海上搜救中心报告,经多方努力,北京时间2009年12月28日3时,25名中国船员和"德新海"轮安全获救。中国海军护航舰艇编队已将该轮置于其保护之下,并将检查船员身体,补充给养,护送船员船只至安全海域,使其尽快安全回国。

2009年10月19日,青岛远洋运输公司所属"德新海"轮运载着煤炭从南非驶往印度港口蒙德拉,在非洲之角以东大约7百英里的印度洋上被索马里海盗劫持,船上有中国船员25名。事件发生后,中国政府高度重视,有关部门和企业积极开展营救,确保被劫船员船只安全。

中国政府向获救船员及其家属表示亲切慰问。外交部再次提醒中国船只和人员勿靠近相关危险海域,并做好安全防范准备,以免发生意外。交通运输部再次要求我航运公司船舶和人员进一步加强自防自救措施,防止海盗劫船。

航运在线记者对上海育海航运公司苏总进行了独家专访

航运在线记者:苏总,祝贺贵司派遣的"振华4号"全套船员在与索马里海盗的激烈斗争中取得了胜利。请您简单总结一下此次成功击退海盗的成功经验有哪几个方面?特别是在船员方面,都采取了哪些行之有效的措施?

苏总:本次"振华4"轮全体船员阻击海盗袭击的成功主要得益于以下几个方面。

1. 高度的责任感:全体船员本着对生命及国家财产的高度责任感,是本次阻击海盗袭击成功的首要因素,也是我司对船员一贯灌输的"对生命负责,对船东负责"理念所在。

2. 充分的准备:该轮在进入海盗区之前根据本轮特点作了详细的预案,包括防盗班的值守、预警、海盗登轮、报告、阻击海盗、与海盗谈判、等待救援等方面作了详细的预案,并按照预案定期作演习,本次阻击海盗的过程也是全体船员严格按照预案的一次真实的演练。

3. 船长的沉着、机智与勇敢:57岁的彭维源船长毕业于上海海事大学,良好的教育、30多年的航海资历造就了一位具有优秀品质及良好职业操守的高素质船长,正是他的沉着、机智与勇敢指挥全体船员按预案抗击海盗,巧妙与海盗周旋成功的阻击了海盗进入生活区,为多国部队的救援赢得了时间。

4. 各方面的配合与支持:祖国的强大、国家的关心是本次成功的关键所在,船员在第一时间报警后,始终坚信,强大的祖国是他们最坚强的后盾,国家相关部门也一定会在最短的时间内救援他们,事实证明正是由于对祖国的信任,才使他们勇敢的面对海盗,也正是国家相关部门的协调救援,才使他们得以成功逼退海盗。

航运在线记者：近年来遭遇海盗袭击的案例屡见不鲜，但是能够成功逃脱的报道却不多，2008年12月17日"振华4号"全体船员在面对荷枪实弹的武装海盗时所表现出来的勇气和智慧给我们留下了很深的印象。请问贵公司在培训所属船员有效防止海盗袭击方面有哪些独到的措施？

苏总：关于船员的招聘与培训。

1. 在招聘船员时，我们最注重的就是船员的职业道德素养，船员良好的职业素养是"保证海上安全、防止人员伤亡"的关键。

2. 关于遭遇海盗袭击的培训：我们始终给船员灌输"对生命负责、对船东负责"的理念，要求船员做好详细的预案，也正如船长在接受采访时所说，海盗靠近怎么办、上了甲板怎么办、面对面了怎么办？也让所有船员相信，公司始终把船员的生命安全放在第一位，我们也通过各种途径了解海盗的相关信息及时通报船员，尤其在面对海盗袭击时，阻止海盗进入生活区、与海盗周旋等待救援是上策，万一海盗成功绑架船员，要求首先保证生命安全，相信我们的国家一定会设法救援。

三、海员终身学习有助于职业发展

1. 海员终身学习促进职业生涯的可持续性发展。在海员的职业生涯中，单靠学校的教育是不够的，要使自己能够胜任航海工作，必须把正规的学习和非正规的学习融合在一起，利用一切时间和机会学习新的理论、新的技术，才能从容应对职业生涯中所遇到的各种挑战，获得职业生涯的可持续发展。

2. 海员终身学习促进职业生涯的规划。终身学习对个人职业生涯规划的帮助主要有：有助于个人生涯发展的认知、有助于个人生涯发展的探索、有助于个人生涯发展的准备、有助于个人生涯发展的实行、有助于个人生涯发展的调适、有助于个人生涯发展的再进步。

3. 海员终身学习促进职业生涯的全面发展。终身学习思想突破传统思想的束缚，采用多种多样的形式，强调每个海员在其职业生涯中可以选择最适合自己的学习形式，利用公司和船舶为其提供的一切可利用的学习平台，通过自主自发的学习，促进职业生涯的全面发展。

【名人名言】

"有田不耕仓廪虚，有书不读子孙愚。""学者如禾如稻，不学者如蒿如草。"

——《增广贤文》

好仁不好学，其蔽也愚；好知不好学，其蔽也荡；好信不好学，其蔽也贼；好直不好学，其蔽也绞；好勇不好学，其蔽也乱；好刚不好学，其蔽也狂。

——《论语》

吾尝终日而思矣，不如须臾之所学也。

——荀子

谁有生活的理想和实现它的计划，谁便善于沉默，谁没有这些，谁便只好夸夸其谈。

——埃乐温·斯特里马

人是一种寻找目标的动物，他生活的意义仅仅在于是否在寻找和追求自己的目标。

——亚里士多德

在一个不断变化的世界中,没有一种或一组技能和知识能为你服务一辈子,因此,现在最重要的技能是学会如何学习。

——约翰·纳斯比特

终身学习是打开21世纪光明之门的钥匙。

——《学习:财富蕴藏其中》

四、海员终身学习的基本要求

船员是一种特殊的职业,具有较强的专业性,较高的技术性,较广的涉外性,较频的流动性和较典型的社会性。作为一个特殊的职业群体,他们的终身学习有着不同于其他职业的基本要求。总的说来主要表现在以下三个方面。

1. 专业知识

航海是一门特殊的技术,专业性比较强,自古以来,造船技术和航海技术始终代表着时代科技的较高水平伴随着人类社会的发展而发展。在今天,科技突飞猛进、信息与日俱增,社会各个领域的科学知识不断由单一走向多元,不断向更深更广的层面发展,各种最新、最前沿的科技往往会先运用在舰船上,所以,海员不能固守原有的那点知识而企望它管用一生,必须在日常的工作中,养成终身学习的习惯,不断学习新的专业知识和新的技术,才能成为一个合格的海员。

2. 操作技能

进入二十一世纪,用"信息爆炸"似乎已经不足以形容我们社会的信息更迭、知识更新速度了,决定海员在职业发展中所能达到的高度,已经不仅仅取决于专业知识,还取决于知识的内化和运用,即技能。航海工作是实践性很强的一门专业技术,海员在学习期间应尽量多的将理论与实际结合起来,培养自己的操作技能。要想能够很快地在职务上晋升,做一个合格的船长或轮机长,理论和实践经验是必须合格的,熟练的操作技能是必须具备的。因为,熟练的操作技能不仅是工作的必备条件,而且是船舶安全航行的前提条件。

3. 英语交流能力

当今世界通行的航海语言是英语,因此,掌握英语在远洋航海这个特殊的"外交领域"中的作用之大已经不言而喻。英语水平的高低是反映船员综合素质的一个硬件,但当前中国海员的英语状况却难以令人满意,中远集团取得英语适任等级合格证书的海员仅占总数的16.5%,这可以折射出全国海员的英语水平。

随着世界航运市场的快速发展,国际海员劳务市场近几年始终处于供不应求的局面,由于欧美日等国家岸上工作收入的提高导致海员工作的收入优势丧失,从事海员的人越来越少,使得这些传统的航运大国将目标瞄向中国、印度、印尼、菲律宾等发展中国家海员。外派船员能否熟练地掌握英语,在很大程度上影响着其能否出色地完成劳务输出任务。

在外派船员数量较多、外派船员市场发展良好的菲律宾,英语是所有外派船员必须具备的技能,而且英语交流能力几乎成了该国海员的招牌,在国际海员市场具有良好声誉,印度海员由于同样具有英语交流能力,近年来外派船员数量也年年攀升。我国海员的竞争能力在国际市场上与菲律宾、印度等外派海员大国还相差甚远,这其中最主要是外语能力影响了我国海员走向世界。同时,由于东南亚国家海员的英语水平普遍比中国海员高,一条船上同样职位相比,一般菲律宾、印度船员月薪要比中国船员高出700~800美元。所以,海员通过终身学习提高外语交流能力,不仅可以增加海员专业知识,有利于顺利完成工作,更重要的是可以扩大海员就业面,繁荣我国海员外派市场,增加我国海员的收入。

【海员博客】

外语改变了我

维布艾尼 webany

在船上我是个很另类的人,同事们把我看成怪物,我知道,但我不在乎,所以,虽然我这是第二次上船,在这船工作八个月,依然不能融入到船舶的生活中去,我一直生活在我自己的世界里。

为什么我会这样呢?因为我非常有思想,有理想,有梦想,只是当初阴差阳错,我才干了海员,才整天呆在这个铁棺材里生不如死!而这些同事在我眼里无疑是行尸走肉,整天无所事事,醉生梦死,上班下班,喝酒抽烟赌钱吹大牛,毫无上进心,毫无追求,就为每月那点钱而浪费青春,我决不愿也决不会与他们同流合污!这样,我上班总是很少讲话,下班就呆在房间,吃饭时也不与同事交流,吃了饭就回房间看书、学习,或者玩电脑,要说明一点,我从来不玩游戏,我只用电脑来学习。

这样的生活我是很满足的,我不愿别人走进我的内心,自然,同事也没人主动来靠近我,要不说他们都把我看作怪物呢!但是,一次偶然的事情改变了我,也改变了我的生活。

2006年春天,我们船从印尼、台湾绕到日本,再开到美国去,经过一个多月的期盼,我们终于踏上了新大陆。大家原本都期待着靠泊后下地好好玩玩,谁知代理通知海岸警卫队马上就要来检查。我们好像一盆水浇下来,原先的兴奋顿时烟消云散,大家都知道美国是全世界PSC检查最严格的国家,虽然来时我们已经做了诸多准备,但谁的心里都没底。

美国检察官的确名不虚传,到机舱检查的两位对机械非常熟悉,问的问题也很专业,开始轮机员还信心满满,但很快就傻眼了。我们在日本、韩国、东南亚,各国的检察官说的英语虽然不标准,但很好懂,甚至南非、澳大利亚人说英语也好懂,而美国的这两位老哥却变音很厉害,特别是其中一位检察官年龄较大,鼻音很重,而且往往几个词连说,有的音根本就听不出来,轮机长和几位轮机员习惯听那种结结巴巴,一个字一个字蹦的英语,遇到这种流利的标准美语立马瞠目结舌,不知所云。检察官非常不满意,因为语言是交流的工具,是PSC检查的重点,他们指出我们船的外语水平有问题。我一直跟在他们后面,但是作为一个实习生,轮不到我讲话,而按我的性格也不会主动插嘴,这时眼看我们机舱要被检察官开缺陷,我忍不住了,接过检察官的话头,把他提的问题解释了一下。我们机舱的工作做得是很漂亮的,而且我一年来也基本把机舱的东西搞得差不多了,所以检察官再问问题,我就噼里啪啦、指手画脚回答,检察官刚开始还冷着脸,后来脸色就缓和了许多。也许我太狂妄,其实很多工作我只知皮毛,检察官问得深一些,我就不会了,或者把握不准,只好问轮机员。轮机员都很高兴的告诉我,我再翻译给检察官,有的问题还要请教轮机长,那矮矮的小老头平时看到我脸都冷冷的,这时满脸和蔼,温暖的如同春天中午的太阳!

检察官非常满意我们的管理和保养工作,最终机舱部无缺陷通过,他们夸奖我的英语非常好,对轮机长说大家应该像我一样把英语学好。晚饭时,轮机长叫人来叫我和他一起吃饭,以前从来没有过,按我性格是拒绝的,但一霎间不知什么感觉,笑笑答应了,拿着碗筷来到轮机长房间,里面有很多人,今天检查顺利通过,大伙非常高兴,在一起聚餐。我从来没有感觉到同事们是如此可爱,如此亲切,我也从来不知道自己是这样活泼,能与大伙相处如此融洽!

从这以后,我和同事们处得非常好,有几个同事和我成了铁哥们,我也学到了不少技术,提高了自己专业水平,当然,我依然努力学习英语,不管是专业英语还是生活英语,甚至我还能听懂电视里的英语财经报道。每到一个国家,我总尽量和代理、码头工人以及当地人们多讲话,甚至学习当地的语言,一些经常去的国家如印尼、菲律宾,我可以用当地话说许多日常用语。日子过得很快,转眼我在船快到一年了,我的三管轮证书也换出了,所以我就打报告给轮机长准备休假,轮机长问我愿不愿意继续干,这航次三管轮休假,他已经向公司申请让我接任三管轮,我一听立马把休假报告塞到裤子口袋里,忙不迭地点头同意他老人家的伟大意见!

4. 应变能力

俗话说:"行船跑马三分险。"海员是一种高风险职业,也是一个要求经验很丰富的职业,可以毫不夸张地说:经验就是财富。在航行途中必然将遇到各种各样的危险、事故,威胁到船舶、货物甚至人员的安全,这要求海员必须具有极强的应变能力。应变能力不仅包括处理航行险情、机械事故的专业技能,还包含有对突发情况的反应能力,对危险局势的控制能力,对复杂状况的分析、判断和决断能力,对危险、威胁、紧急情况的心理承受能力和自防自救能力等。这些能力不可能在短时间内得到全面提高,因而必须树立终身学习的观念在工作中长期培养,经过终身的、不间断的、持之以恒的学习,从事海员时间越长,处理突发情况经验越丰富,应变能力也就会随之提高。

【补充阅读】

船员自救 逼退海盗

世界船运巨头丹麦马士基航运集团旗下悬挂美国国旗的"马士基亚拉巴马"号货轮和 20 名美籍船员 8 日在索马里以东洋面遭海盗劫持。

不久,该船船员把海盗赶下船并重新控制这艘货轮,但船长被海盗挟为人质。

美联社说,据信这是 200 年来美国公民首次遭海盗劫持。

英国海上安全中心信息显示,这艘货轮格林尼治时间 8 日 4 时 30 分(北京时间 12 时 30 分)左右在索马里首都摩加迪沙以东大约 645 公里处印度洋洋面遇劫。

货轮大副沙恩·默菲接受美联社记者电话采访时说,他们发现海盗时,试图掉头躲避,但海盗朝货轮开枪射击,火力猛烈,从侧翼包抄,最终登船。

默菲的父亲约瑟夫告诉 CNN 记者,当时他接到儿子电话,得知货轮遇劫。儿子告诉他,海盗登船后把船员关起来,切断所有通信。

货轮船员肯·奎恩北京时间 9 日 2 时 40 分左右告诉美国有线电视新闻网(CNN)主持人,共有 4 名海盗爬上货轮,劫持全部 20 名船员。但一些船员后来设法抓住一名海盗,"把他绑紧了",与另外 3 名海盗谈判,迫使对方释放其他船员。

CNN 网站援引沙恩·默菲妻子塞琳娜的话报道,当时丈夫打电话告诉她,"我们已拿下其中一名海盗。"

奎恩说,其余 3 名海盗抢了一些现金,挟持现年 55 岁的船长理查德·菲利普斯,登上这艘货轮的一艘救生艇。

为争取船长获释,默菲等船员释放那名他们扣留大约 12 小时的海盗,但对方眼下尚未释放船长,谈判仍在继续。

航运企业要进一步做深做细做实船舶自防自救工作

2月24日,交通运输部副部长徐祖远在我国远洋船舶防海盗工作经验交流会上指出,从发展形势看,海盗问题的解决不可能短期见效,航运企业要进一步做深做细做实船舶自防自救工作,积极配合军舰护航,做好长远打算。

据统计,截至2月22日,我海军舰艇编队在亚丁湾、索马里海域共完成22批次63艘船舶的护航任务,有效保证了我国船舶的安全。但是,目前亚丁湾、索马里海域海盗仍很猖獗,海盗活动的范围和劫船的方式又有了新变化,给防范工作带来了更大的难度。

针对当前护航工作中出现的新情况和新问题,徐祖远要求,接受护航的船舶必须遵守护航行动的有关纪律,服从军舰的统一指挥,不应该擅自脱离护航编队。航运企业要及时掌握已经公告的定期护航班期,明确计划加入定期护航编队的船舶并合理安排相应的班期。不能按海军公布的时间抵达接护点但又需护航的船舶或航速低于10节的船舶要提前9天向交通运输部申请。

实践证明,船舶自防自救是保证船舶安全的重要基础性工作。徐祖远强调,航运企业要密切关注海盗活动的动向,调整应对策略,及时向所属船舶发出预警通报,指导船舶做好自防自救工作。船舶要按照从难从严的要求,开展经常性的演习演练,保证随时可以应对突发事件。他特别强调,在澜沧江—湄公河、黑龙江、乌苏里江等国际河流航行的船舶也要采取相应的自防自救措施,加强预防武装袭击、抢劫等方面的工作。

据悉,日前,交通运输部借鉴国际上防范海盗的成功经验,编制了《防范索马里海盗最佳做法》,供航运企业参考。

五、海员终身学习的培养

1. 培养终身学习的人格特征

海员要培养终身学习的能力和习惯,必须先培养终身学习的人格。终身学习的人格特征主要包括:能独立且自我导向的从事学习活动;有内控自律的学习动机;在学习中能不断的自我反馈、能弹性的安排学习历程;有较高的学习挫折容忍力和较强的自我实现企图心;有寻求更广泛学习资源共享能力和与他人合作学习的能力;有操作电脑和多元学习媒体的能力;对于学习成就能进行自我评价的能力等。

2. 要善于寻找和把握学习机会

学校学习是海员的一种传统的学习机会,也是一种最正规和最主要的学习形式,在这样一个时期中,学生可以集中全部精力,全面、系统地进行学习。航海院校有知识渊博的专业课教师,也有经验丰富的实操指导教师;有大量专业藏书以供参考,许多试验设备、仪器让学生拆装、练习,还有先进的航海模拟器、轮机模拟器、模拟驾驶台、模拟机舱等可以给学生一种真实的学习场景,这样良好的条件无疑使学校学习成为海员一生当中学习的黄金时代。

不过,这个黄金时代毕竟很短暂,所学的知识也很有限,海员是一个技术含量、科技含量都比较高的行业,除了扎实的专业基础知识,还需要精深的专业知识、熟练的操作技能、过人的心里素质和处理突发事件的应变能力等。这就要求海员必须坚持终身学习,在平时的工作中学习,在维护修理中学习,在突发紧急事件的处理过程中学习,在进修培训、职务晋升考证时学习,甚至在业余时间也要努力学习、钻研专业知识,只有善于寻找和把握学习机会,积极地自主学习、自觉锻炼、自我提高,才能胜任本职工作,顺利发展自己的职业生涯。

3. 要能够进行创新性学习

人的学习可以分成两种,一种是适应性学习,它是我们为了适应现在的环境、继承前人留下的知识遗产而进行的学习;另一种是创新性的学习,它是我们为了解决新的问题,创造新的价值而进行的学习。对于海员来说,适应性学习是从事航运工作的基础,而创新性学习则是从事航运工作的必备条件。船舶在海上航行,经常会出现新的情况和故障,需要海员创造性地运用自己已有的知识和能力去展开独立思考,探索和解决问题。

【补充阅读】

厦门海域油轮沉没追踪:船员自救成功23人全部生还

受伤船员向记者讲述自救情形。"出事这么突然,真的预想不到,但我们一切按平时演习进行,自救非常顺利。"在厦门第一医院输液的"运鸿"号船员李忠彬昨日下午对记者讲述了他们自救的经过。

"运鸿"号大副对事发时的一幕幕仍历历在目:凌晨约0时30分,两船相撞,"运鸿"机舱底板出现一个直径一米多的大洞,海水立时涌入。一分钟后,油轮开始微微左倾下沉。

大副察看机舱入水情况后,马上报告驾驶室内的船长。船长果断下令全体船员按平时演习要求,开展自救。

当时船员李忠彬睡在船尾三楼房间,房间被撞坏并压伤他头部及大腿时,他仍然在睡梦中。同事迅速把满脸是血的他抱到走廊,他方从梦中醒来。他按要求迅速穿上救生衣,跑到艇甲板上。

不久,机舱的发动机全部淹没,全线停电,船上应急灯亮起,自救工作有条不紊地进行着。船员们很快穿好救生衣,集中到艇甲板上。油轮负责人在清点完人数后,指挥放下救生艇及救生筏,船员陆续有序进入艇内。大副和二副带上船舶相关证件,逐个房间检查无人漏掉后,最后才上了救生艇。

1时49分,"沪救12"救助船和一艘快艇赶到,船员全部获救。另几艘巡逻艇开始在事故海域进行日夜监视。2时多,3名伤员被厦门120急救人员紧急送往厦门第一医院。23名船员全部得到妥善安置。20日凌晨4时多,天蒙蒙亮时,船员们用望远镜眺望远处海域,只见油轮已经底朝天,仅船底小部分露出水面。

终身学习能力是21世纪的通行证,也是海员生涯规划不可缺少的组成部分。拥有终身学习能力,将使你的生涯不惧任何风浪!

第四节 海员诚信履约与和谐航运

诚信履约是中华民族的传统美德,也是海员必备的基本道德品质。海员对祖国和人民诚信,即指忠于祖国和人民,无论何时何地都不背叛祖国和人民,不做给祖国和人民抹黑的事,维护祖国和人民的荣誉与尊严;海员对公司和船舶所有人诚信就是要做到诚信无欺,恪守合同,这是在市场经济中取胜者必备的优秀品质;海员诚信品质在日常生活中的重要表现则是言行一致,表里如一,遵守诺言,说话算数,说到做到,不说假话,不办虚事,不蒙骗,不虚伪。

【补充阅读】

诚信是我们踏入社会的一张名片

我国每年有为数众多的贫困大学生因为交不起学费向社会发出求助的呼吁,而银行里却有几千万的助学贷款贷不出去。问:其中的原因是什么。

据报道,广东省通过助学贷款完成学业的大学生中,今年有20%的人拒绝接受合同上约定的按时定额偿还贷款。我们知道,助学贷款是一种信用贷款行为,是国家为了帮助贫困生顺利完成学业而设置的专项基金,体现了国家和社会对贫困生的关心和信任。而这20%的学生置"诚信"于度外,借款不还的行为体现的则是一部分高知群体对"诚信"的践踏。对我们大学生而言,诚信是我们踏入社会的一张名片,"不诚不行,不信不立",那么这20%的大学生又如何能在社会上立足?

信用既是市场经济准则,又是个人道德水平的一个标志。大学生作为今后社会、经济活动中的重要个体,必须树立信用意识,这是当代大学生必须具备的最基本道德素质,也是走上社会后以德立身的基本要求。一个没有信用的人,是不受人欢迎、也不会有大的发展的。大学生在获得专业毕业证的同时,更应获得道德通行证,做一个诚实守信的公民。

诚信,是一切美德的基础,是一切道德赖以维系的前提,还是立身、修德、处事乃至做人之根本。莎士比亚曾经说过一句话:"没有比诚信更珍贵的遗产。"一个人最重要的是诚信,失去诚信就等于失去别人对你的尊重,失去你生存的根基。

一、诚信履约概述

1. 诚信的含义

诚信历来是我们中华民族的传统美德。诚,即真诚、诚实;信,就是践诺,即实现自己的诺言,履行合约,讲信誉,重信用,不逃避自己应承担的责任和义务。诚信的基本含义是要诚实、诚恳、守诺、履约、无欺,反对隐瞒欺诈、反对伪劣假冒、反对弄虚作假,要求人们说老实话、办老实事、做老实人,诚实守信、表里如一、言行一致。

诚信是道德建设的根本,是公民道德的一个基本规范。人生活在社会中,总要与他人和社会发生关系。处理这种关系必须遵从一定的规则,有章必循,有诺必践;否则,个人就失去立身之本,社会就失去运行之规。当代人们将诚信视为人生的底线,代表着一个人的人格!"诚"更多地指向"内诚于心","信"则偏向于"外信于人"。"诚"更多地体现主体内在的道德修养,而"信"则体现为主体社会化的道德行为。诚信所内涵的人文精神,要求人们自觉守法,真诚守信,自觉履约,树立起适应市场经济体制和法治社会的价值观和道德观。

在航运业日益市场化、国际化的今天,海员面临越来越多的挑战和诱惑,更需要树立诚信履约、尽责服务的理念。

【补充阅读】

曾子杀猪

曾子的妻子到市场上去,她的儿子要跟着一起去,一边走,一边哭。妈妈对他说:"你回去,等我回来以后,杀猪给你吃。"妻子从市场回来了,曾子要捉猪来杀,他的妻子拦住他说:

"那不过是跟小孩子说着玩的。"曾子说:"绝不可以跟小孩子说着玩。小孩本来不懂事,要照父母的样子学,听父母的教导。现在你骗他,就是教孩子骗人。做妈妈的骗孩子,孩子不相信妈妈的话,那是不可能把孩子教好的。"于是曾子把猪给杀了。

2. 诚信与履约的关系

诚信与履约是相互联系、相辅相成、不可分割的有机整体。诚信是履约的基础,履约是诚信的具体表现和必然要求,不诚信很难做到履约,不履约也很难说是真正的诚信。诚信侧重于对自己内心的思想、情感的表达,偏向内在,偏向生命主体;履约则侧重于自己的行动,偏向外在行为,表现为履行义务和遵守合同。

诚信要求我们严格按照合同规定履约。对于外派海员来说,他们与船舶所有人的关系是被雇佣与雇佣的关系,实质上是一种契约关系,在履行契约的过程中,海员必须做到诚信,严格恪守合同条款,为船舶所有人服务;而且雇主的规定和要求,只要是合同中有的条款,都必须毫无疑义遵照执行。

3. 海员诚信履约的要求

子曰:"人而无信,不知其可"。对个人而言,诚信乃立人之本,是做人处世的基本准则,是每个公民正确的道德取向。市场经济不同于计划经济,它是法制经济,也是信用经济。但是,现在失信现象却普遍地存在于市场经济中,严重地阻碍了市场经济的正常运行。很多人缺失一种长远的眼光来看待诚信,实际上,诚信只有一次,只要你有一次丧失了诚信,你的信任度就会下降,甚至还会出现信任危机。因此,诚信履约不仅是社会公德,而且也是任何一个从业人员应遵守的职业道德。

【补充阅读】

诚信是大学生进入社会的通行证

一位中国学者向我们讲述了这样一件事:有一名在德国留学的中国留学生,他毕业时成绩优秀,当他在德国四处求职时,却被多家大公司拒绝。于是他决定选择一家小公司求职,没想到,仍然被拒绝。在万般无奈之下,他带着困惑,小心翼翼地询问原因,没想到德国人给这位中国留学生看了一份记录,记录他乘坐公共汽车曾三次逃票被抓住。中国学者还说:"德国抽查逃票一般被查到的几率是万分之三。这位高才生居然被抓住三次逃票,在严肃的德国人看来,大概是永远不可饶恕的。"以上事例说明诚信是做人的最基本的道德准则。当代大学生应该成为诚实守信的人。

(1)以诚立身、以诚待人

诚信是立身之本,处世之宝,是人内心升起的太阳,可以照亮自己,也可以温暖别人。人生立于世间数十年,必须不断学习,以获得知识、增进知识,知识既是个人谋生的工具,也是个人为社会服务的工具。但是,要真正做个对社会有所贡献的人,光靠"知识"工具是不够的,还必须有正确的价值观去指导,否则,知识也可能成为滋生罪恶的工具。"诚信"精神就是培养人的高尚道德情操、指引人们正确处理各种关系的重要道德准则。

诚信是为人之道,是人与人相互信任的基础。讲信誉、守信用、履合约是我们对自身的一种约束和要求,也是外人对我们的一种希望和要求。但诚信对一个人而言,有时候是与眼前利益相斥的。一些海员为了眼前的利益,不是把个人的收益寄托在"诚信"之上,而是寄托在坑蒙拐骗之上,这样不仅失去了人们的信任,而且失去了立身之本。因此,诚实守信不仅是社会公德,而且也是任何一个海员应遵守的职业道德。

【海员博客】

不诚信的船员

前天以前一个同船的哥们来电话,说自己跟人合伙租了一条船,现在缺个机工,工资2 600元,没有劳务费和伙食退补。船是5 000吨的新船,跑南北,有证书、会值班就行,资历不用看。我联系了一个滨州的船员(在我这登记的是新证机工),电话落实后说能去,我让他把服务簿传真给我,告诉他今天出发到公司来交钱(1 300),他说没有车了,自己在乡下。我就告诉他,明天一早出发,来青岛办好手续你就直接到莱州去上船,他也同意了。

第二天早上,我8点给他打电话,他说8点半的车,我说好,你上车给我来个电话,他说可以。我等到11点半还没等到短信,我又给他打了个电话,他说在车上了,我问他你几点到青岛,他说总的要6个小时,我算了下没问题,我就告诉他来了打公司电话,让后勤去接你。直到下午两点,船员也没来电话,我再打开始能通后来就关机了,我安慰我自己,船员电话没电了。然后给船员把联系方式用短信发去了,大家用手机都知道,短信有个回复报告,关机的时候是发送暂缓,他开机收到后会显示已送达。下午3点,我手机上面显示他已经收到了,我再打还是关机,他的车最晚3点也到了,我直到5点下班都没有接到关于船员的消息。

今天早晨我又给船员打了次电话,船员接听了,但是直接挂机了,剩下的我就不用说了,大家也都知道了,被人放鸽子了。

你不去,没人逼你去,没有必要去骗别人,你根本就没出发却要说你在车上,你不去也跟我们说一声,不能耽误我们找别人吧!我真的希望船员们都能诚信一点!

(2)严格履行合同、提供优质服务

"诚信是金",诚信是立人之本,只有信誉才能开拓前程。对于海员来说,诚信履约就意味着严格履行合同,为船舶所有人提供优质服务。

外派船员不同于在国轮上工作的船员,船舶所有人同外派船员的关系是雇佣与被雇佣的关系,通过劳动合同约定劳资双方的责任,船员为船舶所有人提供劳动服务,船舶所有人付给船员劳动报酬,服务时间、月工资多少、加班费的发放办法、人身意外伤害的保险费等都有明确的约定。船员在船期间必须按合同约定的条款去做,他们是在船舶所有人或船舶所有人代表的直接领导下工作的。能否顺利地履行合同,是以能否有效地为船舶所有人服务为前提的。因此,外派船员必须严格执行合同条款,按船舶所有人的要求安全有效地做好本职工作,为船舶所有人提供优质服务。超出条款的任何要求都是非分之想,不仅不能实现,而且被看作违约,同时也是不道德的。

中国远洋运输(集团)总公司制定的《外派船员行为规范》明确提出,外派船员要"加强法制观念,认真履行合同义务,严格遵守公司和船舶所有人公司的各项规章"。

【补充阅读】

创造诚信环境,促进船员外派的健康发展

随着全球海运业的高速发展,全球面临着国际海员紧缺的局面,特别是高级海员。在接下来的几年,情况是否有效改善,不可乐观;中国海员也跟随着这一轮海运大发展,出现了前所未有的紧张。但我们在分析出现紧张局面的原因时,更多的关注新船投入多,旧船淘汰少,培养跟不上,船员流失大等等原因,但对于由于船员职业素质低而造成的原因,却被业界所忽视。由于供求等原因,船员的待遇不断上涨,部分船员及劳务中介,无视合约精神,不断地中断合约,以寻求更高的薪金职务,加上船员流动性,使船员调配变得紧张无序。下面我们根据部分2007年的船舶船员在船工作的数据来看看这情况的严重性:

统计资料中的船舶与船员情况如下:

1. 船舶数量接近80艘,航线包括全球,东南亚,中日韩等,统计时间为2007年1月1日—2007年12月31日。
2. 船舶类型有集装箱,散装船,杂货船,滚装船等。
3. 统计船员全部为中国籍船员,统计船员数量接近926名,高级船员371,普通555。
4. 船东包括台湾,香港,新加坡,韩国及中国大陆船东。
5. 在船舶服务的有韩国,台湾,香港,缅甸及中国船员;派出形式有单个派出,小半套,大半套及全套船员。
6. 派出公司有大型国企劳务公司及民营小企业。

经过分析,得到如下的数据:

1. 2006年末在船人数926,2007年末在船人数969,船员在船合约时间为10个月。扣除新增43名,船员预计需要1 111名。
2. 实际上船工作过的人数1 543,超过计划39%。
3. 2007年上船的高级船员为607,接满约的高级船员377,未满约的230,比例38%(远洋航线比例为34%,东南亚和中日韩62%);普通船员936,接满约的646,未满约的290,比例32%(远洋航线比例为27%,东南亚和中日韩比例为53%)。

从上述数据及船员未满约离船原因调查,可以得出:

1. 远洋线比较稳定。
2. 高级船员流动性比普通船员大。

在未满约的船员中:

1. 个人原因离船比例为50%,高级船员为60%,普通船员为45%。
2. 病假离船比例为20%,高级船员为15%,普通船员30%。
3. 解聘比例为20%,高级船员为23%,普通船员15%。
4. 其他原因为10%。

根据国际惯例及一般的合约,接未满约的船员费用由派出公司支付,在上述的数据中,少收的接未满约船员费用包括上船杂费、候船金及国籍证书等大概450 000 USD。这还不包括离船船员应该负担的费用等,这对船员与派出公司都是不小的负担。

通过统计我们发现,个人原因离船中90%是以各种借口,不愿意继续在船工作要求离船,其多数理由按合约上是属于毁约行为的。其中,不满目前待遇希望离船上另外的船谋求更高薪金职位的为多数,但又不能以这理由提出,因此就有了很多很多奇怪的理由,包括以

自己身体不适应,不适应现在船舶工作条件,家庭原因、船舶条件与原先约定不符,家人生病、小孩上学等千奇百怪的理由;特别是东南亚和中日韩线,由于经常回大陆,船东害怕船员私自离船而不得不答应船员无理的要求,所以这航线的流动性更大。

通过上述的数据,我们看到了船员流动性加大,也就加大了船员的需求,更进一步加剧船员紧张的局面,而造成这局面的原因就是部分船员中介及船员职业素养的问题。下面让我们看看为什么会有这种行为:

一、信息不对称,渠道不畅通

由于船员紧张,不少小船东打破薪酬体系的要求,随意提高工资;中介公司为了业绩,隐瞒船东及船舶情况。船员没经过详细了解就上船工作,导致船东及船舶情况与船员的愿望不符,船员上船后无心工作,要求离船。

二、法律法规不健全

现有的法律法规无法保护诚信守法的个体,包括船东,劳务公司及船员,而船舶营运的特殊性,更是无法保证船东的利益,由于船员私自离船造成的船东损失,现有的法律也无法保障。同时,部分船员对船员条例的误读,使船员在行使权力时忘记自己的责任和义务。

三、部分中介炒作船员工资,而船员紧张的现实提供给他们机会。

船员实际上的紧张,给部分小中介提供炒作的机会,部分中介以高工资诱惑在船工作的船员,使船员增大工资的期望值,促使船员离船的想法转为行动。

四、没有行业的约束

对于不守信用的劳务中介及船员,行业无法给予一定的限制和惩罚。船员总认为这船不上可以上其他船,而公司与公司之间没有沟通的渠道。在现在船员紧张时也无法顾及到这点,变成部分中介及船员不用承担不守信用的成本。

五、整个船员队伍素质下降

由于社会体制及历史的原因,船员的教育、培训、招聘、使用等存在很多与实际需要不同的问题,在船员供过于求时部分隐藏着,但船员需求紧张时,很多不好的陋习就完全暴露出来;而在船员供过于求时,部分劳务公司对船员的欺骗行为,让部分船员产生的不信任及报复的行为,船员紧张,使进入船员队伍的人员总体素质下降也是其中的原因。

实际上,船员素质的下降,不仅影响到船东的利益,也将会影响到劳务公司及船员本身的利益。中国船员能否走出去,除了在船员身体,业务能力,英文培训上下功夫外,船员的整体素质也必须是业界考虑的问题。船员的问题不能单靠船员自身来解决,必须是所有从业人员共同努力的方向,包括管理部门、行业、企业及船员个体,建立一个诚信规范的环境,是参与各方在享受权利时,也必须承担相应的义务和责任。而最终促进行业的健康发展也将使行业的每一参与者受惠,创造一个诚信守法的环境,是促进中国船员劳务外派市场健康有序发展的前提和必要。

二、海员诚信履约的培养

诚信是上天赐给世人的一种考验。有许多人不能通过这场考验,逃匿了;也有许多人通过了这场考验,戴上了桂冠。逃匿的人随着时间的消逝而消逝,没留下些什么;通过的人也会消逝,但他们却仍活在人们的心中,人们会把他抬举得很高很高。

然而,今天在我们身边缺失诚信的事情却时有发生,人们不禁感叹:诚信,变轻了!古人云:重诺守信,人必近之;狡诈欺蒙,人必远之。当代的海员只有远离欺诈,多一份真诚,多一点信任，脚踏一方诚信的净土，才能浇灌出航海生活中最美丽的花朵。

1. 证书不作假

近几年，随着航运的迅猛发展，船舶数量迅速增加，船舶吨位不断提高，高级船员需求旺盛，尽管国家出台许多政策，如交通部在2008年颁发了《加快船员队伍发展的十大措施》的文件，来加快船员特别是高级船员的队伍建设，可是，在短时间内就把我国高级船员数量迅速扩大显然是不可能的，高级船员"供"与"需"的巨大落差，给制造、贩卖、使用假证书行为提供了生存空间。较大的利益空间，促使一部分人铤而走险，再加上船员素质参差不齐，导致一部分人盲目跟风，制假贩假和持假证书上船任职现象在一定范围内依然存在。

各种证书如海员证、适任证书、船员服务簿等是海员身份、资格、资历等的证明，是船员从事本专业工作的法定证书，这些证书的颁发，是经过严格考察、审查的，只有满足证书颁发条件的船员才能获得这些证书，特别是适任证书，对于国际海员，必须满足《STCW78/95公约》发证要求，对于我国船员，必须满足《04发证规则》。而假证书则使一些不具有从事该职业或该职务能力的人充斥该岗位，必将给船舶财产和船员人身安全带来巨大威胁。

世界各国对于船员证书的造假行为都是严厉制止的，各港口国监督对船舶的检查都非常注重检查船员的证书，一旦发现船员证书造假，检察官会对船舶进行更详细检查，并根据船员配备不足或船员证书不足而判断该船为低标准船，严重情况下有可能导致船舶被滞留。

我国海事部门通常结合船舶签证、安全检查、巡航检查、事故调查等工作方式，对通过伪造、变造、买卖、租借、冒用等方式取得船员职务适任假证书的有关人员，根据《中华人民共和国内河海事行政处罚规定》对证书持有人进行处置及处罚，努力打造诚信船员市场。

作为一名船员，要树立正确的职业观，从船舶安全、人员安全甚至包括自身安全出发，不参与制造、贩卖假证书，不使用假证书，同时，还要坚决与制造、贩卖、使用假证书的行为作斗争，积极制止、举报相关违法行为。

2. 考试不作弊

船员适任考试、知识更新考试等是检验海员是否符合发证要求的主要手段，只有通过这些考试，才证明已经有从事海员职业的能力和符合相应职位的任职要求。所以，船员应排除外界干扰，正确认识考试对评价自己的重要性，端正学习与考试的态度，充分利用一切时间，认真学习、复习，满怀信心地迎接考试，以诚信的态度对待每一场考试，严格遵守考试规章制度，杜绝一切考试作弊形式，考出真实水平。实事求是，信守承诺，认真学习，诚实考试，手握诚信，把握未来！

【补充阅读】

今日全国海船船员全国统考　考试防作弊赛高考

今天上午，全国海船船员适任第四十五期全国统一考试杭州考点正式开考，为了防止现场利用高科技作弊行为，考场同时用上了手机信号屏蔽器加无线探测器两种设备，考生们说，这比高考更严格。

据中新社浙江分社记者了解，这次的考试整个浙江省的考生数量大约在1 500人左右，浙江海事局船员管理处处长解超说，由于船员考试考出的级别越高，今后的收入也会越高，同时他们担负的责任也越加重要。为了给考生一个公平的考试环境，确实吸纳专业水平强的船员入行，这几年浙江海事局不断采取各种手段，加大力度查处考试作弊行为。

今天的考试现场,他们就启用新的监考人员,在考场增加手机信号屏蔽器,使考生无法使用通信设备进行作弊。还同时用上了"作弊克"无线设备探测器,防止高科技作弊行为的发生。这两种设备同时上考场,只有在浙江的高考中使用过;解超还说,浙江的船员考点已成为全国监考最严的考点。

——摘自中国海员联盟

3. 应聘不作假

在简历的制作和面试过程中,适当表达自己的工作能力、显示自己的优点和优势以及采取一定的面试技巧是应聘成功所必需的,但有些船员在应聘中会虚报海上资历,夸张自己工作能力、掩饰个性缺陷,甚至隐瞒慢性疾病等,一旦应聘成功,在船工作时会存在各种各样的安全隐患,如能力、经验不足而难以应付工作需要,不具有一定的领导能力或不能与同事相处很好,以及存在健康问题长期在船服务会对自身造成伤害等。

由于不可能有足够的时间和机会让招聘公司对应聘船员作长期全面考察,在船员招聘过程中,招聘单位往往是仅仅依据船员简历、面试情况等所透露的讯息对其有一个基本的认识,同时对照所需人才的能力、经历等要求,决定录用与否,这就给一些希望用虚假的简历、虚伪的面试技巧来获得工作机会的人以可趁之机。当然,公司也会要求船员如实的告诉公司船员自己的有关信息,还会通过海事局网站对船员证书进行核实,通过向船员以前工作过的单位了解船员的资历真实性及实际工作能力等,如果发现船员在应聘时造假,公司必然对该船员产生不好的印象,甚至拒绝招聘他。所以,船员在应聘时不能好高骛远,在全面展示自身优点和能力的同时,应尽量实事求是,双向选择,寻找到自己喜爱和适合的船舶。

4. 在工作中不作假

虽然法律法规规定以及公司要求船长、轮机长等高级船员负责船舶营运管理以及人员管理,但工作的安全和高效率在很多时候还要靠海员的自觉和自律来实现。极个别船员对工作不够负责,该做的工作没做,或做得不到位,资料、报表弄虚作假等,比如甲板铁锈没有敲干净就打了油漆,或机舱该做的维护保养工作没做就填了假报表,诸如此类的工作作假,给安全带来极大的危害,有时会造成机械事故、人员伤亡,甚至船舶全损、沉没的惨剧。

船员要认识到自己的工作对船舶安全营运和人命安全都是非常重要的,充分运用自己专业知识和经验,长久地充满热情地工作,在工作中按要求积极认真地做好每一项工作,不管是值班还是维护保养,都坚决不作假,把自己对职业价值的理解与对海员工作的热爱有机统一起来,才会在船舶安全营运中体现自己的人生价值。

5. 履行劳动合同

船员用人单位与船员按照《中华人民共和国劳动法》及其他社会保障法律法规、我国缔结或加入的船员劳动与社会保障国际公约的要求,遵循合法、公平、平等自愿、诚实信用、协商一致的原则与船员订立劳动合同,劳动合同依法订立即具有法律约束力,当事人必须履行劳动合同规定的义务。船员如果没有特殊的情况应该努力完成合约,以避免给船舶、船东带来损失,而有些船员因为个人私怨、眼前利益等而找借口提前解约,短期看获取了一定的好处,长期看来会损害自己在船东、中介以及同事心中的形象,丧失了个人信誉,对于职业生涯必然将产生严重影响。

【补充阅读】

帝远颁发船员长期履约奖

2007年1月1日实施的《自有船员管理暂行办法》,是公司在船员管理和发展方面一个战略性的举措。从制度上确保自有船员的责任与义务,并根据权责利对等的原则,在实施细则上明确和鼓励长期签约船员,待遇上对自有船员进行适当倾斜。对自有船员的定义,第一次予以清晰界定,即与公司签订三年及以上劳动合同的船员。自有船员在归属感、成就感、认同感等方面有了不同程度的提高,船员管理得到了质的提升。

《办法》实施以来,自有船员的队伍不断扩大,船舶闭环管理、分级分工、持续改进、有效考核等方面都有了进一步的提高。帝和轮上的二管轮郑梓强自2004年7月毕业以来就与公司签订了5年的长期合同,该船员严格遵守公司的规章制度,对工作认真负责,五年来,从一个普通的实习生、机工到三管轮、二管轮逐步提升,至今年7月份顺利完成与公司签订的长期合同,成为了《自有船员管理暂行办法》实施以来第一个领取长期履约奖的自有船员。在帝远的平台上,他茁壮成长;良禽择木而栖。取得公司认可和信赖的他对帝远的发展和管理很有信心,毅然选择再次与公司合作,续签了3年的长期合同。

【补充阅读】

福建轮船大幅度提高船员待遇,提高了船员履约奖的比例。职务船员的履约奖由去年占其工资额度的10%,提高到现有工资额度的20%,船长的履约奖提高到30%。非职务船员原来没有履约奖,现增加其工资额度的20%作为履约奖。今后船员公司将进一步加大对在岗船员的履约考核力度,使船员在岗履约表现通过考核紧密地与履约奖挂钩兑现。同时建立履约考核记录台账,并作为今后船员任职、提升的重要依据。

6. 履行国际公约

与船舶和船员有关的国际公约非常多,有《SOLAS74》、《1996年国际载重线公约》、《1969年国际船舶吨位丈量公约》、《国际公共卫生条例》、《STCW78/95公约》、《1976年商船最低标准公约》、《STCW公约》等,还有许多规则如《国际安全管理规则》(ISM规则)、《国际船舶和港口设施保安规则》(ISPS规则)也都作为公约(《SOLAS74》)的一部分而成为强制实施的规则。对于船员来说,履行与船舶以及船员相关的国际公约是我们的义务,也是船舶安全、人命安全、防止海洋受到污染的保证。如果不能全面有效地履行公约,在与公约要求相关的工作中作假,如相关设备不符合公约要求,操作没有达到标准,记录不规范或作假等,这些行为一来必然影响船舶、人命安全和防止海洋污染工作,二来也会在港口国监督检查和船旗国检查时被发现缺陷,使船舶及船东受到损失,同时对于个人也会在服务记录上留下污点,影响以后的工作和升迁。

三、海员诚信履约创造和谐航运

中国是航运大国,是世界第一大船员国,海上运输业繁忙,93%以上的对外贸易运输由海上运输完成,海上运输的保障离开不船员的贡献,国际海事组织对海员的贡献评价是:"没有海员的贡献,世界上一半的人会受冻,另一半人会挨饿。"世界经济的增长和我国经济的蓬勃发展,给我国的航运业发展带来了不可多得的历史机遇,交通部海事局副部长、高级工程师韩国庆在 2006 年 10 月 24 日针对发展我国航运、打造中国航运强国发表了题为"树和谐理念 促造船航运持续发展"的演讲。在演讲中,他提出在航运领域要强力推进安全航运、优质航运、和谐航运的构建。文明是构建和谐航运的基础,在社会主义文明高度发展的今天,诚信品质尤为重要,"无诚则无德,无信事难成"。船舶通过开展经常性的精神文明建设经验和体会的交流活动,在精神文明工作中提倡诚信,以提高海员的道德素质、提高船舶管理水平、保障航行安全、防止海洋污染,构建和谐航运。

安全是构建和谐航运的前提。海洋运输属于高风险行业,虽然现代化船舶把这种危险降至最低,但是变化莫测的大自然仍使航海险象环生。所以,安全是船舶营运的首要条件,是实现人、船舶、海洋和谐的前提。

高效是构建和谐航运的关键。效率就是生命,是船舶运输创造利益最大化的关键,在工作中只有诚信履约,时刻以效率为基准,积极、认真地完成工作任务,才能创造和谐航运。

诚信不仅是一种品行,更是一种责任;不仅是一种道义,更是一种准则;不仅是一种声誉,更是一种资源。诚信是一个国家,一个社会,一个民族生存的必备条件,是一个民族强大的动力源泉。诚信履约,重在实践,贵在积累。对于海员来说,诚信是其必备的社会品质,只有每个海员都重合同、守信用、诚信履约,才能最终创造和谐航运。

【补充阅读】

满足"安全诚信船舶"的条件:

(一)公司及其船舶已实施安全管理体系并取得 DOC 和 SMC 证书 2 年以上,且公司在最近 3 年内未被实施跟踪审核或附加审核(因管理机构变化引起的除外)。

(二)船龄为 12 年及以下的船舶,最近 3 年内在船舶安全检查或港口国监督检查中未发生滞留;船龄为 12 年以上的船舶,最近 5 年内在船舶安全检查或港口国监督检查中未发生滞留。

12 个月内最近一次船舶安全检查或港口国监督检查记录良好,无严重缺陷。如 12 个月内未接受船舶安全检查或港口国监督检查,船舶应申请一次船舶安全检查。

(三)最近 3 年未发生安全、污染责任事故。

(四)最近 3 年未有违反有关海事法规的行为。

【名人名言】

民无信不立,与朋友交,言而有信。

——孔子

遵守诺言就像保卫你的荣誉一样。

——(法)巴尔扎克

一言既出,驷马难追。

——中国俗语

对人以诚信,人不欺我;对事以诚信,事无不成。

——冯玉祥

信用既是无形的力量,也是无形的财富。

——(日)松下幸之助

良心是我们每个人心头的岗哨,它在那里值勤站岗,监视着我们别做出违法的事情来。

——(英)毛姆

走正直诚实的生活道路,必定会有一个问心无愧的归宿。

——(苏)高尔基

不要说谎,不要害怕真理。

——(俄)列夫·托尔斯泰

坦白是诚实和勇敢的产物。

——(美)马克·吐温

失足,你可以马上恢复站立;失信,你也许永难挽回。

——(美)富兰克林

一个人严守诺言,比守卫他的财产更重要。

——(法)莫里哀

对自己真实,才不会对别人欺诈。

——(英)莎士比亚

信用难得易失。费10年功夫积累的信用往往会由于一时的言行而失掉。

——(日)池田大作

人际关系最重要的,莫过于真诚,而且要出自内心的真诚。真诚在社会上是无往不利的一把剑,走到哪里都应该带着它。

——三毛

信用就像一面镜子,只要有了裂缝就不能像原来那样连成一片。

——(瑞士)阿米尔

闪光的东西,并不都是金子;动听的语言,并不都是好话。

——(英)莎士比亚

守信用胜过有名气。

——(美)罗斯福

诚实比一切智谋更好,而且它是智谋的基本条件。

——(德)康德

失掉信用的人,在这个世界上已经死了。

——(英)哈伯特

第五节　海员业余爱好与航海生活

水池中没有游来游去的鱼儿,便缺乏了动感,屋子里没有任何的摆设就会变得空空荡荡,人的生活也是如此,需要充实,需要色彩来点缀,否则就会感到单调乏味。尤其对于海员来说,寂寞枯燥的航海生活更是需要丰富多彩的业余爱好去点缀。

一、海员航海生活概述

"船舶是一块流动的国土",不仅是海员工作的地方,也是海员生活的地方,与从事其他

职业的人相比,海员的航海生活具有一些如下的突出特点:

1. 海员远航时,由于工作形式固定呆板,缺乏丰富多彩的生活,外界信息闭塞,不能见到亲朋好友,不能领略和体验尘世的喧闹,每天以固定的程序周而复始地工作生活,周围环境没有太多的变化,同样的海,同样的住舱、气味和噪声,使得海员生活非常单调枯燥。

2. 一位美国心理学家说过:"焦虑是情绪发生了痉挛,原因是大脑紧抓住某事不放。"海员由于长期与社会、家庭分离,得不到应有的亲情、爱情、友情,无法与家人通信联络,使海员孤寂感倍增。而且,在生活和工作中遇到一些困难或问题时,不能得到及时的排解,总是为某事所困扰,因此往往心神不宁、无法静心做事,经常处在焦虑的状态中,并常常失眠。

3. 长时间在茫茫无际的大海上航行,既看不到令人心旷神怡的绿洲,又见不到绚丽多彩的外部世界,总是生活在一个有限的活动空间内,莫名的乏味和厌烦感由此而生。一些海员靠烟酒来麻醉自己,船上不许喝烈酒,就偷着喝,或者一瓶啤酒就在餐厅喝上两个小时。由于情绪不稳,常会因一件小事发展到剧烈冲突。

4. 在远洋航行中,气候带与季节的变化是经常性的和急剧的,尤其是海员在经受从北极带到热带,由冬入夏或由夏入冬的航渡时候,海员机体必须不断地顺应,这是一种复杂的生理和心理适应过程,对机体本身来说是一种强烈刺激。而且,由于海员在航海中经常处于紧张的工作或压力过大的生活环境中,情绪焦虑,极易引起高血压、冠心病、消化性溃疡等心身疾病。

二、海员业余爱好的培养

这世上有很多东西并不需要别人给你,你自己就能给自己,比如快乐。船舶航行时,震动和摇摆等的单调刺激,很容易让人产生焦虑和孤寂的感觉。此时,最能安慰你、最能帮你排遣寂寞的不是别人,正是你自己。结合船舶实际,利用闲暇时间,培养一些自己的兴趣爱好,就可让你的业余生活变得充实、丰富而有意义。

1. 培养业余爱好的重要性

有限的人生离不开丰富多彩的业余爱好,因为心灵需要休息,生活不仅因为有严肃的人生而变得庄重,也因为有丰富多彩的活动而变得斑斓多姿。如果说事业是生活的主色,那么业余爱好是不可缺少的辅色。

培养业余爱好可以有效调节和改善大脑的兴奋与抑制过程,进而消除疲劳,以缓解紧张感,对预防心理疾病的发生有很好的效果。

培养业余爱好可以有效地增强肌体各器官、系统的功能,且能促进脑细胞代谢,使大脑功能得以充分发挥,提高工作效率,延缓大脑衰老。如在体育锻炼中,呼吸加快,血液循环加速,人的大脑供血量增加,整个过程中人会变得清醒,这有助于海员理性地思考问题,减少非理性事件的发生。

培养业余爱好可以缓解海员所面临的身心压力。当压力来临的时候,与大脑的任何争执和反抗都只是徒劳,人反抗的决心越大,心里的压力就越大,唯一的办法是轻轻地把别的东西悄悄塞进大脑。如果这个东西选得正确,那么大脑往往会很快松弛下来,得到调节。这个正确的东西就是海员的有益身心的业余爱好。

有益身心的业余爱好,即对身体和心情都有好处的业余爱好。积极地培养有益身心的业余爱好,不仅会让海员对生活更热爱,而且会让海员的生活更加绚烂。

2. 海员业余爱好的种类

第一，体育锻炼，包括到健身房健身、散步、打球、跳舞等。

俗话说：身体是革命的本钱。没有健康的身体，就不能成为一名合格的海员，无法从事海运事业。

海员进行体育锻炼的方法很多，可以到健身房健身。进入二十一世纪，很多公司考虑到海员的身心健康，本着以人为本的原则，在船上设置了大小不等的健身房，海员在工作之余可以通过健身，来增强体质，改变心理状态，放松紧张情绪。

如果船上没有健身房，到甲板上散散步，也是锻炼的一种好方法，尤其对于中老年人来说，散步更是必不可少。从船头到船尾，再从船尾到船头，这样来回的散步可以使大脑皮层的兴奋、抑制和调节过程得到改善，收到消除疲劳、放松、镇静、清醒头脑的效果；也可以收缩腹部肌肉，加深呼吸，加强隔肌上下运动，从而加强消化系统的血液循环，增加胃肠蠕动，提高消化能力；还可以将全身大部分肌肉骨骼动员起来，从而使人体的代谢活动增强、肌肉发达、血流通畅，进而减少患动脉硬化的可能性，使每一个海员都拥有健康的身体。

在精神紧张或情绪消极时，海员还可以选择去乒乓球室挥上几拍，或随着音乐尽情地跳舞，来转移自己的注意力，释放自己的心情，驱逐不良情绪。

【海员博客】

狂跳印度舞的在船时光

海员的生活无疑有些寂寞，而对一个三十多岁、已经在船工作十几年的老海员来说，业余生活已经不能用寂寞来表示，经过无数日日夜夜的沉思之后，我郑重得出结论："无聊得麻木，麻木地无聊！"当我这么对朋友说时，船上的朋友树起拇指说：哥，精辟，精辟得让咱们体无完肤！岸上的朋友也树起拇指说：兄弟，难得，难得你总结出来还能熬得住！

呵呵，的确，如果说世界上哪种工作最寂寞，海员肯定得排前三甲，如果说哪种人耐得住寂寞，海员也得排前三甲。可我们也不是真的像岸上人所想得那样水深火热，痛苦不堪，其实大多数时候我们和岸上工作一样，每天上班下班，吃饭睡觉，打打牌，唱唱歌，快活似神仙，如果说不同于岸上生活的，那就是下班后我们不能回家，无法和家人呆在一起。但是如果找到一些好玩的、自己感兴趣的东西来逗逗自己，是很容易填补内心的空虚的，比如有人喜欢画画写字，有人喜欢养花弄草，有人喜欢看书学外语，准备考研或换个工作什么的，当然也有业务精兵，没事就琢磨专业知识，提高业务技能，甚至有的还搞发明创造。

这不，我们从印度、斯里兰卡兜了一圈，船上很多船员买了印度歌曲的碟片，活动室、房间到处都是咿咿呀呀的印度歌曲，甚至有些年轻同事MP3、MP4里也整天在播放这些歌曲，看他们摇头晃脑的样子，我觉得很好笑，一句也听不懂，有什么好听的。一位同事笑着说，你听听就会喜欢的！他随手拿了张碟片递给我说，你听听看。我说不会吧，但反正闲着无聊，就把碟片拿回房间放到电脑里播放一下。

印度歌曲往往是电影和电视剧里的插曲，而且，和其他国家的歌曲不同，印度歌曲常伴有情节，甚至就是电影电视剧故事的一部分，那欢快的节奏，协调的动作，动人的情节，每首歌曲都是一部优美的MTV，让你在音乐中跟着舞者不由自主地动起来！所以虽然我听不懂歌曲的意思，但依然很快被感染了，模仿着电脑里歌者的动作，我竭力扭动肥胖的躯体，虽然常常跟不上节奏，但依然跳的不亦乐乎，直到浑身是汗，气喘吁吁！洗了个澡，睡得特别香，直到机工叫班才醒来。

　　这下有事做了,每天下班,我总是放上一段音乐,随意跳上一会。不久,我就练会了几招,每次做出比较像样的动作,心里都美滋滋的,仿佛回到了少年,除了在房间自娱自乐,我还在活动室和朋友一起切磋"舞技"。刚开始大家都对我跳舞嗤之以鼻,以我的身材——173 cm个子,89 kg重量,跳难度大、动作变化频繁的印度舞无疑自取其辱,可是我是胸有成竹,因为在房间已经练了好久,所以非常自信,把自以为潇洒的几个动作一做,朋友大惊失色,大叫精彩! 于是大伙一起练得天昏地暗,忘乎所以,直到有人上班为止。

　　经过二十多天航行,我们回到了中国,我的妻子到船来玩,在房间吃饭时我很得意地告诉她,我可以跳一些很好看的印度舞,她听了差点吐出来,说,如果你可以跳出舞来,我就听你的再胖十斤! 我忍无可忍,不能再忍,饭碗一推,外套一脱,音乐一放,跟着电脑里的明星一阵狂舞! 妻子又叫又笑又鼓掌,我是越跳越来劲,直到一曲终了。天啊,要知道印度舞曲时间都是很长的,有的甚至有十几分钟,我放的舞曲虽然不太长,但也有五分多钟,这一曲跳下来,我是气喘吁吁,浑身是汗,两腿发软,头昏脑胀! 妻子笑着说,好啊,我看你像个大象在跳舞。我狂叫:谁说大象不能跳舞! 转身把碗筷拿到厨房去洗,在走道里碰见一个同事,他坏坏地笑着说:"兄弟,悠着点!"我一愣,马上明白过来,大笑着说,我跳印度舞呢!

　　在以后的在船工作时间里,我和我的一群朋友一直坚持跳印度舞,几个年轻的同事还搞了个舞社,叫"东印度舞社",船长笑着说,我们船变成东印度公司的了。但他很高兴我们跳舞,大家因此增加了交流,船舶气氛变得很好,同时打牌打麻将的人也少了。有几个年龄比较大的同事后来也参与进来,过了一段时间,其中一位告诉我,缠绕他很久的便秘没有啦。我自己更是受益匪浅,业余时间不再难熬,过得很快,身体发福的趋势得到遏制,甚至有下降的趋势,特别是以前老是失眠,醒来又萎靡不振,跳了一段时间印度舞,呵呵,每次睡觉不要五分钟就睡着了,到了上班时间还不醒,平时精神奇好,干活也不知疲倦。一个刚刚毕业到船实习的实习生说,大管轮,你看来像二十来岁呢! 明知他是恭维,但我心里还是美滋滋的!

　　第二,养花、养鸟、养鱼等。

　　长期的远洋生涯中,养花是许多海员的业余爱好,看着种子发芽、生长、开花、结果,他们的心里便充满了不可思议的喜悦,他们的远航生活也因此而变得生机盎然,欢快舒畅。

　　养花是一门学问,是陶冶情操、磨练意志的休闲活动,也是精神寄托的一种最佳方式。海员养花,其中包含的情感内容,远远超过养花本身的意义。他们认为,花是知己、朋友,花是精神的寄托,花是漂泊的时钟,花是情感的凝聚。碧海蓝天间,海员与绿色结下了不解之缘。最突出的一点是他们不论花的品质,对花草的范围,没有明确的界定,一般情况下,只要是绿色的植物,无论是名花异草,还是普通灌木、野藤杂草、水果蔬菜,被海员统称为"花",尽管有点不伦不类,但海员们一旦栽培养护,都会付出全部的热情。除了养花,海员还精心地喂养抓到的鸟和钓到的鱼。因为,这样的爱好可以让他们紧绷的神经完全松弛下来,单调的生活鲜活起来。

　　第三,下棋、打牌、玩电脑、听音乐等。

　　下棋是一种充满乐趣的有意义的脑力游戏,是紧张激烈的智力竞赛,更是有利于身心健康的文体娱乐活动。由于海员工作的特殊性,他们即使在工作之余,神经也常常是绷得紧紧的,这时若能邀上几位志气相投的棋友,饮茶品茗,横车跃马,或黑白互围,你来我往,杀它个天翻地覆,不仅可以增进友谊、加强往来、消除孤寂感,而且可以放松绷紧的神经,使身心舒畅。

海员可以通过下棋、打牌、玩电脑,消除孤寂、放松身心,爱静的海员则可以选择听听音乐。音乐可以让身体放轻松,好的音乐可以缓解压力,避免因自律神经紧张失调而导致慢性疾病的产生;可以敲开海员封闭的心灵,缓解忧郁苦闷的心情,做到某些程度的心灵治疗;还可以帮助海员入眠、提高免疫力、让其身心都得到适度的发展、解放。

【海员博客】

我喜欢听歌也喜欢唱歌,每当看到有好歌时,就对着新歌学,等学会了跟着歌曲一起唱好快乐。特别是新出的歌大家很喜欢但不会唱,只有我会跟着唱有一种自豪感,虽然我唱的不是很大声、很好听(不然我就当歌星了,哈哈),但我还是可以从中自娱自乐,而且我觉得唱歌还可以锻炼我的普通话及口语表达,陶冶情操,调节情绪(如在情绪不好的时候唱一些振奋人心的歌曲)。除了工作、睡觉,我几乎都在唱歌,大家都叫我"开心果",说是因为我的存在,他们的航海生活不再枯燥。

第四,读书、练书法、绘画等。

21世纪是知识爆炸的时代,为了在日益激烈的竞争中不被淘汰,人们必须利用一切时间为自己"充电"。海员也不例外,由于船只大多是外国所造,说明书都是英文,海员中有些人为了更多地了解船舶,业余时间几乎都是泡在图书馆看各种说明书和相关资料。还有一些海员,喜欢沉浸在自己的阅读世界中,读自己感兴趣的书籍。善于阅读,可以从书籍中汲取营养;以读书为乐事,可以排遣烦忧,愉悦性情,还可以获取知识,增长智慧,启迪思想。总之,图书馆是最能使人变得可亲可敬的地方,每个人都能从丰富多彩的阅读活动中找到精神慰藉。

如果书籍不能成为你的朋友,至少它们也应该是你的熟人;如果书籍无法走进你的生活圈,起码你也应该向它们点头致意。读书是一种静养的好方式,能使人知识渊博,明辨是非,懂得科学,趋利避害。

除了读书,还有一些海员喜欢在闲暇时间练书法、绘画。绘画可以培养细致入微的观察能力和理性思维,培养较高的审美素养。而书法艺术不仅能给人以美的享受,还是养生保健的有效方法。医学专家研究结论表明,在可使人长寿的二十种职业中,书法名列榜首。练习书法,可以使海员从自己的创造中得到满足感,心境也随之得到一种超然与净化,达到心绪舒畅。

【补充阅读】

中海集团工会丰富员工业余文化生活　　每艘船上都有图书馆

中国海运(集团)总公司工会针对航运企业的特点开展员工素质工程,取得良好效果。近3年来,该单位获市总工会"振兴中华读书先进评比"集体奖和个人奖各3个;共有6 543位员工岗位技术上了一个台阶。

海上运输是一个高风险行业,员工的生活又单调枯燥。丰富员工业余文化生活、确保员工身心健康、不断提高他们的综合素质,一直是中海集团党政领导和工会关心的重要课题。多年来,该集团各级工会在党政的支持下,为每艘船舶建立了一个图书馆,配备200册以上的图书。同时，为各轮订阅1报10刊，使员工在海上也能及时方便地读报学习。由此应运而生的船舶读书小组、读书园地、读书知识辅导讲座、海上读书智力竞赛等活动，调动了员工参与海上读书的积极性。

第五，垂钓、旅游、摄影等

对于喜欢垂钓、旅游、摄影的海员来说，他们的每一次航行不是单调枯燥的寂寞之旅，而是一次次令人兴奋的愉快之旅。

经过长时间的航行，海员的身心已经非常疲惫，当船舶抛锚或靠泊时，喜欢垂钓的海员就可以扛起鱼杆、拎上小桶，走到舷边、船头、船尾或码头，甚至说港边的某块礁石，向海中央远远地抛出钓钩，静静地坐在那儿，等着各种各样的鱼儿上钩，所有的疲惫都会在这一抛一拉的快乐中消失殆尽。

澳大利亚海事专科学校在招生宣传中曾这样说：做海员可以免费旅游，可以在年轻时看遍世界各国风光。的确，当船舶还未靠泊好，爱好旅游的海员早已整装待发。旅游不仅拓宽了海员的眼界，增长了见识和见闻，积累了很多阅历；同时，还锻炼了身体，陶冶了情操，心境也会随之放开很多。

在旅游的过程中，许多海员会用相机把所见到的美丽的风景拍下来。摄影的乐趣就在于身心的愉悦，在于被摄景物与心智的共鸣。神奇大自然馈予了我们许许多多的人生体验，摄影让海员懂得换一种角度去观察整个世界，教会他们去寻觅、感知、发现、观察、取舍……

【海员博客】

周游列国遍观景

作为一个海员，最大的好处就是可以免费旅游，因为我们可以到很多地方，所以说海员就是旅行家。到了一个陌生的国度，在工作之余，我们总喜欢到岸上去玩，去购物，观赏美丽的异国风情，体会不同的文化魅力。

我是旅行爱好者。我认为，到一个遥远的异国他乡是缘分，是难得的契机，特别是我年轻，有足够的时间与精力来尽情享受旅游带来的快感！

每到一个国家，船靠港口前，我就会做好旅游的准备，比如相机、摄像机、旅游鞋和服装，还有钱，一旦船长说可以下地了，我总是第一个冲下舷梯。当然，我可以下地不是毫无代价的，靠码头前我就得把所有该做的工作做好，如果需要值班，还得哀求别人帮忙顶班，回来后再多值些班来补偿，没办法，谁叫咱喜欢旅游呢！

每到一个地方，自然风景是我首先关注的，我会上网查，或问以前来过的同事，甚至问引水员、代理还有码头工人，先搞清楚当地有哪些名胜古迹，一旦确定好，我就会有的放矢，直奔景点，贪婪地看个够。我不是摄影家，数码照相机、摄影机已经足够我用的了，感谢数码产品的发展，我可以近乎无限制的拍照片、摄影。除了名胜古迹，其实很多地方的风景也是很美的，只是没被开发而已，我就充当世外桃源发现者，四处游荡，一旦发现美丽的景色，照样会流连忘返。我还会请教当地人这山这河的名字，并把它记录下来，留待以后慢慢回味。有的根本没有名字，我每次总是苦思冥想好长时间，根据风景的特点，当然是我自己想象的特点，起个好听的甚至稀奇古怪的名字。比如印尼东部一些小岛，可以与桂林山水相媲美，但是方圆几百里都没人烟，所以也就谈不上什么名字，我就给它们起名叫：回眸美人峰，中华鲟嘴,八仙过海岛等。特别是有个沙滩,沿着陡峭的山崖弯了三个弯,退潮时才能看到,一次我们船救生演习,几个人开着救生艇过去,远远望去,青山碧水环绕间,洁白的W型沙滩在赤道的阳光下光鲜夺目,微浪轻漾,颇有一唱三叹之神韵!我就把它叫做"阳关三叠滩",同事们都鼓掌叫绝!

世界各国的建筑风格是不同的,各有特色,每个地方的建筑无疑是当地最好的特征语言,可以告诉你当地地理与气候,当地人们的生活习惯,甚至性格、宗教信仰!在西亚,穆斯林建筑风格是当地所有建筑的首选;到了东南亚,佛寺就随处可见;日本除了一些大城市,很多地方的房屋都是一层两层,很少有高层,以应对频繁的地震;越南的芒街、胡志明,因为地皮紧张,许多私人住宅会只有一间房宽,却有十几米二十几米高,并且一直盖五层、六层,甚至有八层的;热带地区欠发达国家的人们往往用木头搭建简陋的房屋,那儿没有大风,冬天不冷,热天住在里面倒很凉快;新加坡、香港等地却是高楼林立,用的是花岗岩、玻璃等当今最时髦的外墙装饰……

还有各国的食物,衣着,语言等,无一不让我着迷。多年来,我的旅游经历已经非常丰富了,比那些花大价钱随旅游团去旅游的人们看了更多的风景,对所见所闻有更多的感想与体味,这也许是我干海员所收获的最大快乐吧!

第六,烹饪、理发、工艺制作等。

远洋船舶的航期一般比较长,而绿色蔬菜无法长期保存,所以海员的食物以鱼肉为主,同时,海员来自不同地方,甚至不同的国度,所谓众口难调,要想做到饮食营养均衡,并且符合每个海员的口味,显然是不可能的。所以海员常常自己动手,搞点"小伙",一来改善了自己的伙食,二来也可以和同事们共享,加深了和同事之间的感情。有的海员做的饭菜比厨师做的还好吃,甚至有的海员休假期间还真的开了个小餐馆。

海员的动手能力都比较强,不仅在厨艺上,有的海员还练就了一手理发的手艺,特别是对于三四个月甚至半年一航次的船舶,船上会理发的海员往往会被同事请去帮忙把头发"修理"一下,通常理发后还会对他们的技术作一番比较呢!当然,海员最喜欢的手工创造还是工艺制作。他们经常把船上的旧零件、废铜烂铁,甚至包装材料和麻绳,制作成精美的工艺品,装点自己的房间或送给朋友。通过做自己感兴趣的手工操作,不仅可以从中获得很多乐趣,还可以摆脱工作、生活中的烦心事,获得一种平静安详的心境。

3. 培养业余爱好的方法

不同的海员有不同的兴趣爱好,但无论你想培养哪种兴趣爱好,一般来说,都会经历三个步骤:

第一,要明确这确实是你自己的爱好。随大流是很多人天生的劣根性,不论自己的性格、天赋等客观条件,人云亦云,别人会的自己也一定要会,或流行的自己也一定要会,勉为其难,最终只会导致一事无成。其实,最热门的不一定是最适合你的,只有培养你自己真正喜欢或感兴趣的东西,才会学有所长,有所建树。在一艘船舶上,正因为大家的兴趣爱好不同,才使得业余生活丰富多彩。

第二,要划清专业和业余的定义。所谓业余,只能是工作之余,本末倒置可能将会使一件有意义的快乐事变质。在船上工作,海员应牢记工作第一,安全第一,培养业余爱好永远只能是第二位的。如果海员在值班时,还沉浸在自己的业余爱好中,玩忽职守,其后果是不堪设想的。

第三,要学会享受快乐。何为快乐,那便是让其成为你枯燥海员生活的调剂,让业余之惬意和轻松融入航海生活的丝丝细节当中。若你没有因为此种业余爱好而感到愉悦,只觉生活变得一团糟,那么,好好重新审视一下吧,放弃是一种选择,而找到一种你真正喜欢的,且真正适合你的业余爱好,则是一种更好的选择。

三、海员业余爱好丰富航海生活

现代的幸福观认为:幸福 = IQ + EQ + HQ(健康智商,指平衡心灵与肉体,协调现实利益与长期幸福的智慧),情商、智商、健康智商是幸福生活必不可少的组成元素。生活需要物质,也需要精神;我们要工作,也要有工作之外的个人爱好。航海生活的特殊性,决定了海员更需要培养一种业余爱好、一种新的兴趣来丰富航海生活。

【补充阅读】

培养棋、琴、书、画的益处

一、提高自己的修养。
二、成为个人性格改善的最佳方法。
三、可以陶冶情操,培养崇高的艺术境界和艺术意识。
四、增强对社会的感悟性和洞察力。
五、开发大脑的灵活性。
六、保持良好的精神状态。
七、对生活充满信心! 阳光的面对生活。
八、学会控制自己的情绪,即使再生气也要以一颗平常心去面对。
九、绘画可以培养心静,音乐可以释放自己。
十、画如其人,让自己懂得察言观色,爱家庭,爱生活!

1. 充实生活内容

业余爱好可以锻炼自我,充实自我,是生活的一种调节剂。生活在这个色彩斑斓的世界里,任何人都不可能真正成为"归隐者",对世事不闻不问。从事业余爱好,如各种运动、写作、摄影、插花、设计、画画……都可以不同程度地提高自己的能力,启发思维,开拓视野,增广见识,从而充实自己。

业余爱好是丰富生活乐趣的一种缤纷色彩,当海员对他所从事的工作和单调生活感到厌倦时,培养一种业余爱好,不仅可以调节情绪,还可以重新"点燃"工作热情。海员在船上喜欢选择一些集体性的体育运动项目,如:排球、篮球、乒乓球、羽毛球、毽球等,海员们通过互相默契,逐步缓解抑郁,加深相互理解,增进彼此友谊,使单调的船上生活变得充实而丰富多彩。

【海员博客】

我的航海生活

安妮宝贝说:大海是世界上最清澈温暖的一颗眼泪。

我的工作就是驾驭船舶在海洋里航行。

大海是宽广的,在广阔浩瀚的海洋中,举目四周眺望,只有平直的水天线和浩渺的烟波。

此刻的我们,只是茫茫沧海里微乎其微渺小的一分子,无怪乎古人用"沧海一粟"来描述此时的感受。

大海是多变的。

她可以是温柔的处子。

清晨,万里无云的天空格外蔚蓝,一轮红日缓缓地从水天线升起,和煦的阳光照在蔚蓝的平滑如镜的海面上。

站在驾驶台的两翼,微凉的风迎面而来,轻轻吹乱头发,温暖的阳光仿佛可以穿过身体,触摸到僵硬的心脏。

此时的大海是温柔的,它让人忘却了工作的辛劳,让人忘却了游子对远方亲人的牵挂,让人忘却了尘世间功利的挣扎……

菩提本无树,何处惹尘埃。此时的意念,透明而纯粹。

有时大海也是暴戾的,它仿佛是个受了委屈的孩子,歇斯底里地用尽所有方法来宣泄它的愤怒。

乌云遮蔽了晴朗的天空,灰沉沉的将所有的阳光吞噬殆尽;风呼啸着迎面而来,夹杂着雨水和海浪的泡沫肆虐横行,仿佛要释放出它极尽迅猛的速度;汹涌澎湃的海浪仿佛是愤怒的狮子,咆哮着要把一切撕碎,汹涌沉重的海浪击打在船体上,碎浪四散飞溅。

在波涛汹涌的汪洋大海里,船舶摇摆颠簸着艰难前行,承受着汹涌澎湃的海浪冲击,坚定不移的驶向前方。

"阳光总在风雨后",只有经历过大风大浪的洗礼,才会对风雨后的阳光和平静的海洋心存感激。

在短暂或者漫长的航行后,船舶安然抵达港口,航海生活中最快乐的时刻到来了。

在工作之余,同事们三三两两,三五成群的踏上陌生或熟悉的国度,或用绵长的电话向远方的亲人倾诉;或在异国他乡寻找期待已久独具特色的纪念品;或在明亮干净的酒吧里,一杯酒,一支烟,让心灵在浓郁的异国风情里小憩……

而在我的航海生活里,我是个快乐的旅行者。

一位老船长说,只有到过世界三大运河才能算是个真正的航海者。

我是幸运的,我曾数度在连接地中海和红海的埃及苏伊士运河,体验在大漠行舟和"大漠孤烟直,长河落日圆"的奇特感受;也曾两度在连接大西洋和太平洋的巴拿马运河,感受船舶在热带雨林里"上山""下山"的独特景致;也曾在连接北海和波罗的海的德国基尔运河,领略运河两岸如画般的欧洲风光。

感受过世界三大运河独特景致,从某种意义上来说,我已经成长为一名真正的航海者。

当抵达的港口是著名的旅游城市时,领略城市的独特风采成为最为期待的事。

我曾在炎炎夏日到过意大利的浪漫之都水上城市威尼斯;也曾在飒爽的秋风里在肯尼亚国家野生动物园(全世界最大)一望无际的大草原上观看无拘无束的野生动物(遗憾的是

没有看到狮子);也曾在白雪纷飞的冬日在俄罗斯圣彼得堡的大街欣赏别具风格的教堂和城市建筑,也参观了号称世界三大宫之一的圣彼得堡冬宫(与北京故宫齐名)——俄罗斯国家博物馆。

不同的国度,不同的城市建筑风格,不同的民族风情和文化,生命因此而丰富,生活因此而精彩……

我是一名航海者,虽然我很普通,虽然我们的生活不易被人理解,但我是快乐的。

我航海,我快乐。

2. 提升生活品质

远航期间,工作形式固定呆板,外界信息闭塞,不能见到亲朋好友,不能领略和体验尘世的喧闹,每天的周围环境没有太多的变化,同样的海,同样的住舱、灯光、颜色、气味和噪声,这些都使海员觉得自己不是在生活而仅仅是活着。因此,对于海员来说,只有培养丰富多彩的业余爱好,才能提升自己的生活品质。

业余爱好是一种快乐,一种享受。人生最大的快乐莫过于所欲称心。在这里,你不会感到人世间难觅知音,这里全是你的同道中人,意气相投,共同分享当中的苦与乐。从事你的业余爱好,你便拥有多姿多彩的生活,拥有知音朋友,拥有快乐。海员培养下棋、打牌、玩电脑、听音乐、唱歌、垂钓、旅游、摄影等业余爱好不仅陶冶情操,而且提升了生活品质。

3. 感悟生活意义

海员的生活是寂寞枯燥的,而爱好可作为转移大脑"兴奋"的一种休息方式,有效地调节改善大脑的兴奋与抑制过程,让人消除疲劳,进入意趣盎然的境界。

对于海员来说,通过养花,精神生活会变的生动活泼;通过选择一些运动强度、幅度、速度、内容变化较频繁的项目,如广播体操、健美操、武术、拳击、太极拳等集体性的项目,可以提高其情绪,增强集体荣誉感;通过培养些读书、写字、绘画、音乐等这些业余爱好,可以陶冶其性情。每一个海员只要努力培养自己的兴趣爱好,并坚持下去,久而久之会成为一种向善的力量和习惯。

每个海员都有自己的兴趣点,抓住这个兴趣点,并对其怀有浓烈的情感,可以把你从日常的烦恼中解脱出来,为枯燥的工作生活增添亮色;更可以让你感受到生命的可贵、可爱,感悟生活的意义。

【海员博客】

我的业余爱好

泰国北榄锚地,又是一个周末的早晨。在船上吃完早餐,召来在锚地往来穿梭的交通船,和昨晚在网上约好的航浚 5 号轮船长杨建华一起上岸,然后直奔羽毛球场,热身、练习,并邀请当地的泰国人一起比赛、交流。

在球场上,即便肤色不同、语言不通,我们和泰国友人凭借对羽毛球运动相同的爱好和理解,仅用手势和有限的几个球类专用词语,交流起来也毫不费力。有时即使是一个人也能到球馆里与当地泰国人配对打球,他们对外来的陌生人都非常友好、热情,这点倒是和国内没有什么区别。

我是在进入长江航道局工作的第 3 年开始喜爱上羽毛球这项运动的,记得那是 1987

年，当时为了参加武汉航道分局运动会的羽毛球比赛项目而开始了练习。在最初的两年里，我很快就对羽毛球这项运动达到了迷恋的程度，从那时起，我的生活必需品里有了羽毛球装备。至今20多年过去了，这项运动一直丰富着我的业余生活，每到一个工地，我总是急于去寻找当地的羽毛球馆，从沙市、深圳、北海、海南到泰国的曼谷、沙墩、北榄工地，只要是在我到过的地方，都在当地的羽毛球馆留下过足迹。羽毛球运动使我的业余生活变得更充实、精神更愉悦、身体更健康。

我一直固执地认为：作为大半辈子生活在水上的船员，一定要有一个业余爱好，使自己的精神有所寄托，这样有利于身心健康，即使是在退休以后也能因为有业余爱好而能很快地融入社会。业余爱好可以有很多种，因人而异，殊途同归，但效果是一样的。记得那是在1996年，航浚3号在缅甸施工，船上有一个加油名叫王天祥，他当时已经有45岁了，却一直坚持锻炼健身，在他的影响下，船上近十名年轻船员，在缅甸工地热衷于健美运动达两年之久，还有的船员在船上养鱼、养鸟、养花、摄影等，这些都是充实业余生活的好方法。

在全民重视身体健康、对健身的投资不断增加的今天，工程局的各级领导，对船员的业余生活非常关心。周局长、赵士林书记就曾多次要求我：一定要想方设法丰富船员的业余文化生活。在我工作的泰国工地，项目经理王林对此问题也非常关心，多次帮我们联系球馆，并要求我们想办法普及这项运动，如果航浚3号和航浚5号同在一个工地，还会安排两船进行各种友谊赛。我也逐渐明白：虽然船员的生活在客观环境上受到一定的限制，但最重要的还是自己的主观愿望。

找个适合自己的业余爱好，加上一份坚持，船员的生活一样会变得丰富多彩。

思考与练习

一、名词解释

1. 职业规划
2. 交际礼仪

二、问答题

1. 简要分析海员身心健康与航行安全两者的关系。
2. 联系实际，谈谈海员如何才能保持身心健康。
3. 海员的交际礼仪包括哪些基本原则？
4. 海员应如何培养终身学习？请结合海员实际分析。
5. 简述培养海员业余爱好的意义。
6. 海员诚信履约的要求有哪些？

三、是非题

1. 作为一个合格的海员不仅应具有一定的专业知识和技能，而且还必须拥有健康的身体和良好的心理素质。（   ）
2. 情绪消极是"不注意"现象发生的主要原因。（   ）
3. 微笑是一种国际礼仪，是世界通用的体态语，是一种令人感觉愉快的面部表情。（   ）

4. 了解各国的交际礼仪可以为船员的工作和生活创造有利条件。(   )

5. 人的学习可以分成两种,一种是记忆性学习,一种是创新性的学习。(   )

6. 诚信履约是中华民族的传统美德,也是海员必备的基本道德品质。(   )

7. 积极地培养有益身心的业余爱好,虽然可以丰富海员的业余生活,但同时也会降低工作效率。(   )

8. 垂钓、旅游、摄影可以把海员每一次的航行变为一次次令人兴奋的愉快之旅。(   )

9. 海员的身心障碍不包括消极的情绪。(   )

10. 船员的身心健康是确保航行安全的根本前提。(   )

四、小调查

1. 随着市场经济的发展,今天在航运业海员缺乏诚信的事情时有发生,请查阅相关资料,围绕海员如何做到诚信履约这个主题写一篇调查报告。

2. 请采访一位自己认识的海员,了解海员在工作过程中的业余爱好。

五、课后训练:职业素养分解对比图

1. 训练目的

学会分析一个职业及所需要的素养,掌握职业素养提升的方向和方法。

2. 训练内容

选定 2~3 个职业方向和未来的就业岗位,进行职业分析,总结出职业素养,增强职业修炼意识,梳理出职业素养提升的内容。

3. 训练形式

每个学生单独进行,填写表 3-1 所示的职业素养分解对比表。

表 3-1 职业素质分解对比表

你所期望的职业和就业岗位		这类职业和岗位需要的职业素养	你现在已经具备的职业素养	你所欠缺的职业素养和提高的方法	你最欣赏的、希望成为的企业家榜样
职业	岗位				

4. 训练结果

将职业素养分解对比表作为今后职业生涯发展的指导方案。

第四章 海员的职业道德规范

所谓规范即人的行为准则与尺度。俗语说得好:无规矩不成方圆,无规范不成社会。海员职业道德规范是指从事航海职业的人员在航海的劳动过程中所应遵循的职业行为要求。

第一节 爱国爱海 爱岗敬业

热爱祖国、热爱航海、爱岗敬业是海员最基本的道德素质,也是海员职业道德规范的首要要求。

一、热爱祖国、忠于祖国

热爱祖国、忠于祖国是中华民族的传统美德,是我国海员的光荣传统,也是爱国主义原则的具体体现与展开。

【补充阅读】

香港海员大罢工

八十多前爆发的香港海员大罢工,鲜明地印证了中国工人阶级的爱国反帝反殖,反压迫反剥削,团结进取的优秀品质。

香港海员大罢工发生在1922年1月,是香港海员为反抗英国和外国轮船资本家的压迫和剥削,要求增加工资的斗争,后来由于港英当局的干预和镇压而演变为反帝、反殖、争权益、伸张民族正义、震惊中外的大罢工,经过56天可歌可泣的斗争,令英国在香港的利益受到沉重打击,迫使港英当局不得不在中国海员面前低头认输、认错,亲自送回并挂上被拆去的工会招牌、解除对工会的禁令、对被镇压的死伤者予以抚恤赔偿、释放所有因罢工而被捕的工会办事人员;资方亦不得不答应工人的要求,与工人签署了加薪协议。罢工取得了辉煌的胜利。

香港海员大罢工在中国工人运动史、中华民族解放运动史及世界工运史上都有着重要的地位和历史意义。

新中国成立后,中国海员的爱国主义传统在新时期继续得到发扬光大,形成了"热爱中国,热爱远洋,艰苦奋斗,开拓创新"的新风尚,涌现出一大批像贝汉廷、严力宾、王新全这样的爱国主义模范。

当代中国海员是社会主义的建设者,在交通运输、经济贸易中发挥着重要的作用。远洋船员由于长年工作和生活在流动的国土——远洋船舶上,因此经常往来于世界各个国家和地区,航海职业的涉外性决定中国海员必须有坚定的政治立场和高尚的道德情操;具有强烈的爱国主义和集体主义精神;热爱航海事业。当前,我国处在科技、教育、经济全面高速发展的时期,充满了希望、挑战与机遇。爱祖国,就是要倾心关注祖国的命运,对祖国忠心耿耿,处处维护民族的尊严,祖国的声誉和利益,用实际行动为祖国的繁荣昌盛、人民的富裕幸福进行不懈的奋斗。

第一,爱国,就要增强心中的祖国意识。

有了强烈的祖国意识,就能时时处处感受到祖国的存在,时时处处想到为祖国奉献,时时处处注意维护祖国的尊严。

在奥运赛场,每当五星红旗升起,国歌奏响,我们的心里就别提有多么激动和欢畅;我们前所未有的关注 NBA,关注火箭队,是因为我们的同胞姚明在场上;我们关心着中国的经济增长和 GDP 总量,神六上天,就好像是我们自己在展翅飞翔,这些好像都与个人没有什么直接关系,但却让我们无法抑制喜怒哀乐的流淌,只因为我们是中国人,这就是祖国意识,这种意识能使每个人找到归属和方向,让民族团结,让国家富强。

【补充阅读】

难忘的银河轮事件

中国远洋运输(集团)总公司始终以国家和民族的利益为己任,以热爱祖国、报效人民为最大光荣。常言道,只有身处国外,才能真切感受到祖国的可爱。中远集团是一个以远洋运输为主的跨国经营企业,数万名船员常年浪迹天涯、四海为家,对祖国有着更独特的感受和深深的眷恋,在他们心中蕴藏了浓浓的爱国情结。每当祖国召唤的时候,中远人总是挺身而出,为国分忧。因为,他们比别人有更深的体会,在国际舞台上,他们代表着中国的形象,在海外华人眼里,他们就是祖国的化身。40 多年来,在复杂多变的国际风云中。在瞬息万变的国际市场上,中远人始终保持了"中国人"的骄傲,维护着民族的尊严。

中远所属的"银河"轮是一艘从事正常国际商业航运的远洋集装箱班轮,于 1993 年 7 月在执行第 81 航次由天津、上海至海湾的定期班轮运输任务中,蒙冤受屈,被美国无端指责载有制造化学武器的前体硫二甘醇和亚硫酰氯。美国派遣军舰监视,飞机骚扰,致使该轮被迫在公海上中止正常航运 33 天之久,引起了中国人民的关切。在党中央、国务院的亲切关怀下,在中远(集团)总公司和上远公司的直接领导下,全体船员紧密团结,面对强权,无所畏惧;面对困难,不屈不挠,表现了中国海员高度的爱国主义精神,经受了严峻的考验,以实际行动维护祖国的尊严!

此次停航后,正常的秩序被打乱了,给养也成了问题。燃料、淡水、食品在一天天减少。特别是蔬菜短缺,枯黄的菜边成了宝贝。再后来连菜边也没有了。为了从长计议,船上开始控制使用淡水。不少船员因洗澡次数所限,身上长出点点红斑,被汗水浸得又痛又痒,难以忍受。由于身体得不到正常的营养,加上卫生饮食习惯的改变等因素的影响,船员中出现头晕、胃疼、血压不正常等症状。天无绝人之路。缺水,大家都自觉做到节约;食物短缺,大家就去钓鱼。就是在这样艰苦的环境中,大家团结一致,克服重重困难,充分显示出中国海员热爱祖国,吃苦耐劳的精神风貌。后经 20 多天核查,最终于 9 月 4 日在沙特签署了中、沙、美三方签字的"检查报告",证明该轮根本未装载美方指控的化学品,彻底揭穿了美方的无理指责和谣言。美国不得不赔偿影响我银河轮正常航行所造成的延期交货罚金,和其他一切经济损失 1 042 万美金。"银河"轮船员在强权面前勇敢抗争的爱国主义精神受到了各方的广泛赞誉和高度评价。"银河"轮胜利返航后,中远(集团)总公司在新港码头为"银河"轮举行了欢迎仪式。时任国务院副总理的邹家华代表党中央、国务院热烈欢迎"银河"轮全体船员胜利归来,并高度赞扬了中远船员的爱国主义精神,并挥毫为"银河"轮题词:远洋一帆银河号,凯歌建业志益高。

我们常说:"一滴水可以折射太阳的七彩光芒。"同样,爱国主义不是抽象的。爱护国旗、国徽、国歌,这些细节看似不起眼,实际上它们体现着浓厚的爱国主义情感,每个中华儿女都应该像对待自己的生命一样对待国旗、国徽、国歌。每个人都有自己的祖国,当然应该对祖国的国歌、国旗、国徽非常熟悉,非常热爱,非常敬重。海事部门在港口航查,有时会看到一些船舶悬挂的国旗被船烟灰熏成灰色甚至黑色,一些船舶悬挂着被海风撕扯破损的国旗,一些船悬挂着四颗小五角星间距不一、大小不等的不合规格的国旗,一渔船竟将国旗颠倒悬挂。国旗是中华人民共和国的象征。《船舶升挂国旗管理办法》第九条规定:"船舶悬挂的中国国旗应当整洁,不得破损、污损、褪色或者不合规格,不得倒挂。"船舶应该及时更换破损、污损及不合规格的国旗,以维护祖国的尊严。

【小思考】

在船舶上,谁负责升旗?谁负责保管国旗?

水手:每天按时升、降国旗,保持国旗清洁、完整。

二副:开航前,按船长指示备妥所需的国旗、海图及有关资料。

以上回答对吗?请查阅有关资料。

第二,维护祖国的尊严,保持民族自尊心。

随着改革开放的发展,中国国力的提高,大量的中国国民走向了世界,世界对中国的关注也加大了,可以说整个世界在分析和看待中国,过去有一些毛病可能别人不太重视,现在你有这些毛病,别人会关注了。因此我们国民走出国门的时候,公司走出国门的时候,就要遵循适当的行为道德和文明礼仪规范,这涉及到整个中国的形象问题。

例如公司出去做生意的时候,你是否讲究信誉,坚守你的承诺?如果为了谋取蝇头小利,制造或销售"假冒伪劣",就会导致整个产业的声誉被毁,影响整个国家的利益。

再如,非法移民这些个别现象,它导致整个中国公民形象受损而使国民受到不应该受到的不礼貌待遇。因此,维护祖国的尊严,保持民族自尊心,就要努力做到不为金钱物质利益诱惑所动,不损害中国人的形象。

作为一名远洋船员,在周游世界的过程中面对发达国家花花世界的灯红酒绿、纸醉金迷,如果没有一种对祖国深厚真挚的感情,善于辨别真与伪、善与恶、美与丑等,按照社会行为的规范准则来约束自己及支配自己的思想行为,就很容易迷失方向,走上歧途,做出有辱国格、人格的事情。

例如有的船员到日本的垃圾箱捡旧货,然后随船带回国内,甚至把病毒也带入了家中;有的船员触犯法律,如走私、贩毒;有的船员帮助偷渡分子非法出境……这些行为丢尽了中国人的脸,是对祖国母亲的亵渎。

在这方面,共和国年轻而杰出的远洋船员王新全做出了令人满意的答卷。

【补充阅读】

做跨世纪的 COSCO 员工

作为一名航行于世界各地的远洋船员,我对"祖国"这一伟大的概念有深刻的理解,对祖国怀有一种超乎寻常的感情。在同胞面前,我们代表新一代海员的形象;在外国人面前我们则代表了中国人的形象。个人的尊严与国家和民族的尊严息息相关。

1986 年 4 月,我第一次上船,就到了香港、日本、美国,这些地方发达的物质文明对我的心灵产生了强烈的震撼,对我的民族自尊心也产生了极大的刺激。或许有人要问:花花绿绿、形形色色的世界对我们有没有诱惑?可以说,作为海员,这种诱惑天天都有,随时都可能遇到。当时,远洋船员在国外购买旧货成风。半新的彩电合人民币几十元,半新的洗衣机也只合几元钱。有些同事劝我一道去买,并说,就是自己不用,回去卖了也可以赚一笔钱嘛。当时,国内家用电器十分紧俏。说实话,对此我不是没动过心,但是当和别人一起到旧货摊时,我看到了外国人不屑一顾的目光,我感觉到自己的尊严受到了伤害。我内心很恼火,但我尽量克制着自己,半天不吭声。有一次,同去的船员问我想什么,是不是看不上呢?我回答:"东西倒是不错,但做人要有尊严和骨气。"这么一说,也就没有人邀我结伴去买旧货了。关于买旧货的事情一直困扰了我好长时间。一次,我大姐也来找我,要我从国外给她买一台旧电视机。那时大姐家里不富裕,我刚刚上船也是两手空空,再说国内的彩电也非常难买。大姐是很不愿意求人办事情的人,就是自己的亲兄弟,也不轻易开口。这一次,不知道她下了多大的决心,实在是不好意思把大姐的请求拒绝回去。可我还是咬咬牙,告诉大姐,这件事我实在是不愿办。至今,我对大姐仍深感内疚。后来,我在船上干了七年后给我大姐买了台新的电视机送给她。第一次出国回来,我上岸后的第一件事情就是买一张中国地图和一面小国旗挂在自己房间内。我时刻提醒自己,要自尊、自重、自强,绝不能丢中国人的脸。

——节选自《大连远洋》1999 年第 3 期,作者:王新全

王新全简介:

王新全:远洋世界的轮机长

他是伴随着我国改革开放成长起来的新一代国企工人。在从事远洋运输工作的十几年中,他刻苦钻研,爱岗敬业,以踏实的工作作风,扎实的技术功底,创造出不平凡的工作业绩。1997 年 11 月,年仅 33 岁的王新全终于挑起了轮机长的重任,从而成为中国远洋战线上最年轻的轮机长之一。远洋航行是艰苦的,经济待遇也不高,但王新全无怨无悔。他深刻地认识到国有大型企业在振兴民族经济、提高综合国力中的重要作用,深深地感到中国工人阶级的神圣使命。十几年来,他婉言谢绝了高中同学要他改行的邀请和国外著名航运企业的高薪聘请,他想到自己是中远员工,是祖国、企业培育了他,他应为祖国、为企业无私奉献,就断然拒绝了高薪聘请。他不愧为中国航运事业的脊梁。

第三,忠于祖国,忠于人民。

诚然,我国目前仍属于发展中国家,和发达国家相比较仍很贫穷,在许多方面都很落后。但是,中国海员在任何情况下,哪怕是在无人知晓之时,都不能忘记庄严的五星红旗,不能忘记祖国和人民的培育,不能忘记自己是黄皮肤、黑头发的炎黄子孙,不能做损害祖国的事情,如偷渡、叛逃等。

偷渡活动危害性很大。首先它扰乱了正常的出入境管理秩序;其次,偷渡分子到所在国

以后,对他们国家也造成了危害;再次,偷渡活动本身对偷渡者本人也造成了一些危害。因此,无论从国家法律上,还是从人民生命财产安全上,我们都应该严厉打击偷渡活动。

曾有极个别船员对发达国家的所谓"繁荣"垂涎三尺,把祖国和人民置于脑后,挖空心思伺机离船偷渡,企图圆淘金发财的黄粱一梦。然而,事与愿违,他们用一生的幸福作为筹码的赌注,最后落得满盘皆输、竹篮打水一场空的可悲下场。

【补充阅读】

下面是一个曾出走的船员写给公司领导的忏悔书节选:

我1994年从某大学毕业分配到贵单位,曾任机舱实习生一年,而后任三管轮,1997年5月船到美国波特兰,一时糊涂跟另一名船员下地之后呆在美国,由于无亲无故在美国过了两年暗无天日的生活,于1999年7月被美移民局遣送回国。一想起这段艰辛的生活,不禁眼泪直往下流,好痛好悔!我本有稳定的职业,又有可靠的收入,却不懂得珍惜,偏偏在"美国遍地是黄金"的谎言鼓动之下,跟随他人离开祖国,尝到了人间痛苦的遭遇,以致落到今天悲惨的地步。回来一年了,一直无所事事,既找不到工作,又无收入,家境贫穷,一家四口,父母年近60,还有一个80多岁的老奶奶,全部靠我来赡养,在痛苦之中生活。曾有几次在父母教训之下,我产生轻生的念头,思想错乱,也几次出入精神病医院就诊过,现在讲来,不怪别的,就怪自己一时的冲动,铸成了大错特错,后悔也来不及了。如果我有机会重回公司的话,我要把我的一切告诉所有的人,好好珍惜自己的工作,不要因一念之差毁了自己的前程和家庭的生活。我恳求让我重新回到公司工作,在这山穷水尽的时候给我一条出路。我再也不做那种对不起公司的事,我会一辈子感激的,公司与我的情缘在我的心中一辈子都抹不掉。我知道这一切都是我所造成的,由我个人承担责任。希望公司领导再三考虑,重新接纳我吧!

——节选自《一个出走船员的忏悔》。《船友》,2000年3期

这位船员的信字里行间表现他追悔莫及的思想状况。他幡然醒悟,向祖国和人民发出了深深的忏悔,令人痛惜。他用惨痛的教训向人们做出警示,是一个很好的反面教材,应引起广大海员的深思。身为海员要保持清醒的头脑,注重自身道德修养,要提高自身的思想免疫力,面对种种诱惑要学会泰然处之,更多地感受今日的祖国正在不断地发展腾飞的蒸蒸活力,为振兴中华而奋斗不息。

第四,报效祖国,努力工作。

要把爱国之情化为报国之志和效国之行,用高尚的人格、精湛的技艺、美好的行为为祖国争光,为此我们要树立祖国的利益高于一切的思想,为中华崛起而努力工作,为中华崛起而刻苦读书。

开拓进取、立足本职是热爱祖国、忠于祖国、报效祖国的实际行动。我们不能把爱国停留在口头上,不能在书斋、沙龙里培育对祖国的感情。任何一种美好的品质都必须化为实际行动,而这种行动不仅包括经受关键时刻的考验,而且还包括天长日久的伦理修养和工作实践中的潜心磨炼,让道德情感在道德实践中升华。没有对自己所从事的事业满腔热情的追求,没有精湛的技艺和本领,热爱祖国、忠于祖国就是一纸空谈,并且,只有平日里注重深厚的高尚情感的沉淀和点点滴滴实践的积累,才能在关键时刻为国争光,显示出忠诚儿女对祖国母亲的深情厚意。

许多外派船上的中国海员用自己靓丽的道德风貌、娴熟的技艺、高尚的行为,为祖国母亲赢得了荣誉。

许多感人的文字记述了中国海员面对歧视、侮辱、不公平,用高尚的人格、铮铮的铁骨、精湛的技术维护了祖国的荣誉、尊严和中国人的人格,令人回肠荡气,扬眉吐气。他们的行为使许多空洞的语言、浮躁的词汇黯然失色;他们的行为是把爱国之情化为效国之行的出色答卷,令人赞叹;他们的行为也为广大远洋船员做出了道德示范。

二、热爱航海

热爱航海,首先要充分认识到航海事业在国民经济中的重要地位与作用。如前所述,航海是伟大豪迈的事业。作为一名船员应当有光荣感与自豪感,要有远大的职业理想,热爱海洋,热爱岗位,要有一辈子献身航海的决心与勇气。然而,航海事业中一些显而易见的困难动摇着一些船员一辈子献身大海的决心,有相当一部分船员希望干几年就离船另谋他职。某船公司的调查结果表明:高学历船员在该公司的五年流失率为70%以上,十年流失率达到了85%以上。如此高的流失率给船公司的用人造成了很大困扰。船公司花费了很大精力培养出的高级船员不到十年就流失殆尽,尤其是自20世纪90年代以来,随着国民经济的飞速发展,这种现象更加明显。这种状况不仅浪费了国家的航海人才资源,而且浪费了船公司大量的人力、物力和财力,无疑会给我国的航运事业带来负面效应。

当前,社会上一部分年轻人的择业观念由传统的"干一行、爱一行"转化为"爱一行、干一行",一些青年视频频跳槽为时尚。然而,正如一位资深企业领导者语重心长的告诫:"人生是一种选择,但不停的选择就是人生吗?有人说,人就是要流动,可总是在流动就是人的本质吗?不断转换会使人浮躁,缺乏耐心,变成一个'打一枪换一个地方'的精神流浪者,社会会欢迎这样的人吗?"

热爱航海就是要有一种乐于奉献的精神,要看到不仅是船员,而且还有祖国其他行业的优秀儿女都在为祖国的繁荣昌盛而不懈地努力工作,无私奉献。边防战士长年驻守在祖国的边疆,有的长年生活在缺氧、缺蔬菜的冰雪高原哨卡,有的工作在偏僻狭小的海岛,几年、十几年地与亲人天各一方,奉献着自己的青春年华,有的甚至为保卫祖国奉献了自己的血肉之躯。孤岛上的灯塔工人,与大海有一种与生俱来的情感,他们一辈子守候灯塔,为着他们的亲人,他们的乡邻,为着大海的安宁。他们在常人无法忍受的艰苦环境中,在远离人群的孤寂中寻找欢乐,他们把自己所做的一切都当成是自己应尽的责任。他们已经把自己变成了灯塔的一部分,变成了大海的一部分。这是一种多么伟大的无私奉献精神!我国著名女船长孔庆芬献身祖国的航运事业,甚至终身不嫁,四海为家……这些事例足以说明对祖国和航运事业的热爱实质上是一种奉献。一名合格的远洋船员应该以献身祖国的航运事业为最高理想。伟大的动机产生伟大的理想,一个人有着这样的理想,就一定能够克服重重困难,成为一名出色的海员。

【海员博客】

我喜欢海员

"面朝大海,春暖花开",海子的诗是这么的优美,让人忍不住想象与海相对的美丽人生。我喜欢大海,所以我喜欢海员。

也许海员生活是很枯燥,一年四季都在海上漂泊着,看着似乎永远一成不变的蓝色的大海。几个月见不到陆地,对于我们这些在陆地上生活习惯了的人们,这似乎是难以忍受的。更何况时不时地要面对大自然的暴怒——或是狂风或是暴雨,更可怕的也许还会碰上龙卷风和海啸,那个时候你会知道大海的深沉、大自然的伟大和人类的渺小而产生的无以复加的恐惧。但是,大海大部分时候是很平静的。大海是富饶的、温柔的。她总是给予人类生活资料——那些美味的海鲜,包容人类的任性——对环境的污染和破坏,她还总是孕育着无数神奇的生命与人类为邻,让人类觉得不会孤单。

我喜欢海员是因为海员和大海最接近,他活在大海的心里,能体会海的喜怒哀乐、海的宽广胸襟;我喜欢海员是因为海员可以随着轮船到世界各地去旅行,见识不一样的风土人情,感受不一样的人文气息;我喜欢海员是因为海员需要有各个方面的知识与技术,内涵丰富,在看似寂寞的旅程中可以锻炼出耐心,勇气与毅力。

三、爱岗敬业

爱岗敬业,是热爱祖国与热爱航海的具体化。爱岗敬业是全社会大力提倡的职业道德行为准则,爱岗敬业是每个从业者是否有职业道德的首要标志。爱岗就是热爱自己的工作岗位,热爱本职工作;敬业就是要用一种恭敬严肃的态度对待自己的工作。它要求做到,喜欢自己的专业,热爱自己的本职工作;勤奋学习专业,钻研自己的本职工作;使自己本职工作的技术、业务水平不断提高,精益求精。它要求我们以主人翁的态度对待本职工作,树立强烈的事业心和责任感,反对玩忽职守的渎职行为。

对航运业来说,爱岗敬业、忠于职守直接关系到航运的安全。船员,特别是远洋船员的工作,操纵的是几千万乃至上亿元价值的船舶,客轮上还关系到旅客的生命和财产安全,因而责任、自豪、光荣始终伴随着船员的工作,这一切使爱岗敬业、忠于职守对船员来说具有特殊的重要性。

对企业来说,爱岗敬业是现代企业精神。航运企业要发展、船员队伍要壮大、海员劳务市场要扩大,其根本的一条,就是要有高素质的船员队伍作保证。而敬业精神则是每一名劳务船员必须具备的职业素质,是海运企业生存之根本。从大的方面讲,敬业精神是市场经济的内在要求,因为市场经济是追求效益、利润的经济,而利润的获得必须依赖市场主体的开拓进取、顽强拼搏,这就需要发扬敬业精神。而从船员个体讲,竞争、等价交换也必然要求人们以优质服务、精益求精、恪尽职守、讲究信用的态度对待公众与社会。敬业精神在某种意义上可以说是市场经济发展的精神文化基础。如果我们的每一名劳务船员以一种尊敬、虔诚的心灵对待职业,甚至对职业有一种敬畏的态度,那他就已经具有了基本的敬业精神。但是,他的敬畏心态如果没有上升到视自己职业为天职的高度,那么他的敬业精神就还不彻底,他还没有掌握它的精髓。天职的观念使每一名船员对自己的职业具有了神圣感和使命感,也使自己的生命信仰与自己的工作联系在了一起。只有将自己的职业视为自己的生命信仰,那才是真正掌握了敬业的本质。

对求职者来说,是不是具有爱岗敬业的精神,也是用人单位挑选人才的一项非常重要的标准。我国人口基数大,劳动人口多,人力资源方面存在着极大优势,这是显而易见的事实。但要将人力资源优势转变为人力资本和人才优势,有赖于国民素质的提高。现实生活中之所以闲置着大量的人力资源,其中很重要的一个原因是有一部分劳动力素质较低。这里所说的素质,既包括科学文化素质,也包括道德特别是职业道德素质。正因为一个国家国民素质的高低影响着这个国家经济的发展速度和水平,因此求职者是否具有爱岗敬业精神,是用人单位挑选人才的一项非常重要的标准。用人单位往往录用那些具有爱岗敬业精神的人。因为只有那些干一行,爱一行的人,才能专心致志地搞好工作。如果只从兴趣出发,见异思迁,"干一行,厌一行",不但自己的聪明才智得不到充分发挥,甚至会给工作带来损失。

正如时下流传的顺口溜所述:今天不敬业,明天就失业;今天不爱岗,明天就下岗;今天不努力工作,明天就要努力找工作。这就说明爱岗敬业不仅与国与民与企业关系重大,而且与自身利益关系密切。要树立强烈的竞争意识,要有危机感、紧迫感、责任感,彻底摒弃那些把工作当成应付上级检查、得过且过、不讲究效率和质量、处于被动状态、讨价讲价、缺乏责任心、在船混航时等与敬业精神相悖的表现,真正做到爱国、爱海、爱岗敬业。

当然,我们提倡爱岗敬业,热爱本职工作,并不是要求人们终身只能"干一行,爱一行",也不排斥人的全面发展。它要求工作者通过本职活动,在一定程度上和范围内做到全面发展,不断增长知识,增长才干,努力成为多面手。我们不能把忠于职守、爱岗敬业片面地理解为绝对地、终身地只能从事某个职业。而是选定一行就应爱一行。合理的人才流动,双向选择可以增强人们优胜劣汰的人才竞争意识,促使大多数人更加自觉地忠于职守,爱岗敬业。实行双向选择,开展人才的合理流动,使用人单位有用人的自主权,可以择优录用,实现劳动力、生产资源的最佳配置,劳动者又可以根据社会的需要和个人的专业、特长、兴趣和爱好选择职业,真正做到人尽其才,充分发挥积极性和创造性。这与我们所强调的爱岗敬业的根本目的是一致的。

【海员博客】

贝汉廷船长为什么热爱航海?

上海远洋公司曾有位知名的老船长叫贝汉廷,大家可能都听说过他的事迹。但他为什么热爱航海,可能许多人并不知晓。他热爱航海的重要原因之一,就是在他看来,航海是最综合性的科学,成功的航海家所需掌握的科学知识几乎囊括了自然科学和社会科学的方方面面。细想想的确如此。船上的工作有什么科学不涉及天文、地理、物理、化学、数学、语言、无线电、气象;再细一点,机械、热力、流体力学、电子;再现代一点,心理学、组织管理学、计算机、通讯等。其实大家日常都在应用这些科学,只是没有在意、没有总结、没有升华、没有钻研而已。所以,如果想让自己的人生更灿烂多彩,就应该彻底转变那种"船员职业与其他行业不相关"、"船员一旦离开船,我是很难找到其他工作"的观念,能否成功关键还在于付出了多大努力,特别是年轻船员朋友。

话又说回来,看看其他行业,每年有多少金融专业的毕业生,而最终成为银行家的有几位;每年有多少文学专业的毕业生,最终成为作家的又有几位。放眼周围的人,有几位现在所从事的工作与其大学里所学的专业是完全对口的。其实,对于应用领域来说,科学知识是相互融会贯通的,经历和经验也是融会贯通的。

那么,海员如何做到爱岗敬业呢?

第一,要正确认识海员工作的意义和价值。

航海事业是一项崇高而重要的事业。海运作为一种运输方式,具有投资省、运价低、运量大和节能的优点,对促进国民经济的发展作用日益突出。航海事业是伟大而崇高的,同时也是艰苦的。据科学家的预测,随着科学的发展和人类对海洋的认识和开发,21世纪海洋工程将在科学上占有突出地位。我国拥有37万平方公里的领海,近300万平方公里可管辖海域,在世界海洋大国中名列第九。航海事业有着光明而辉煌的前景,每一个海员都应为自己所从事的事业而感到骄傲和自豪。

第二,对工作要认真严肃,精益求精,不断进取。

爱岗敬业不仅表现在对本职工作的真心喜爱上,还表现在对本职工作的认真负责、勤奋努力、精益求精、不断进取的实际行动上。随着我国航运业的不断发展和改革开放的不断深入,船舶运输的管理更加科学,这就对船员的业务水平、工作能力、职业素质提出了更高层次和更高规格的要求。面对严峻的挑战和考验,船员在工作中绝不能安于现状,固步自封、不思进取,而应当严格要求自己,与时俱进,对本职工作精益求精,敢于创新,不断改进工作方法和方式,并注意不断弥补改进工作中的缺陷和不足,努力提高自己的业务水平和职业技能,力争在工作中有新的建树。

第三,坚守岗位,履行岗位职责。

职业责任是指人们在一定职业活动中所承担的特定的职责,它包括人们应该做的工作以及应该承担的义务。职业活动是人一生中最基本的社会活动,凡是社会所需要的职业,社会都给它规定了具体的职业要求即职业责任,因此不存在没有责任的职业。职业责任是由社会分工决定的,是职业活动的中心,也是构成特定职业的基础,它往往通过行政的甚至法律的方式加以确定和维护。从事职业活动的当事人是否履行自己的职业责任,是这个当事人是否称职、是否胜任工作的尺度。

【补充阅读】

老外是这样管理船舶的——"COSCO SEATTLE"轮随船报告(节选)

船员日常工作和敬业精神

船舶的各项工作开展完全是以安全质量体系文件为准绳,体系文件具体、细致、全面,全体船员都能够自觉遵守。由于新船刚出厂投入运营后工作量大,新设备的运行还没有稳定,船员对设备操作还不一定很熟练,因此,他们加强了驾驶台、集控室的值班,无人机舱变有人机舱;进出港口提前派人瞭望,落实各项安全操作措施;复杂航区和进出港口时船长几乎都在驾驶台,轮机长都在机舱和集控室,一旦听到机舱警报轮机员会立即冲到现场,把故障及时排除。

公司明确船长的绝对权力。船舶出现问题公司直接处罚船长,所以船员的所有工作都对船长负责。船长在船舶的地位确立以后,大家根据体系要求应该报告的内容必须通过船长的批准。船长在船舶有经济权和人事权。船长的业务技术精湛,英语水平高,熟悉国际法规,平时对待船员十分严肃,威严得到充分的体现。只有在进行PARTY时与船员一起可以随便聊天,所以船员都是敬而远之。

平时船长与轮机长和大副谈事情比较多。船长的工作很认真,抵港备车以前就到驾驶台,并且亲自操纵船舶,所有车钟全部由船长自己操作。每天的中午油耗报告,船位报告都认真核查,并报告船公司和租家。船长对船舶费用支出、船期很关心。如离开香港时是星期日,代理已经安排了开船协助拖轮,但是拖轮公司忘了安排,等待了30分钟,他立即向代理提出按照船的固定费用 2 500 USD/每小时,要求向拖轮公司提出警告和索赔。在盐田装货时发现有多个 30 吨重箱装在第 5 层可能会影响稳性,更会影响绑扎强度,那样要走低纬度,增加航程,延长航行时间造成经济损失,船长立即与盐田中货副总进行交涉,提出意见,要求改进工作,防止类似情况发生。11 月 14 日东行船过日界线后应该重复一天,考虑当天是星期日,重复一天要多休息或者多付一天加班费,船长确定改为星期一重复一天,千方百计节约。

甲板部由克罗地亚籍大副负责制作保养计划。大副早上航行值班时,在驾驶台开出保养计划,水手长每天早上 06:30 时到驾驶台领取计划,按照大副要求具体实施。水手每天十足工作八小时,还要 2.5 小时固定加班。大副 8 点钟下班用餐,整个上午都在甲板部办公室工作,负责配载,坚持每天测量核对各油水舱存量,在甲板部办公室操作系统显示器上核对压载水系统、污水系统和各油舱的存量,再计算核对船舶稳性,必要时要求水头和三轨到现场去测量核实。

二副是德国人,比较年轻,对本职业务较熟悉。具体负责航海图书资料的改正,拟定航线后制定航行计划交给船长审批;负责 GMDSS 业务;兼职管理医疗设备,制作医疗报告,建立医疗台账。他一直在这家公司做,上次在 5762TEU 集装箱船上,出租给中海,对中国港口情况比较熟悉。

三副是菲律宾人,英语方言重。负责制作 MUSTER LIST(应急布置表),抵港前制作所需港口单证,船员和旅客清单。主要负责对消防、救生设备的养护。

甲板部的维修保养工作计划很有条理性,新设备活动部位加油活络,制作安全标志。除锈油漆都是按照实际受损面积进行,使用小刷子,补油漆呈椭圆形,而绝不会使用滚筒随意扩大面积。驾驶台,甲板,生活区内部始终保持整齐、清洁,公共场所保持干净卫生。抵达每一港口前,用淡水清洗甲板、生活区(室内每层地板清洁是由甲板部负责),底层内走廊地板铺垫大卷筒纸,防止搞脏生活区地板。船员无论是停泊还是航行值班大家都是认真负责,服从意识很强,对于本职工作极端负责,工作从来不偷懒,也不会迟到或者早退,保养工作保证质量。

驾驶员停泊期间在甲板控制室主要联系装卸业务,监控货物装卸作业、配载仪、压载水,及污水控制系统。甲板部办公室设有机舱设备监控屏,卫通电话,甲板部部门台账,船舶图书资料。隔壁是一间接待室,也有电脑、打印机、扫描仪,供干部船员查阅体系文件,制作台账,报表。查阅资料只能在现场,不能带走,大家都能自觉遵守。港方人员、代理办理抵港手续时,船长也在甲板接待室,不另外设其他接待室。

梯口值班人员极端认真,对外来人员登记发牌,共有四种不同颜色的牌子,区别不同来客(来客分进入生活区,甲板通道,工人作业,联系工作几种)。本船船员上下船都能自觉登记,以便能随时查到船员是否在船。有一次上海港代理急于上船办理进口手续,未经登记想进入生活区,当班船员立即将他拖出来,坚持要登记方可进入。梯口是由三名二水轮流值班,兼 ISPS 船舶保安,携带对讲机。有人员上船先通知大副,先由大副接待,大副再通知有关人员下来。船上对上下船人员的控制始终十分严密。而我们的梯口值班登记,总是不尽仁义,外来人员上船登记与实际上船人员不符,有时来客登记本也会遗失,对自己船员监控更加模糊,相比之下差别较大。

装卸作业期间三副与二副 6 小时轮值,大副负责装卸和日常事务的处理,大副白天 90% 的时间在甲板部办公室。三名一水停泊时负责看舱,对冷箱、危险品、特殊货物进行现场监装监卸，工班开始、结束和每个 BAY 开工结束时间作详细记录，开关舱盖板的时间均记录在"PORT OPERATION LOG"上。

港口检查和 ISPS 检查时，全船组成五个检查组，开船前一小时分别由大副、二副、三副、老轨、二轨负责，带领小组人员进行检查，检查人和责任人在检查结束后填写体系专用表格"SEARCH TEAM"，并签名存档。

靠离码头时，驾驶台有船长、大副和一水，收放舷梯和引水梯是由水头和二水负责，三副到船艏负责指挥系解缆，二副到船尾负责指挥。有个缺点是，船长开航前要与代理办理离港手续，大副开船时要与工头、理货签收装卸单证，备航的驾驶员离开驾驶台去前后指挥系解缆，有时引水员上驾驶台了，船长和大副还没有上来，驾驶台的交接不连贯。

开航准备严格执行船舶体系文件规定进行，按照"PASSAGE PLAN"（类似我们的航行计划及值班指导书）中的航行计划，以 CHECK LIST 形式逐项对照落实，项目不会遗漏。

每个船员要忠实履行岗位职责，就是要把一点一滴的小事做好，把一分一秒的时间抓牢。搞好每一项维修，做好每一次操作，填好每一张记录，算准每一个数据，完成好每一项航次任务。古人说：不积跬步，无以致千里；不善小事，何以成大器。从我做起，从小事做起，从本职工作做起，这或许就是对敬业精神最精辟的理解。

每个船员要忠实履行岗位职责，要反对玩忽职守的渎职行为。玩忽职守，即以不严肃的态度对待工作。渎职，即轻率马虎、不尽职责，在执行任务时犯错误。玩忽职守，渎职失职在法律上也有明确的规定，严重的将构成渎职罪、玩忽职守罪，重大责任事故要受到法律的制裁。在船舶上，玩忽职守，渎职失职的现象时有发生，造成严重后果和恶劣影响，应给予重视和警惕。

【典型事故案例】

船员离岗酿惨祸

1985 年 8 月 18 日下午 3 时，在太阳岛三联码头，"423"号渡轮满载尽兴而归的游客启航，由江北驶向南岸。开航前，船长未经请假擅离职守，上岸进餐。为按时渡客，轮机员酒后乘兴代职掌舵。开船后，随船跟班的公司安技科人员发现同公司的一名水手带一青年在驾驶室，规劝两青年进舱，以免影响航行。两位酒后无票乘船的青年不仅不听劝告，反而无理取闹。正在驾驶的张某闻声便右手执舵，对两青年说：叫你们下去就下去。两青年又辱骂张某，被激怒的张某忘记了自己正在掌舵的责任，放开舵轮，走出驾驶室参与争斗……船失去控制，翻转并沉入江底。发生内河运输史上罕见的恶性重大事故：全船 238 人，救起 67 名幸存者，161 人死亡，10 人失踪。位于下舱和机舱工作的船员全部淹死。

要忠实履行岗位职责，要做到"三明确"，即明确自己的岗位，明确做什么工作，明确工作到什么程度。每一名船员都有自己的工作岗位和职责，一旦失职，就会造成严重后果。船舶上每一个船员都要严肃执行岗位职责，按规定的规章制度去做，确保船舶正常安全航行。在任何情况下都要坚守岗位，反对当班时擅自离船、当班时候看书看报看电视、打电话等玩忽职守的行为。

第四，爱岗敬业，要做到爱船如家，精于管理。

有一首歌唱得好:水兵爱大海,战士爱刀枪,飞行员爱蓝天……那么海员应该爱轮船。对海员来说,爱祖国、爱航海不是抽象的,而是具体的,也就是说,这种爱要体现在爱船上。没有对船舶真挚的爱,没有强烈的主人翁责任感,就不会做到爱船如家,就不能体现出对航运事业真挚的爱。海员对船舶有特殊的感情。船员在船上的时间大大超过在家的时间,船舶是船员真正意义上的"第二个家庭",船舶是金钱,船舶是效益,船舶与每个船员的利益密切相连。船员离开了船就好像工人离开了工厂,农民离开了土地,战士离开了军营。

爱船如家,要求每个船员都把船舶视为自己生命的一部分,认真保养船,管理船。船舶保养得好,就能保证运输安全,就能延长船的寿命,减少投入,增大收益,就能保证船期,赢得信誉。海员应用全部的精力爱船、管船、养船和驾船。在这方面,中国远洋两个文明建设标兵船——"华铜海"轮作出了表率,被国际航运界誉为"中国出租船舶的一面旗帜"。它在服役期间实行全面质量管理,精心养护船舶,使船舶的衰老期不断推迟。这艘12年未进厂维修的巨大货轮,从甲板到机舱,到每个角落,处处整洁如新。它在大海上服役22年,主要设备仍然保护着出厂初期的性能,能跑环球航线。这艘船创造一流效益的四个原则是:装货到最大水尺,航线走最经济航线,非生产停泊时间最短,费用开支最省。12年间,"华铜海"轮节约修理费2 171万港元,节约修船期294天,如果将节约的船期换算成租金,就相当于多创收240万美元。"华铜海"轮无愧于标兵船的称号。由此可见,船员具有爱船如家、精于管理的敬业精神会创造出一流的工作质量和服务水平。

第五,吐故纳新,加强学习,提高岗位技能。

爱岗敬业还要做到吐故纳新,不断提高自己的业务水平。坚持不懈地学习党和国家的路线、方针、政策以及法律、法规,持之以恒地学习各种海运业务知识和相关知识,不断汲取新鲜的养分,才能坚定理想信念,才能保证自身业务水平和个人综合素质的不断提高,才能跟上时代的步伐,成为这个岗位上的业务能手,更好地为航海事业奉献自己的聪明才智。

【补充阅读】

一封致祖国各航海学校在校同学们和在职校友们的公开信

各位同学,各位校友,大家好!

今天我是以一个集美航校毕业生(1950)、一个从事航运五十四年的工作者和一个关心祖国航海教育的华侨身份在这个"新航海人"网站给您们写这封信。

在过去的五年内我非常荣幸能够回到祖国讲课,从2001年到2002年两次到我母校集美航海学院,2004年4月到大连海事大学,2005年4月到上海海事大学(以后简称三校)。在这段时间中每次回国都能看到祖国的航海教育在创新和进步,我也看到著名的瑞典世界海事大学已在大连海事大学和上海海事大学成立分校,并颁发硕士学位。这点可证明我国的航海教育已达国际水准,培养出来的学生,也可面对21世纪的挑战。说到这里可能有同学或许会问我,我们连外国的船都上不去又怎能去应战?

我国高级船员到外国船上工作的确是有一定的困难,因我们不熟悉他们的工作环境,规则和语言。但这个难题很快就有解决的办法。鉴于世界船队的日益增大和船员的缺乏,很多外国公司已经到我国成立管理培训班,如青岛的COSCO,挪威的Wallem(华林)与台湾的Trian Marine Corp. S. A. 已合作成立一个管理公司,并于今年9月16日开始营业。还有香港的Anglo Eastern Groups已与国内某公司合作培训我国船员,这两家仅是一个开端,还会有其他公司会跟进,就是我们所等的突破口。

毫无疑问,海上生活是寂寞和枯燥,尤其对已婚的同学来说,但我们既然考进航校就意味着我们对海有种向往,有抱负,所以毕业后上船工作是顺理成章的事。就像我,生长于海岛,喜爱大海,进航校,上船,回岸上工作和回校进修都是早有计划,按部就班从实习生,大二三副,船长,总船长,到船级社/国际公约验船师和退休后之海事顾问,一辈子都在航运界一路前行。54年来多少风风雨雨我都坚持走下来,虽无飞黄腾达但也可说是这方面的专业人士。现在我准备把这几十年累积下来的经历在这个"新航海人"网站上跟大家分享和研讨。

航海是一种罕见的职业,它是艰辛的,同时也是高报酬的工作,它能够让一个实习生在十年中成为一位受人尊敬的8 000个集装箱货轮的船长,负责一艘超过五千万美金价值的船和货。这样的成就在岸上是无法达到的。在另一方面,如果您选择在岸上工作,航校本科生可从政府单位如交通部,港务局,引水,货物检验员,船级社,船公司,集装箱码头,租船和保险等职业中选择一份适合自己的工作。大家请记住好的学历和英文程度,如能加上一个船长或轮机长专业的资历,永远是寻找工作时最好的本钱。

大家知道我国在明朝时曾经拥有一支世界最强大的船队,那就是郑和七次下西洋所率领的探险队,他的足迹遍及半个地球,他的成功让国家成为一个海上强国。根据一本由原英国海军军官 Mr. Gavin Menzies 所著之书"1421 The Year China Discovered America"的描述,郑和船队很有可能在抵达非洲东岸之后,继续南下绕过好望角进入大西洋然后到达中、北美洲,比哥伦布发现新大陆还要早。郑和之成功是由精良造船技术和优秀航海人员之配合而成,这种成绩和精神值得我们佩服和学习。

600年后的今天,我国的船队和造船业正在急速增大,随着长兴岛船厂的投入,我国造船吨位将由现在的第三升到世界的第一位。放眼看我国的船队,虽然散装和集装箱船队在三校毕业生和校友配合之下有着满意的成长,但VLCC和LNG船队却非常的缺乏。转眼看先进国家他们正在大量扩大LNG(液体天燃气)船队。在能源进口数量日益增大的21世纪,我国需由中东输入6 000万吨以上的原油,这个庞大的数目,九成是靠外籍VLCC油轮所承运,这是一笔非常巨大的外汇流失,我们应急思对策。

一个国家要强大富盛,一定要有先进的造船技术和优秀的航海人才,现在我们两者兼备,加上政府正确的方针政策和各方面的积极参与,我非常有信心在你们年轻一辈的共同努力之下,我国可在10年之内由今天的海上大国变成一个海上强国。作为一个中国人这是我们的责任,我们一定要全力以赴完成使命。

谢谢

柳辉
美国西雅图
2005年10月

Safer Shipping, Cleaner Ocean

国际海事组织(IMO)的宗旨和工作目标就是"航运更安全、海洋更清洁"

第二节　严把安全　崇尚环保

安全和环保,是海事管理的宗旨和目标,也是船员的基本职业道德要求。

一、严把安全

安全,即远离危险,远离事故,没有伤害和损失。一般意义上的安全是对人而言,海上运输上的"安全"也包括船舶和货物的完好无损。

1. 安全的重要意义

第一,安全就是幸福。

严把安全,是和谐社会对人民生命财产高度负责的表现。

人是世界上最宝贵的因素。注重安全,标志着对人的存在、人的价值、人的生命和肉体的肯定和尊重。

【补充阅读】

脑袋比脸重要

2002年秋的一天,俄罗斯总统普京收到了一封孩子的来信,孩子在信中说总统戴着安全帽不好看,希望总统以后不要再戴安全帽。原来不久前普京总统到一个石油公司去视察,他按规定戴上了安全帽,那位孩子在电视中看到后,认为普京戴安全帽没有不戴帅气,所以写来了这封信。

普京当即亲自给孩子写了回信,信中说:"亲爱的伊凡诺维奇,收到你的来信我很高兴。我也知道戴着安全帽不好看,但那里是生产现场,如果不戴安全帽就会出危险,按规定必须戴安全帽。我觉得一个人的脑袋比脸更重要,所以我想了再三还是戴了,你说呢?……"

【典型事故案例】

没有系紧安全帽,坠落钩头丧人命

2003年,某轮第42航次,从美国的新奥尔良港装2万吨豆粕前往罗马尼亚的康斯坦萨港卸。1月10日9时该轮完货后离泊驶往外锚地抛锚待命。当时阴天,东南风6级,涌浪2米。船舶左右摇摆5~7度,锚位距港口进口处4.3海里。船上组织人员进行清扫大舱工作,负责清扫No.4舱的有水手长、二副、驾助、报务员和3名水手。10时,准备吊舱内的垃圾,一水负责操纵吊杆,水手长负责指挥。10时23分,吊货钩头上悬挂的一根长约1.8米带有小铁钩的司令扣因船舶摇摆左右甩动,突然脱钩掉下No.4舱内,击中驾助的头部,造成其当场昏迷,前颅骨有一两指宽、四指长的开放性骨折。事故发生后,船医立即进行抢救,船长立即与公司航运代表联系,要求安排紧急医疗救助,同时船舶立即起锚进港。但毕竟伤势过重,经全力抢救无效死亡。

原因分析：

（1）安全防范意识不强。驾助所戴的安全帽绳带没有系紧，当低头弯腰时，安全帽就随即掉下，起不到安全保护作用，这是造成这起事故的直接主要原因。

（2）当钩头向下运行时，现场指挥人员没有及时提醒下面的工作人员。

没有船舶安全，就没有船员家庭幸福可言。因此，可以从职业道德的高度来认识培养安全意识的重要性。不安全的行为就是不道德的行为，它有损于国家，有损于企业，有损于家庭，是对企业、对家庭、对父母、对妻子、对儿女缺乏责任感的表现。江泽民总书记曾多次强调：人命关天的事，一定要慎之又慎，确保万无一失。海员要明确意识到：公司把一艘船交给我们就等于把上亿元的财产、几十条生命、几十个家庭都系于我们一身，责任重于泰山，决不能有任何大意和疏忽。无论是高级船员还是普通船员都要让安全意识在头脑中生根。

第二，安全就是效益，就是品牌。

远洋船舶属于技术密集型运输单位，一艘几万载重吨的船舶价值近亿元，相当于国家的一个中型企业，国家的巨额财产以及几十名船员的生命紧紧联系在一起，稍有疏忽就会导致船毁人亡的惨祸发生，给企业和国家造成的直接损失和间接损失难以估价。假如对海况研究不充分而导致海损事故发生，由于维修保养不到位而发生机械故障等等，损失船期、损坏设备、损坏货物，航次也就没有效益可言。因为连本都没有了，谈何图利？如某轮装运风力发电机设备，由于货物积载不良，在航经印度洋时发生了货物移动，出现货损不说，还造成大舱损伤，损失金额高达120万美元，本来一个预计赢利的航次就这样成了亏损航次。因此，安全就是效益，效益就是企业的发展。

安全不仅是企业船舶效益的保证，也是打开市场的最好通行证。一个公司、一艘船舶如果保证20年没有事故的发生，那么必将受到船舶所有人、承租人、货主的青睐，就会在竞争中取胜。从这个意义上可以推论出安全是效益的保证，效益是公司生存、船员生活的保证。

安全就是品牌。为推动中国航运安全文化的建设，鼓励航运公司及其船员自觉做好公司和船舶的安全管理工作，我国海事管理机构在每年2月到4月受理申请参评"安全诚信船舶"、"安全诚信船长"，参加评选的船舶、船长由各级海事管理机构层层把关，经过国家海事局专门的委员会审查，符合要求的，由国家海事局颁发有效期为24个月的"安全诚信船舶"、"安全诚信船长"证书。评上"安全诚信船舶"可免除24个月的船舶安全检查；"安全诚信船舶"由"安全诚信船长"连续在船担任船长，免除36个月的船舶安全检查，同时准许船舶优先办理进出港手续。

【补充阅读】

满足"安全诚信船舶"的条件：

（一）公司及其船舶已实施安全管理体系并取得DOC和SMC证书2年以上，且公司在最近3年内未被实施跟踪审核或附加审核（因管理机构变化引起的除外）。

（二）船龄为12年及以下的船舶，最近3年内在船舶安全检查或港口国监督检查中未发生滞留；船龄为12年以上的船舶，最近5年内在船舶安全检查或港口国监督检查中未发生滞留。

12个月内最近一次船舶安全检查或港口国监督检查记录良好，无严重缺陷。如12个月内未接受船舶安全检查或港口国监督检查,船舶应申请一次船舶安全检查。

(三)最近3年未发生安全污染责任事故。

(四)最近3年无违反有关海事法规的行为。

安全是航海人永恒的话题。安全第一,安全为本,安全是效益,安全是幸福,安全是生命。每位海员均要牢牢树立安全第一的思想,做到一切行动服从指挥。确保大海行船平安无险是海员道德基本的、重要的规范。

2. 严把安全的基本要求。

第一,要严格树立"安全第一"的思想。

安全意识是搞好航运事业的重要基础与保证,安全要年年讲,月月讲,天天讲,人人讲安全,人人保安全,每位海员都要努力培养自己的安全意识。可是,长期以来,有些海员安全意识淡漠。有人错误地认为:船舶年年平安,不会那么倒霉,事故就偏出在我身上。这种意识往往构成了事故发生的隐患。安全只有起点,没有终点。昨天的安全并不代表今天安全,更不能代表明天安全。该船员所在的船舶虽然没有出事故,但是并不能说明在安全管理上没有隐患和疏漏,也不能代表所有的船舶都不出事故。

【补充阅读】

学学外国船长的安全意识

在与外国人同船的几年中,给我印象最深的就是他们的安全意识,以及他们对安全的重视。每次安全会老外船长最常说的一句话是:我们天天在与危险做游戏。我们中国也有句谚语:出海行船三分险。这都是对航海这一特殊职业危险性的描述。一旦船舶发生危险事故,主要靠船员的自救。在远离陆地的大洋中几乎不可能得到岸基的直接支持。

我们天天在讲安全,事故却不断地发生。调查报告显示百分之八十以上的海上事故是由人为因素造成的。这就不难看出问题的关键是个人的安全意识。如果个人的安全意识提高到一定的高度,很多事故是可以避免的。

遇到紧急情况,我们通常会跑着赶到事故现场。我们的想法是尽快赶到,而老外船长对此却迷惑不解。问我,他们为什么要在甲板上跑呢?我解释说是因为着急。他说紧急情况下我们当然要动作迅速,但这并不意味着一定要跑,一旦滑倒受伤怎么办?其他人要帮助你,那谁去处理应急情况?他就遇到一个水手因在甲板上跑而滑倒,导致脊椎骨骨折,造成严重伤害。这里固然包含了一些东西方人在观念上的差异,但从安全的角度讲,我们没能做到自我保护。一个人连自己安全都保证不了,又怎么能够去帮助别人呢?

对于一些诸如手划破了,头碰了,脚扭了的小伤,我们从不在意。而老外船长每次遇到这种情况都要问个明白。每个人都觉得非常可笑,这点小伤根本不碍事。老外船长也看出我们的不屑一顾。他非常严肃认真地说,这一次你是幸运的,只受了轻伤,下一次怎么知道你还是幸运的呢?纠正了你这次不小心或者是误操作,也许就避免了下一次严重事故的发生。

一次,一名机工从楼梯上摔了下来,受了点轻伤。问及原因,是机舱警报响起,他慌忙中从楼梯上摔了下来的。此事不单单是由于着急,因为当时摔下来的时候正赶上鞋底掉了。在安全会上讨论这件事情的时候,大伙都笑了,觉得很滑稽。老外船长却要求所有的人检查自己的工作鞋。结果发现很多鞋有类似的质量问题。很显然事故发生的原因很可能是由于鞋的质量问题而导致的。于是他马上要求公司上一批新的工作鞋。并声明对此厂家生产的鞋船上拒绝接受。

外国人常说:Think safe,Act safe,Be safe。时刻想着安全,安全地操作,才能安全。我们却常常是把"安全第一"当成一种口号,忽略操作中的一些安全细节。在实际工作中不能用安全的准则来规范自己的行为。安全没能真正扎根在我们心里。

对于一个航海者来说,没有安全意识则一切无从谈起。我们该学习外国船长的安全意识,让"安全第一"不再仅仅是一句口号。

船舶安全,预防为主。安全不只是没有发生危险,更应该表现在能否对可能要面对的风险采取正确的解决措施,规避风险,化解危险源,能够做到尊重安全规律,准确把握安全趋势,控制安全走向。要善于借鉴好的做法、好的典型超前防范,不用流血换取教训,要用教训避免流血。要善于借鉴别人的经验教训,自己拿过来推而广之。例如,当得知其他船舶的WARTSILA副机因为连杆螺栓上紧不当而造成"伸腿"事故后,能否立即联系到自己所主管的同类型副机连杆螺栓的上紧方法是否正确?对液压工具的使用是否准确无误?是否会想到组织本船的轮机人员做一次液压工具使用的专项培训?

触目惊心的事实应使广大海员在头脑中绷紧安全这根弦。有人说:在战争中,小不忍则乱大谋;在安全上,小不防则酿大祸。

【补充阅读】

$100-1=0$

在某航运公司对新进厂职工进行的安全教育培训班上,培训员问职工:$100-1=?$,回答:等于99。"错!"培训员说,转身在黑板上写了个大大的"0",告诉大家,在安全工作上,$100-1=0$。

这就是影响深远的著名理论,叫"墨菲定律",定律指出,任何一件事情,如果客观存在着发生某种事故的可能性,不管这个可能性有多么小,但是如果重复去做时,事故总会在某一时刻发生。也就是说,只要有发生事故的可能性存在,不管其可能性有多么小,这个事故迟早会发生,这就是$100-1=0$的启示。从而它告诉我们,在安全生产工作中,有些小的隐患和违章行为在一次或几次过程中也许不能导致事故的发生,但在多次重复性的劳动中终究是会发生的,在生产中,人们有一种错误的想法,认为有些工作做不到位出现事故的可能性很小,小违章没什么,如外出巡查设备不戴安全帽,认为不会那么凑巧,空中就有东西掉到头上;不按照规定的时间和路线检查或者检查马虎、不认真,认为设备不会出现问题,形成了一种侥幸和麻痹思想。但是很多血淋淋的事故向我们显示,在事故发生前都是有原因、有前兆的,都是当事人在工作中不按程序做,走近路、图省事造成的。违章酿成事故,侥幸闯下大祸,到时后悔也来不及了。

$100-1$确确实实等于0,生命安全高于天,深似海。

船舶安全,要从小事着手,在细节处下功夫。安全无小事。因为,小事虽小,影响不小,往往有一丝的不到家,就潜伏着大事故、大隐患;有一丝的不到之处,就会从这个缺口扩大而酿成大祸。既然如此,无论在大事情上还是小事情上,都需要做到"滴水不漏"、"一丝不苟"。人们经常把事故的发生比做多米诺骨牌效应,即在事故发生的安全链中,如果能够及时发现并拿掉第一块倒下的骨牌,剩余的就会仍然站立,事故就不会发生。船员不要安于"还可以"或"差不多",要必求其尽善尽美。诚然,追求完美的过程,不可能一步到位,不管任何人、任何事都无法一次做到完美无缺。但是,要把"完美"当作一种目标装在心里,专注于自己的工作;要把"零缺陷、零违章"作为一种追求,尽自己的最大可能和努力,把我们应该做的、能够做的工作做细、做好、做精,最大限度地保证船舶的安全生产。

【补充阅读】

"海因里希"安全法则

"海因里希"安全法则,是美国著名安全工程师海因里希提出的300∶29∶1法则。这个法则意思是说,当一个企业有300个隐患或违章,必然要发生29起轻伤或故障,在这29起轻伤事故或故障当中,必然包含有一起重伤、死亡或重大事故。"海因里希法则"是美国人海因里希通过分析工伤事故的发生概率,为保险公司的经营提出的法则。这一法则完全可以用于海运企业的安全管理上,即在一件重大的事故背后必有29件"轻度"的事故,还有300件潜在的隐患。可怕的是对潜在性事故毫无觉察,或是麻木不仁,结果导致无法挽回的损失。了解"海因里希法则"的目的,是通过对事故成因的分析,让人们少走弯路,把事故消灭在萌芽状态。

第二,要遵纪守法。

严格遵守国际、国内与本职工作紧密相关的法律、法规、公约、条约及条例,遵守职业纪律和各项规章制度,保证船舶安全航行。

海员要严格遵守与职业密切相关的国际法律、法规、公约、条例,诸如国际上各种安全公约、避碰规则、船舶营运条例等,并且要熟悉所到国家港口的地方性法律、法规,还要遵守我国有关部门制定的职业纪律和各项规章制度。

安全公约、法规和船舶各项规章制度是长期实践经验的总结,是科学性、实践性和针对性的有机结合,是船员在船上进行各种操作的准绳,只有严格执行才可以最大限度地消除隐患,减少事故发生率。各岗位船员必须熟知与本人职责相关的安全规章制度和安全操作规程,并做到严格遵守,按章操作。现在,船舶安全管理工作最重要的并不是缺少管理制度,缺少的是对规章制度条款不折不扣的执行。纵观以往出现的航海事故,无一不能从没有严格的遵守有关规章制度方面找到缩影。

各行各业均有其规章制度,尤其是远洋航行的规章制度更为严格细致。驾驶员在航行值班时就如船舶的眼睛和神经中枢,要有高度的安全责任感,时时保持高度警惕,不能有侥幸心理。如值班人员要严格执行有关驾驶的规定,保持驾驶台良好的工作秩序,经常核对自动舵、电罗经、雷达等重要设备的工作状况,做到班前、班中不喝酒,不擅离职守,谨慎驾驶,精心瞭望,安全礼让,不开英雄船。有些新的驾驶员一看其他船舶超过自己就不服气,也要超过它。对方一般速度很快,遇到这种情况应让开一点,因为万一双手操舵失误就很容易发生碰撞。

又如根据防偷渡工作的特点,船舶要严格梯口值班制度,确保梯口24小时不离人。无论严寒或酷暑,值班人员都以高度的责任感要求自己。在离港检查时严格认真,对任何蛛丝马迹都不放过,并组织复查,直至确认无误,使离港检查真正做到"100%的时间、100%的空间、100%的人员"。

【案例分析】

检查不周,难防偷渡

2002年3月9日,某轮从厄立特里亚的马萨瓦港离港后,于3月13日在阿曼湾航行途中才发现2名厄立特里亚的偷渡者躲藏在右救生艇内。公司与数个港口协商,都无法遣返该2名偷渡者,直至4月13日抵科伦坡港才移交给兄弟公司的船舶遣返偷渡者回国。

原因分析:

(1) 思想麻痹,没有认识到防偷渡工作的重要性。尽管反复学习了公司有关规定指示,也制定了相应措施,但落实不到位。

(2) 检查工作不严密,离港前检查责任人只是查看了救生艇外部,没有打开救生艇水密门进去检查,一时的疏忽带来30多天的麻烦。

船舶看起来是个庞然大物,像海上钢铁长城一样,但是碰撞起来就不堪一击,故应尽量为他船提供方便。船在雾中、狭水道、渔区航行时,遇到有疑虑或没有十分把握的局面,应按规则要求,请船长上驾驶台;港内航行,要防止高速浪损,发生碰撞;浪损他船或他物时,决不能违背职业良心,逃避责任;爱护救生、消防设备,不断地进行救生、消防演习,做到有备无患……

【典型事故案例】

疏于瞭望 造成船舶碰撞

2003年4月27日凌晨,某轮在大连装货后开航,前往湛江加载。4月30日11时50分,该轮三副交班:计划航向243度,罗经航向243度;航速:13.4节;天气:晴,东北风6级,大浪,能见度7海里。船头左舷30-40度前方6海里左右处有4条渔船,船艏正前方有2条渔船从左向右驶行。

二副接班后为了避让渔船下令向左调整航向到225度,值班水手将航向稳定在225度后,打上自动舵就进行瞭望。船长大约在11时52分上驾驶台,拟写中午船位报告并到驾驶台前面瞭望,等待二副的中午报告。约12时15分船长拟好中午船位报告,看了一下雷达,认为渔船距离较远,只提醒二副注意,就到电报房去发报。约12时25分,值班水手看到在右舷前方30度左右,距离大约3海里的海面上有1条小渔船向左斜插,便告知恰好从海图室出来的二副。当右舷渔船距该轮0.71海里时,值班水手再次提醒二副,并回到了操舵的位置。二副说"没事,它不敢过来"。过了一会儿二副问"现在航向多少?"水手回答"225度。"这时渔船向右转向后又突然向左转。约12时39分,二副命令水手改用手操舵,并走215度,水手还没回答完舵令,二副又接着要左20度、左满舵,水手在确定是要左满舵后将舵操到左满舵,船艏向左转,即刚有舵效时,该轮与渔船发生了碰撞,此时12时42分。与此同时,船长正好从电报房出来,听到二副要舵令的声音,正好看到渔船的船尾在该轮船头的右侧位置,即马上拉车钟停车,很快又看到渔船从船头左边出来,但已经翻扣在水面。

原因分析:

(1) 二副责任心差,没有保持正规的瞭望,从接班到发生碰撞,将近一半的时间在海图室,没有对渔船的动态保持连续观察判断。

（2）在两船相遇构成碰撞危险时，没有及早地、大幅度地采取避让行动。当在渔船从距离 3 海里缩短至 0.5 海里而方位一直处在右舷 30 多度不变，紧迫局面已经形成的情况下，仍未能运用良好的船艺采取正确的避让措施，错过了让开渔船的最后时机。

（3）没有充分利用 ARPA 雷达等助航仪器协助瞭望，也没有使用汽笛给对方以警告，直到发生碰撞前都没有正确使用车舵配合等避让措施，当渔船接近到 0.7 海里时，仍然使用自动舵。

（4）船长安全意识淡薄，虽然也到驾驶台前面瞭望海面，却没有对周围海域进行认真观察，没有对附近渔船进行仔细核测。

（5）船长没有按《质量管理程序文件》要求对包括二副在内的新上船船员进行岗前培训。对二副的表现和业务水平不了解，尤其是在航行中没有对二副进行实际考核，导致不能对二副实行有效的指导和监督。

安全不原谅疏忽与无知。船行海上，风险兼程，严格纪律与真诚关心并不相悖，事故从来不因眼泪而消弭，也不会同情弱者。特定的工作环境使船员日常工作、生活中的一根安全带、一项安全帽、一个烟头、一个操作动作、一项操作规程、一道工作顺序……都变得如此重要，稍有疏忽闪失，就会导致意想不到的后果，轻则伤筋动骨，重则头破血流，乃至危及生命。事故的后果是"放大"的，"疏忽"或者"不知道"带来的很有可能就是伤残的人生时光和破碎的家庭。

形形色色的海损事故提醒海员，要时刻牢记"安全第一"的宗旨，抓好防碰撞、防火、防工伤、防搁浅、防机损五个重点方面工作，严格按照相关规定和操作规程，按章作业，遵守劳动纪律，做到一切有章可循，杜绝一切不安全因素，确保船舶安全行驶。

第三，强化执行力，服从指挥。

海员在航行过程中应突出地做到一切行动听指挥，只有这样才能统一意志，统一行动，才能确保船舶营运安全。

安全是航运企业的生命线，安全永远是船舶工作的重中之重。船舶安全涉及到船舶设备、技术规范、人为因素等方方面面。随着现代化科学技术的发展，尤其是优质材料、计算机和通讯技术的运用，使得船舶设备、技术等"硬件"的质量可靠性大为提高，而由于没有执行力的人为因素造成直接或间接的船舶安全和污染事故占事故总量的 80%，是船舶安全管理的最大"黑洞"，所以强化执行力是确保安全的关键。

执行力是确保船舶安全的关键所在，赢在执行。海员要形成自觉的习惯，在工作中一丝不苟地服从命令，听从指挥，扎扎实实地做好每项本职工作，遵章守规，保证船舶安全行驶。

He that can not obey can not command

不懂服从的人，也不宜指挥别人

服从指挥主要有三个含义。其一是一切调度听从安排。船舶的运输生产和人员换班是由上级部门下达命令实施的，往往有这种情况发生：有的海员因航线不理想或对某船不满意或想拖延一段时间上船以便和亲人过传统节日等原因而不服从调动，以种种借口拒绝上船或者挖空心思托人上满意的船。企业如果调动船员失灵，就会误了船期，生产无法正常进行，企业也就无信誉可言。因此，每名船员必须做到服从调度指挥，这是完成航运任务的根本保证。其二是一切行动听从指挥，船员上船后无论是工作、休息还是到港观光购物，都要做到一切行动听从指挥,统一行动,避免漏船和其他事故的发生,决不能凭想当然办事。诚然,保证安全第一,一切行动服从指挥主要靠船员主动做到,但同时也要靠严格管理以助船员养成自觉性。其三,一切行动听指挥,包括船舶领导、管理者的指挥,更包括海事管理部门的指挥。《中华人民共和国内河交通安全管理条例》规定,"船舶、浮动设施遇险时,有关部门和人员必须积极协助海事管理机构做好救助工作,遇险现场和附近的船舶、人员,必须服从海事管理机构的统一调度和指挥。";"违反本条例的规定,遇险现场和附近的船舶、船员不服从海事管理机构的统一调度和指挥的,由海事管理机构给予警告,并可以对责任船员给予暂扣适任证书或者其他适任证件 3 个月至 6 个月直至吊销适任证书或者其他适任证件的处罚。"

【海员博客】

我谈服从意识

最后一点是服从意识。这在外派中是绝对的,不容含糊。只有服从意识强,才易于管理。否则,若船长怕对大副失去同学情谊,而大副又与某二水有亲戚关系,这样在安排工作时,谁是老大?"Yes,Sir"虽然人人都会说,但在安排工作时讨价还价似乎是中国人的习惯,很少有几个很爽快地说"Yes,Sir"并确实去做的。这些我是深有体会的。实习时两年都与印度船员在一起工作,水手、机工对 OFFICER 的吩咐,没有第二种行动选择;实习后与国内的水手机工一起,有时对工作安排的讨价还价比菜市场还热闹。我与印度人在一起工作过很长时间,对他们比较了解,因而感触也比较深。印度船员的服从意识之强,我们远不及人家;他们"Yes,Sir""Sorry,Sir"说个不停,工作配合很好,只要下命令就只有一个答复"Yes,Sir"。我们绝大多数人认为印度船员能力不强,只是凭英语好才能干,这是错误的和片面的;他们是有一点死脑筋,但是对船公司或租家的要求,都能做得尽善尽美,从不要花枪。如果我们能够像他们一样做事认真,加上学好英语,这航海市场将是我们的。

第四,要改变吸烟、酗酒等不良习惯,消除安全隐患。

嗜酒,在世界范围内已成为严重的社会问题,归根结底是严重地影响(或者被认为是破坏)人们的身心健康,影响了社会的安定。许多国家已不得不采取有力的措施加以防治。现在大多数航海国家意识到,在他们的船上,潜伏着因饮酒带来的危险。特别是在现代化的船上,机械化程度越高,船员的人数越来越少,船员在海上酗酒的可能性远比过去大,因此,航海业中应对酒精中毒危害做大力的宣传和不懈的斗争。STCW 公约马尼拉修正案,严格要求船长、高级船员及其他船员在执行安全、保安和海洋环境保护职务时,其血液中酒精含量不超过 0.05% 或者呼吸中的酒精含量不超过 0.25 mg/L。

船上许多部位严禁烟火,船员吸烟有时就成为安全的隐患。因此许多航运公司对船员吸烟十分忌讳,禁止在舱内及货舱口附近等部位吸烟,杜绝船员躺在床上吸烟或乱扔烟蒂。某轮渡公司的一名水手曾在船舶停航时,在汽车舱吸烟。结果,因为违反了禁止吸烟的安全守则,这名水手被当即解除了劳动合同,丢掉了"饭碗"。仅仅因为一支香烟。这个小故事似乎从一个侧面告诉我们,航运公司对于安全的重视程度。

【典型事故案例】

喝酒过多,坠落海中

2003年11月8日,天津港30段码头巴拿马籍客轮"胜利之星"缓缓地收起舷梯,甲板上许多船员向码头上的边检民警挥着手,不停地用英语说着"Thank you"。

当天凌晨,几名船员摇摇晃晃地返回轮船时,其中一人一头栽进海里。黑暗中,落水男子根本无法抓住船上扔下的救生圈,只能紧紧抓住码头边上的防撞盘,半个身子泡在海里。在民警和附近一名下到水里工人的努力下,落水男子终于被拉上码头,但其手脚已经冻僵,神志恍惚。据了解,落水的男子是韩国人,当时喝多了酒,才失足掉进海里。

吸烟、酗酒不仅对身体有害,而且对航行安全构成危害,因此请校园里的航海学子务必远离吸烟、酗酒。

【典型事故案例】

酒醉吸烟酿大祸　青年丧火海

某年2月6日12时50分许,停泊在舟山市普陀区墩头船舶修造厂码头的"浙普渔61127号"渔船发生火灾,死一人,直接经济损失5 000元左右。

据现场知情和目击群众反映,2月5日夜9时,死者柳某与几个朋友一起开始打麻将,一直到次日上午9时许结束,酣战了10多个小时。解散后,死者到一快餐厅喝酒、吃饭,一餐下来一人喝了二、三斤老酒(黄酒),脸带醉意于中午11时左右上船休息。

火灾事故发生后,当地警方会同渔监等有关部门进行了周密细致的调查,通过现场勘察、外围调查以及尸体解剖,确认此次火灾系死者酒醉后吸烟引发的。渔休季节,大小渔船都拢洋休作,再加上气候干燥,极易发生火灾,酿成火烧连营的惨剧。为此,消防部门告诫群众一定要注意用火用电安全,加强船舶停泊港区的值班、巡查,防患于未然。

第五,防止船员疲劳,杜绝事故隐患。

疲劳也是引起海难事故的重要原因之一。美国的一个研究睡眠问题的小组在1993年的一份报告中指出:睡眠不足将导致疲劳和工作能力变差。1996年一份提交给MSC(国际海事组织IMO海上安全委员会)第67次会议的报告中也指出:疲劳主要与睡眠的持续时间和质量有直接关系,没有足够睡眠时间的人很容易产生疲劳。日本海事研究学会1993年的一份报告指出:50%搁浅和38%的碰撞事故是由于疲劳和缺少睡眠引起的。IMO人为因素工作组专门研究海上安全和环境保护中的人为因素,其研究结果表明,超过80%的海上事故是人为因素引起的,其中人的疲劳因素占比最大。美国海岸警卫队通过对279件海上事故分析得出了类似的结论,约16%的重大事故和33%的人身伤亡事故与船员疲劳有关。

通过对船舶碰撞、触礁、搁浅等海上事故的分析可以更加清晰地发现,深夜和凌晨是上述事故的高发时段。而这个时段通常是一个人生理上的低潮期间,表现为注意力不集中、反应速度慢、判断能力下降。如果再加上疲倦、困乏等因素更容易造成事故的频发。

因疲劳造成巨大损失的最典型案例是"Exxon Valdez"溢油案,该事故直接促成了美国《1990年油污染法案》的出台。1989年3月4日午夜,油轮"Exxon Valdez"在阿拉斯加州威廉王子海峡的布莱暗礁触礁搁浅，造成 1100 万加仑的原油泄漏，直接经济损失高达 25 亿美元。据美国国家运输安全委员会（NTSB）调查，事故发生前 24 小时内，值班驾驶员只睡了 5~6 小时，疲劳很可能就是造成这次事故的最根本原因。

2006 年某日凌晨，在中国沿海，一艘集装箱轮与一艘货轮的尾部碰撞，造成货轮沉没。据公司的内部调查材料来看，事故发生的直接原因很可能也是当值驾驶员疲劳驾驶所致。

从研究报告和调查结论，从一桩桩已曝光或未曝光的海上事故可以清晰地看到疲劳是发生海上事故最大的诱因。预防和控制疲劳的产生成为国际海事界一项日益重要的课题。

STCW 公约马尼拉修正案明确了防止疲劳的具体措施，将防止船员疲劳作为此次修订重要内容，规定船员最低休息时间在任何 24 小时时间段内不得少于 10 小时，且在任何 7 天时间内不得少于 77 小时。《中华人民共和国海船船员值班规则》136~139 条也对船员工作和休息时间做出了明确规定。

公约的强制规定在制度上对保障船员充足的休息时间提供了法律依据。

因此，航运公司应充分意识到保证船员充足的休息时间对船舶和人员安全的重要性，并在制度的制定和程序的可操作性上予以完善，结合船型和航线情况对具体的执行措施予以规定。其次，要适当减轻船员的工作量。航运公司也应立足长远，视自身情况加大对船舶修理和保养的投入力度，相应减轻船员日常维修保养的工作量，从而为保障船员充足的休息时间提供条件。同时，船舶应建立起严格的监督检查制度，通过教育和处罚等措施，严肃处理沉迷于麻将、棋牌、游戏等严重影响船舶正常休息和航行值班的违章活动。维护好船舶的正常工作次序。

【补充阅读】

中华人民共和国海船船员值班规则

第九章 船员健康适任要求

第一百三十五条 每一艘海船，不得以低于主管机关颁发的船舶最低安全配员证书中所列数目和级别的数额配备船员。

第一百三十六条 船长应采取有效措施防止疲劳操作。所有参加值班的船员在 24 小时内必须有至少 10 小时的休息时间。休息时间可以分开，但不超过两段时间，其中一段时间至少要有 6 小时。

第一百三十七条 本规则第一百三十六条规定的 10 小时最短休息时间可以减少到不少于 6 小时，条件是这种降低不得超过每周 2 天，同时，每周提供的休息时间不得少于 70 小时。

第一百三十八条 在紧急、操演及特殊情况时，可以不保持规则第一百三十七条规定的对休息时间的要求。

第一百三十九条 一定时间内的平均工作小时最长每天不应超过 12 小时。工作小时的一般规定可以不计必需的日常工作，如就餐替人或正常交接班所需的额外时间。

第一百四十条 各船应将值班安排表张贴在易见之处。船上应做好船员工作小时和休息时间的记录，以备主管机关检查，以保证有关工作小时和休息时间的规定得以执行。这种检查每六个月进行一次。

第一百四十一条 船长在安排船员值班时，应充分考虑女性船员的生理特点和国家的有关规定。

第一百四十二条 严禁船员酗酒,值班人员在值班前四小时内禁止喝酒,且值班期间血液中的酒精含量不得超过0.08%。

第一百四十三条 严禁船员服用可能导致不能安全值班的药物。严禁船员有吸毒和贩毒行为。

第六,加强培训,提高技能,预防事故。

船舶发生事故主要由人、船、环境三个因素构成,其中决定性因素是人。有数据表明80%以上的海上事故都是由人为因素造成的,而过去那种"听命于天"的情况,随着科学技术的提高和先进设备的应用而逐步成为历史。在很多情况下,我们可以通过人的因素,扭转被动局面,避免事故的发生。船舶虽有新旧差别,但事故的实际发生率并非以新旧定论,还是人的因素起主导作用。如果船员安全意识提高了,业务素质过硬了,有些看似可能发生的事故也会及时得到避免。因此船员要加强培训,在规范化操作的同时不断更新知识。当今船舶技术发展迅猛,自动化程度越来越高,老船员在知识上需要及时补充,而新船员亦需加强实操锻炼积累经验,否则就会在安全上造成不稳定因素。

【补充阅读】

生产经营单位应当对从业人员进行安全生产教育和培训,保证从业人员具备必要的安全生产知识,熟悉有关安全生产规章制度和操作规程,掌握本岗位的安全操作技能,未经安全生产教育和培训合格的从业人员,不得上岗作业。

——选自《中华人民共和国安全生产法》第二十一条

二、崇尚环保

1. 航运业与海洋环境污染

我国位于太平洋西岸,大陆海岸线长达1.84万公里,加上岛屿共3.2万公里,拥有渤海、黄海、东海和南海四大海域。我国海区有500平方米以上的岛屿6 536个,拥有12海里领海权的海域面积37万平方公里,管辖的200海里领海、毗连区、专属经济区和部分国际海底区域面积近300万平方公里,相当于我国陆地面积的1/3。

1994年11月6日生效的《联合国海洋公约》规定沿海国家领海为12海里,沿海国家可以享有200海里的"专属经济区"。国务委员、国家科委主任宋健曾指出:"中华民族今天和明天的希望在海洋。"海洋是有着巨大经济潜力的资源库。它不仅是一个取之不尽、用之不竭的工业基地、农业基地和食品来源基地,而且是一个可供人类将来居住和生活的新大陆,同时又是一个征服世界的桥梁和通道,一个人类角逐的重要战场。

有关资料表明:在海底的大千世界中,不仅有绚丽多彩的总数达20万种的海洋生物,而且有无尽的资源宝藏。随着陆地资源的日益减少和世界各国对海洋重要性的关注迅速增强,人类逐渐把目光转向占地球表面积71%而且储藏着丰富自然资源的海洋。地球生物资源的4/5在海洋,海洋每年为人类提供30亿吨水产品。海洋给人类提供食物的能力,相当于全球耕地的1 000多倍,而目前人类仅利用了海洋资源的1%。海洋矿物资源总量为6 000亿吨,亦为陆地的1 000多倍,其中,人类开发太空和深海所需的高级稀有金属90%以上储藏在海底。因此,世界各海洋国家正在把控制并开发海洋作为21世纪的战略重点来抓。

海洋也是人类文明的摇篮。据历史学家考证,在8 000年前人类的海洋文明就诞生了。在东方的中国兴起了前太平洋文明,在西方兴起了地中海文明。公元前16～11世纪,中国前太平洋文明使人类海洋文明进入第一高潮时期。公元前11～公元5世纪,人类海洋文明在地中海进入第二高潮时期。以后的时代,地中海文明、大西洋文明交替出现,公元1945～1985年是从大西洋文明时代向太平洋文明时代过渡的时期。有人预测21世纪世界将进入太平洋、大西洋、印度洋的环大洋文明时代,环大洋岸边的国家将是发展的黄金大海岸。海洋作为商品经济和环球贸易的第一载体,它的决定性作用将日益突出。保护海洋就是保护我们的财富和未来。

人类文明来自大海,人类的发展依赖大海,大海还将是人类的归宿。可是,人类却没有善待大海,而是把大海作为垃圾箱、排污场,发生了多起触目惊心、令人心碎的海洋污染。

海洋污染是指人类在生产和生活活动中直接或间接地把污染物质和能量引入海洋环境,超过了海洋环境的自净能力,因而造成损害海洋生物资源、危害人类健康、妨碍海洋经济活动等有害影响。

海洋垃圾与石油污染使大海遭受了致命的劫难。一位科学家做过一项统计:世界上每天有1 700万名旅客在海上航行,每年产生垃圾2.8万吨;在海上航行的商船9 000艘,每名船员每天产生0.8千克垃圾,一年共11万吨,其中63%是纸张,15%是金属,10%是纺织品,10%是玻璃,1%是塑料和橡胶制品。此外,全世界有300万艘游艇,每年产生垃圾十几万吨;有12万艘渔船,每年产生垃圾34万吨;各国的军舰每年也产生垃圾7.4万吨。如果把从船上扔进海里的剩饭残羹和由于事故沉没的船体都计算在内,那么全世界由于海上航行每年产生的固体废物总计有600多万吨。大量废物堆积在海底,使绚丽的海底世界狼籍不堪,不仅毁坏了传统的海底世界,而且严重妨碍了渔业捕捞和航行。此外,石油污染、工业倾废也给海洋生物带来了灭顶之灾。油船如果在航行途中由于触礁、碰撞、搁浅、着火等意外情况而发生海难事故,就会在很短时间内使大量石油倾入海洋,这一般称为"海上船舶溢油"。这种溢油事故几乎年年发生,少则几起,多则几十起。

航运业污染正在慢慢影响着我们的生活,我们却一度将它遗忘。

据IMO关于船舶温室气体减排研究发现,船舶的二氧化碳排放量估计占世界二氧化碳排放总量的1.8%左右。

海洋中35%的污染来自船舶。根据有关资料统计,海洋环境污染中有35%的污染为船舶污染,其中最主要是油类物质。据估计每年由于石油运输活动,排放到海洋中的石油高达100多万吨,是人类其他活动泄入海洋石油的10倍。

【补充阅读】

油轮污染事件

1989年3月23日夜,悬挂美国国旗的当时世界上最大最新的超级油船"艾克森·瓦尔代兹"轮从阿拉斯加州瓦尔代兹港起航,将17.6万吨原油运往加利福尼亚州洛杉矶的长滩港。出港后遇到浮冰群,改变了航线,不久就在距港240公里外的威廉王子湾附近触礁漏油。7 800平方公里的海面到处漂着油膜,受污染的海岸长达2 000公里。据调查,当年年底就有1 016只水獭、36 470只海鸟、150只白头鹰因油污染死亡。有人认为,这个数字只是真实情况的 10%～30%。自古以来生存在这一地区的 1 万多只海獭遭灭顶之灾。溢油事故给当地的经济造成了巨大的损失,有 23 个渔场因此关闭,1 500 多名渔民失业,全年捕鱼量不及常年的一半,盛产的鲱鱼等因被油污染而不能捕捞,一年损失 7.5 亿美元。海岸的污染还给当地的旅游业以毁灭性的打击。为了清除这些油污,艾克森航运公司一年就花费了 320 亿美元,其中包括用人力 11 000 人次,船舶 1 430 艘次,飞机 84 架次,卡车 173 台,购置围油栏 15 万米,消油剂 2 000 多吨,蒸汽去污机 490 台,塑料袋 40 多万只。船长约瑟夫·赫兹沃尔德因失职被法院处以 5 万美金罚金,并被勒令参加清理海面油污的劳动 1 000 小时。该船所属的艾克森公司应负的赔偿损失高达 1 亿美元。但是,生态学家认为,赔偿额再大,也无法弥补污染给当地生态环境造成的危害。

另一份统计数据显示,到 2006 年,全球商船运力已达 89.19 亿载重吨,庞大的船队给环境带来巨大负面影响。据统计,世界各地民用船舶,超过 100 吨的已登记约 52 000 艘,每年耗用燃油约 5 亿吨,随之而来对环保影响是,燃油燃烧每年释放出 16 亿吨二氧化碳和 3 000 万吨二氧化硫,令温室效应及空气污染加剧。

2. 全球航运业推动"绿色航运"

大海在哭泣,大海向人类发出了黄牌警告。21 世纪,如果人类不能抓住"最后的机会"拯救地球和人类自己,就只能导致生态系统的失衡、倒退甚至崩溃,就只能迎来人类的末日。所幸的是,人类已经开始了可持续发展的深层思考,人类社会跨世纪的发展战略已应运而生。在全球都在疾呼环保的时代,作为航运业而言,在为经济发展带来贡献的同时,又该如何"洁身自好"? 2007 年 6 月 6 日,在上海召开的"2007 航运科技与安全国际会议"上,全球航运界领袖喊出了"节能减排"的共同心声。

【补充阅读】

什么是节能减排?

节能减排指的是减少能源浪费和降低废气排放。我国"十一五"规划纲要提出,"十一五"期间单位国内生产总值能耗降低 20% 左右、主要污染物排放总量减少 10%。这是贯彻落实科学发展观、构建社会主义和谐社会的重大举措;是建设资源节约型、环境友好型社会的必然选择;是推进经济结构调整,转变增长方式的必由之路;是维护中华民族长远利益的必然要求。

海洋环境污染、大气污染、温室效应和能源危机是人类生存环境的死敌,迫切需要国际社会和众多国际性组织共同来关注航运业,大力发展"绿色航运",最大限度地减少船舶营运对海洋环境、大气环境、人命财产安全的风险,以及能源的浪费。船舶设计的不断改进,尤其是绿色船舶技术的广泛应用,从燃料动力、船舶结构等方面不断改进,使得船舶造成的海洋污染逐渐减少,从而有利于海洋环境保护。

"绿色航运"不仅是指防止船舶造成海洋环境污染,更重要的是强调航运效益和环境的相互协调,使之可持续发展,不因当代人的急功近利而牺牲后代人的长远利益。

在大气污染控制方面,世界各相关组织已着力研究新型船用发动机,改进柴油机的燃烧和控制或减少船舶二氧化碳等的排放。美国洛杉矶港海域推行 12 海里以内减速航行以减少进出港船舶的主机燃油耗量、推行"绿色港口政策",要求货轮停靠码头后关闭船用发电机,改为使用岸电。为保护好海洋和空气环境,挪威船东协会推出环境新政策,挪威船队将停止向海空排放有害物。

据了解,挪威通过高科技使得本国船队二氧化碳降低20%,每年降低的二氧化氮量相当于32 000辆汽车所排放的总量。其下一创意和突破将是燃料电池。燃料电池不需要充电,无声、清洁、有效,采用液化天然气和燃料电池的船舶每年可减少污染排放:180吨氮氧化物相当于20 000台私家车一年排放量;33吨的二氧化硫;4 755吨的二氧化碳。

我国的中远集运2003年正式实施了环境管理体系,并不断应用新的环保技术,致力于成为一个"绿色服务"提供者。自2005年美国长滩港实施绿色港口环保计划以来,中远集运一直积极响应。2005年及2006年,中远集运已连续两年荣膺环保绿旗奖,所有挂靠船舶达标率为92%。

3. 做一个"崇尚环保"的现代海员

第一,要树立"海洋环境"意识。

诚然,海洋本身有着巨大的自然净化能力。一些有害物质进入海洋之后,污染物质可以不断地被扩散、稀释、氧化、还原和降解,使海洋得到净化。但是,海洋的这种自净能力也不是无限的,当大量的有害物质进入海洋,超越一定海域的自净能力时,这个海域即会遭到污染。大量的民用垃圾和工业垃圾被抛弃在海洋里,严重损害着近岸海区的水产资源。它们侵占了海底的肥田沃土,把自古以来祖祖辈辈生活在海底的鱼类和贝类埋进了"坟墓"。不仅如此,大量的垃圾进入海洋,使海水中各种病菌滋生,还给人类带来各种传染病。海洋垃圾横流,浊浪拍岸,毒气弥漫,贻害无穷,致使海洋生物锐减,人类灾害不断……这一切都在向我们发出警告,海洋为人类创造的良好环境已经遭到了严重的破坏,人类已经自觉不自觉地干出了许多破坏海洋资源的蠢事。人类必须明白,我们只有一个地球,我们只有一片海洋。

要想从根本上治理海洋污染,防胜于治,即仍是要从人类自身做起:一方面制定各种法规抵制海洋污染;另一方面要从人们思想深处树立爱护海洋光荣、污染海洋可耻的道德观念。我们虽然无法在茫茫大海上插上"不许乱扔脏物"的牌子,但是我们要把这几个字印在每一位"地球村"公民的脑海里,保持大海的清澈湛蓝,尤其是每一位海员要培养自身的蓝色意识与绿色意识,做环境保护的模范。

第二,要树立可持续发展理念。

挪威船级社船检人员早就流行着这样的一句格言,它为航运界开启了环保的"理性之门"。这句话是:我们手中的世界并非继承于我们的父母,而是暂时从我们的后代那里借用。人类的任何活动都会影响环境,我们每个人都会给生态留下活动的印记。1987年第42届联合国大会上通过的题为《我们共同的未来》的报告,明确了可持续发展的定义。其定义为:"既满足当代人的需要,又不致损害子孙后代满足其需要之能力的发展。"我国在1992年党的十四届五中全会正式把可持续发展作为一个实现跨世纪发展宏伟目标的重大战略。

所谓可持续发展战略主要包括两方面内容:一是可持续发展的目的是发展,即发展是第一位的;二是发展的形式具有持续性,即发展必须以保护环境为重要前提,努力使资源、环境的承载能力与社会经济发展相协调。

一生中与大海接触最多的海员要确立可持续发展观,培养自身的蓝色意识、绿色意识,做"地球村"的文明公民。

大海虽然广袤无垠,资源丰富,但是并不是只有人类才有享用它的权利。人类没有理由剥夺其他海中生物对水、空气、食物、栖息地等自然资源与环境享用的权利。人类对大海的污染直接剥夺妨碍了其他海洋生物生存的权利,是违背航海可持续发展伦理道德原则的,是不道德的。此外,当代人享有海洋资源的权利也并不是无限的,就像人类可以食用鱼类等生物,但不能把其捕光,要顾及子孙后代生存及享有资源的权利。前人给我们留下的这片古老的水域,当代人必须对之珍惜和保护,给后代人留有休养生息的余地。我们不能从狭隘的利己主义出发,疯狂地掠夺资源,不能给我们的后代留下废物横流、生物灭绝、一片死寂的大海,因为这对他们显然有失公平。

航海可持续发展观强调国际协作。同地球上其他的资源一样,大海是人类共同的资源。人类像个偌大的家族,每个成员均有享受资源的权利,同时也负有保护大海资源与环境的义务。"地球村"的所有村民都要加强国际间的协作,为保护共同生存的地球而建立起真正的全球关系,共同遵守保护海洋的国际法准则。

第三,在航海实践中做一个环保使者。

首先,保持大海的洁净。对海员来讲,最重要的是不向海洋乱抛垃圾。船舶生活垃圾要及时装袋,按照国际防污规则处理。

据统计,仅仅是世界的商船每天扔进海里的塑料容器就达 5 000 只,全世界由于海上航行每年产生的固体废物总计 600 万吨之多,那么 10 年?100 年呢?1 000 年呢?海洋的容量是有限的。大量废物堆积海底,使绚丽的海底变得狼籍不堪,不仅毁坏了传统的海底渔场,而且严重妨碍了捕捞和航行。因此,保持大海的清澈湛蓝,不污染海洋,不向海里乱扔垃圾,应是海员的最基本的道德要求。

【补充阅读】

这个扳手真贵

1 月 10 日下午,一货轮因环保意识淡薄,为找区区一扳手而违章排放油污水,结果被罚款 1 万元。

1 月 10 日上午约 10 时,湛江海事局港区处海事执法人员在进行日常巡查时,在侨联码头北段发现,正在装货的南京籍"强发 668"轮正用潜水泵向舷外排放舱底污油水,造成该轮内舷、船尾水面约 20 平方水域遭受油污染。海事执法人员当即登船予以制止并进行调查取证。

经查,该轮于 10 日凌晨从福建平潭驶到湛江,9 时 45 分左右,该轮船员在进行机舱日常维护时,一把扳手掉落舱底,浸没于舱底水之中。为找扳手,当班人员用潜水泵向舷外抽舱底水。在海事执法人员责令和监督下,船员停止其违章排放污油水的行为,10 时 15 分,该轮组织船员,用拖把、胶桶等工具,将污油水进行回收,至 12 时 20 分,海面的污油水全部清理完毕。

10 日下午,湛江海事局港区处根据《中华人民共和国海洋环境保护法》等,决定对该轮罚款 1 万元人民币。

其次,保护海洋生物,维护海洋生态平衡。海洋内栖息着上百万种姿态各异的海洋生物,构成绚丽多彩的海底世界,形成了庞大的海洋生物圈。人类必须自觉地把自身置于整个生物圈的相互依存的网络中,在自身的发展活动中,积极主动地促进生态系统的良性循环。

海员应该积极保护海洋生物,维护海洋生态平衡,从日常生活小事做起,要防止自身行为对海洋生物的生存构成危害,要形成习惯,形成风气。

【海员博客】

海鸥是环保能手　请渔民兄弟手下留情

从事捕捞业的孙先生,痛心地诉说了在海上捕捞时看到的一幕幕滥杀海鸥的惨景,呼吁渔民兄弟不要再随意捕食海鸥了。

据孙先生介绍,他从前年开始在舟山的渔船上工作,发现同事们在捕鱼之余还喜欢三五成群在一起捉海鸥。而捉海鸥的目的不为别的,就为满足口腹之欲。听着海鸥凄惨的叫声,看着同事们在厨房里忙不迭地拔毛、清洗,孙先生心中有说不出的难受,几次劝阻都没有用。

后来孙先生发现其他船上的船员也有类似行为,在他记忆中抓到海鸥数量最多的一次共有30多只。他想通过本报对所有喜欢捕食海鸥的人说,不要因为你们一时兴起的行为而伤害地球上另外一种生命,破坏生态平衡!

【相关链接】

海鸥是一种有益的环保动物,它们是捕食害虫的能手。在海滨和沙滩上,人们随手抛弃的断鱼残虾、残羹剩饭或动物的尸体,海鸥能吃得一干二净,保持海面或沙滩的清洁,被称为"义务清洁工"。

再次,培养节约的良好习惯。

节水。海员虽然一生都和水打交道,但是能够饮用的淡水却是异常珍重的。世界上现存淡水确属稀缺,有关资料表明,全球总贮水量估计为13.9亿立方千米,但其中淡水总量仅为0.36亿立方千米,除极地冰山和冰川外,可利用的淡水总量不足世界总贮水量的1%。淡水对海员来说尤为珍贵。在一艘远离祖国的船上,淡水可以说是生命之水,滴滴贵如油。尤其在恶劣海况出现之时,淡水补充是头等大事。随着全球变暖现象的日趋严重,一些国家会禁止出口淡水。例如,拥有占全球20%的淡水资源的加拿大始终坚持禁止大批出口淡水,他们预计本国日后的水资源可能与如今中东阿拉伯国家的石油相媲美。因此,海员在日常生活中应严格计划用水,自觉节约每一滴淡水。

节能。船舶节能的方法很多,海员要不断追求技术改革和创新,在船舶航行时根据航行计划要求,及时调整主机车速,以达到最佳航速,降低油耗;平时对机舱设备加强维修保养工作,杜绝设备产生"跑、冒、滴、漏"现象。少开空调,不开无用的照明。船舶根据到港时间,掌握风、流情况,合理使用经济航速,同时选择安全、有效的航线航行,避免"之"字形航行,以节省燃油等等。

【补充阅读】

精于管理，勤俭节约

青岛远洋运输公司"胶州海"轮优秀船长沙明宗以主人翁爱船如家的责任感带领全船人员，几年来，精打细算，点滴节约。船上有上千米的管路系统，由于风吹浪打及日晒雨淋，锈蚀很快。根据技术测定，4 毫米厚的管子，如果不精心保养，3～4 年便可烂穿。沙明宗发动船员认真除锈涂漆。结果，8 年以后的管子，除了个别位置难以保养更新外，其他均延寿至今。船上 4 部克令吊的 8 根钢丝绳，全部是进口专用钢丝，每根外汇人民币达 6500 多元。为了保证钢丝无锈，"胶州海"轮坚持每个航次把钢丝油一次，从不间断。在船员们的精心维护下，3～4 年就要更换一次的钢丝一直安全用了 9 年之久，仅此一项，就节约了外汇人民币 5 万余元。

为了节约经费，沙明宗不怕麻烦，亲自掌管着各种物料的出入账单，严格按规定发放使用，要求每个人分管的工具、劳保用品及各种物料，件件账物相符。哪个环节出了问题，是谁的责任，一目了然。曾有一名报务员休假时带走了报房的一套未用的工具，沙船长发现后即按原物的价值扣除了该同志的奖金，并以此为典型对全船进行了教育。

船员每次休假时，装行李的啤酒箱就要带上好几个，一个人往往要用几十米绳子来捆行李。如用尼龙绳，每米价值约 1.5 元，天长日久，这笔费用是个不小的数字。对此，沙船长也有自己独到的管理办法。他规定用一种价格只及尼龙绳 1/4 的麻绳捆绑行李，并统一了捆绑方法。船员休假时，由专人负责，按每件行李 7 米的长度发给绑用绳。

有人说远洋船舶使用费用昂贵惊人，手一松就会造成很大浪费。每一位远洋船员应该以"胶州海"轮为榜样，严格管理，认真做到精于管理，勤俭节约。

最后，海员要恪守船所到国家、港口及内海的环境保护规则，保持他国自然海域及生态环境的洁净及平衡。由于各个国家经济发展水平的差异，除了国际海洋环境保护公约的统一规定外，各国又纷纷制定了不同的本国的海洋环境、海洋生物、海洋资源的保护措施。例如，有的国家不允许垂钓不合尺寸的鱼，有的国家规定对往海洋中扔垃圾者实行重罚，还有的国家对违反规则者判处监禁……中国海员要像爱护自己国家领海一样爱护所到国的领海，保证做到不向大海抛垃圾，把自己的一切行为均纳入可持续发展所要求的轨道，保证可持续发展战略的实施。

【补充阅读】

新加坡严惩"垃圾虫"

素以清洁美丽而著称于世的新加坡曾签署了一项防止海洋受到船只污染的国际公约，并且重新修订了有关法律，进一步加强港口管理，对进入新加坡港口的本国和外国船只进行更严格的检查，对乱扔垃圾者处以更严厉处罚。

在新加坡，所有长度达 12 米的船只，必须在船上张贴告示，警告船员和乘客不要扔垃圾入海；而排水量达 400 吨或者载客超过 14 人的船只，必须安装适当的收集和处理垃圾设备。

法律还规定，如果有人向海洋乱扔垃圾，最高罚款将由原来的一万新加坡元提高到 2 万新加坡元（近 10 万人民币），还要判罚坐牢两年。

The winds and waves are always on the side of the ablest navigators
狂风恶浪难不倒有才能的航海家

第三节 钻研业务 提高技能

一、钻研业务、提高技能的含义

海员的职业技能,广义地讲,是海员在职业活动中履行职业责任应具备的各种能力。它不仅指专业知识与技术能力,还包括运用专业知识与技术解决实际问题的能力等。一份德国职业技术界"关键能力"的培养计划把职业的"关键能力"概括为五项:任务的组织与实施能力、交流与合作能力、学习和工作的使用能力、单独或集体承担责任的责任心、心理和体力的承受能力。这样"职业能力"可以包括实际操作能力、处理业务的能力、创新能力、协调能力、心理状态的调节能力等。

每位海员都要刻苦钻研和精通本职业务技术,具有精湛的业务水平,这样才能做到有效尽职地保养船,开好船,才能称为称职的海员。试想,一名热爱航海的海员,却没有过硬的本领,那他如何能在自己的职业岗位上做出贡献,又何谈具有职业道德呢?因此,作为职业道德规范,提高技能要求海员树立勤业、精业意识,立足本职、脚踏实地、孜孜不倦、锲而不舍,努力使自己成为精通业务的能手,认真履行岗位责任制,尽职尽责地完成航运任务。

古今中外,凡是在工作中做出突出贡献的劳动者,都具有刻苦钻研精神,都熟练地掌握了本职工作的技能、要领。

【补充阅读】

画一个圈 = 10 000 美元

每一种职业活动都有并需要高超的专门知识和技术:《庄子·养生》中"庖丁解牛"的故事说,庖丁的技术水平达到"游刃有余"的境界。

德国物理学家奥本海默年轻时的一则故事:曾经有一家工厂的大型电机出现故障,导致无法生产。很多维修技师均无法找到问题所在,于是他们找到了奥本海默,希望他能解决问题。奥本海默来到现场,经过一番诊断,在机箱外壳一处很简单地用粉笔画了一个圈,并告诉厂家机箱内部这个圈的位置有根线束短路,并收费 10 000 美元。厂家拆开机箱后,发现确实是由此产生的故障,但是抱怨收费过高。奥本海默道:"我用粉笔画个圈收费 1 美元,但是知道在哪里画圈收费 9 999 美元。"

全国交通系统劳动模范、北京市汽车修理公司总工程师魏俊强勤奋钻研,通过电话听汽车发动机声音可以判断出汽车故障,其修车技术达到炉火纯青的地步。许多优秀的轮机员也可以在烦躁的机舱中听声音辨故障。

常言道:"英雄无用武之地"、"处理关系的重要性一点儿也不亚于才干的重要性。"说明了社会交往能力、协调能力也是职业能力中不容忽视的一个方面。海员要通过情感、态度、思想、观点等各种信息的交流,来控制、激励和协调他人的活动,相互配合,从而建立良好的协作关系,建立具有高度合作和良好人际关系的团队,以应对复杂的航海环境,尤其是应急情况。

二、钻研业务、提高技能的重要性

1. 钻研业务、提高技能是实现航行安全的必备条件

船舶安全的关键是人的因素,因而保证人命、财产安全和防止海洋污染就成了每一位海员义不容辞的责任。海员的不正当操作是造成海上事故的主要原因,而这其中不乏由于海员业务素质不高而导致的。这些人对于有些工作因不知道应该如何去做而不去做,或者干脆盲目瞎做,从而导致事故的发生或者加剧了事故的后果。所以,海员要不断加强自我的教育和培训,不断提高自身的综合素质,才能确保船舶的营运安全。

【补充阅读】

船舶误报警　忙煞海事人

2007年以来,船舶误报警事件频频发生,亟待引起船公司和相关船舶经营管理者的高度重视。

7月14日10时15分,定海海事处接到舟山海事局总值班室紧急来电:一艘名为"丰源"的船舶在金塘水域发出AIS遇险求救信号。根据发射的求救信号,定海海事处锁定遇险船舶位置大致在金塘沥港水域一带,指令金塘办事处立即赶赴现场搜救。

金塘办事处执法人员利用VHF甚高频与该船进行联系无果,当即指令途经该水域的"飞舟5"、"舟海晶7"轮进行瞭望,沿途搜寻,并出动执法巡逻车在沥港岸线巡查。至12时20分,经执法人员的不懈努力及多方提供的船位数据,推算出遇险船舶的准确位置,并在沥港金舟船厂码头找到停靠稳当的船舶。

经调查,方知虚惊一场,原来该船在金舟船厂船修,于7月14日10时左右安装驾驶台AIS仪器设备并调试时,水手误按求救发射钮,以致造成AIS的误发射。现场执法人员随即向上级部门汇报,并解除警报。事后,海事部门对船方予以警告的同时,要求船方加强安全管理,切实维护好航行设备,并引以为戒,杜绝类似事件的发生。

针对各类事故险情的误报警,海事部门表示,将进一步加强对无线电遇险报警设备管理的检查,并告诫船公司和船舶经营管理者要加强日常管理,避免误报警,避免造成不良影响和不必要经济损失。

——原载《舟山日报》2007-07-20

2. 钻研业务、提高技能是航海技术不断发展的必然要求

21世纪,我国海上运输业的发展将逐步进入现代化,水陆客运趋向高速化、豪华化,货运向多功能、集装箱化和流滚化方向发展,运输管理水平日趋先进,电脑联网、电脑监控日趋完善,服务网络日益健全。在航海科技迅猛发展的今天,对海员业务水平的要求越来越高,此外管理知识、法律法规、语言能力的高需求给现代海员提供了无限的拓展空间。

随着航海技术的发展,现代航海者需要掌握越来越多的新知识,特别是自动化方面的知识。众所周知,航海技术首先是在以下三个方面实现自动化:一是导航手段的自动化,如避碰雷达和全球卫星定位系统的应用;二是通信手段的自动化,如GMDSS的应用;三是船舶动力推进装置的自动化,如无人机舱的问世。所有这些,无不是自动化与微电子技术发展的结果。这就要求现代航海者不仅要掌握传统的航海知识与技术，还要掌握与当前技术水平相适应的新知识、新技术。目前西方航海教育中就十分注意加强自动化及计算机方面的教育。因此，只有不断刻苦钻研业务，跟上日新月异的知识更新步伐，用现代科学技术武装头脑，才能适应形势的发展，胜任航海工作。

时代要求远洋海员不仅要掌握本职技术，而且要做到一职多能，技术全面。未来海员队伍构成的变化，将打破传统的海员分工体制，现代海员需掌握多种航海技术，以更好地为企业服务。早在10年前日本的一些航运公司就尝试"驾机合一"、"机电合一"的管理，以NAVIXLINE的"新鹰丸"为例：船舶配员为12人，其中有船长、大副、二副、轮机长、大管轮、二管轮、报务员、厨工2人、修理工3人。在船舶靠离码头时，由报务员代舵工操舵，3名维修工既要懂甲板设备的操作与维修，又要了解机舱设备的操作与维修。驾机合一、机电合一、驾通合一的分工体制在许多国家的许多船舶上已成为现实，这种"合一"为船舶所有人节省了大量的管理和劳动力成本，提高了营运效益。这种海员职责的不断重叠，要求海员掌握多种航海技术，做到一职多能和技术全面。谁做到这些，谁的竞争力就强，谁的机会就多，谁就能更好地为企业服务。

一艘价值上亿美元的现代化集装箱船舶上，海员总共才十几个人。这样一艘现代化的船舶离开"以人为本"的原则，建造得再好，设备再先进，但缺乏训练有素的海员来操作，不仅一事无成，还会给船公司带来无法估计的损失。所有这一切让船东认识到，操作船舶的海员才是船公司得以生存和发展的基础，许多国际航运企业都非常重视海员的业务技能培训。加强海员队伍的人事管理，尤其是强化高级海员的培训和考核已成为船公司各项管理工作中的重中之重。

作为青年学生，从走上工作岗位乃至入学的那一天开始，就要树立起远大的职业理想，以工作岗位为人生的又一个起点，奋力拼搏，不断钻研科学知识，积聚力量，为航海事业发展，为实现中华腾飞插上坚挺的翅膀。

3. 钻研业务，提高技能是海员个人成才，实现人生价值的必经之路

进入21世纪，我们将面临前所未有的挑战和机遇。机遇只给有准备的人，当机遇来临时，你准备好了没有？当机遇来临时，但愿我们不要"失之交臂"。把握机遇靠什么？靠的是领先一步的知识准备、孜孜不倦地钻研业务。因此，钻研业务的过程是成才的过程，也是做好工作的前提，只有不断钻研业务，本职工作做得好，人生价值的追求及其实现才有机会和可能。

显然，成功者的背后往往是一条艰辛之路，这条艰辛之路就是不断地钻研业务，不断地提高技能，而个人成功的时候，正是工作做好、业务水平渐入佳境的时候，也是人生价值实现的时候。

【补充阅读】

驰骋长江的女船长

在举世瞩目的三峡大坝工地上，专程来参加大坝开工典礼的李鹏委员长亲切接见了一位身着船长制服的中年女性并合影留念。这成了世界各地新闻媒体和人们关注的焦点。在以险峻著称于世的长江三峡，究竟是一位什么样的女性，工作在大型涉外旅游船船长的岗位上，从容不迫地劈波斩浪？她，就是任中国长航集团长江轮船海外旅游总公司所属的长江第

一代豪华旅游船"神女"轮的船长蔡建书。

她安全航行53万公里无任何安全责任事故;接待中外游客3万余人次,多次被指定接待国家领导人和国内外知名人士考察三峡;她所在的神女轮1997年被授予"中国长航集团文明船"称号,1998年被授予"全国内河四星级文明客船"称号;她本人多次被长江轮船海外旅游总公司授予"先进生产者"称号和公司"三学先进个人"称号,1996年被中国长江航运集团授予职工自学成才先进个人称号,1998年被评为"全国交通系统劳动模范",1999年被授予"全国五一劳动奖章",2000年被评为全国劳动模范。

船舶驾驶的工作,在行业传统和平常人看来,压根儿是男子汉干的事,而命运则将蔡建书偏偏安排到不适合女娃儿干的这一行。

20多年前,蔡建书顶替父亲,上了"人民6号"登陆艇当了一名水手。从那时起她就默默鼓励自己,要立足水手岗位发愤成才,将来要当一名驯服长江的女驾驶员,成为一名女船长。

开始,船上不少师傅认为,女娃儿当水手、学驾驶,反正是凑热闹、当陪衬,是就业困难时的权宜之计,干几年都得改行上岸。但是重庆至汉口跑几趟水下来,男人师傅们见蔡建书这女娃儿与众不同,她身材高大,手脚麻利,做事泼辣,不怕脏、苦、累,有着过人的气质和特点。

做清洁,她与男水手一道拖地板、抹舱壁,做得干净利索。编解队,她穿起救生衣,甩撇缆,拉钢丝打缆桩不亚于其他男水手。修船时,敲锈、打油漆,常常是与男水手完成同样的工作量。上船之后两个月里,蔡建书已令师傅们刮目相看,统编解队、抛绞锚、做清洁、打油漆、敲锈、推划子等水手工艺,她都能样样运用自如。

为提高自己的业务能力,一有时间她便抓紧学习舵工、驾驶员的知识。只见她一天到晚拿着一本航道图,站在舷边,对照地名和航标熟记航道,默记地名。为了便于记忆,她特意在床边墙上贴满各种航道、水文资料,早晚揣摩,随时默记背诵。

真是功夫不负有心人,在蔡建书学徒工两年转正之日,她同时成为一名正式舵工。就这样,蔡建书凭着自己的勤奋和天赋,完全靠自学成才,历10年磨砺,终于成长为一名女船长,1997年4月正式调任"神女"轮任职。

【小思考】
蔡建书依靠什么由一名普通的水手成长为赫赫有名的女船长?

4. 钻研业务,提高技能也是海员适应市场经济人才竞争的需要

适者生存,这是自然界生存的基本法则。在当今社会,知识更新的速度不断加快,我们今天掌握的知识,或许到明天就会过时。如果我们放弃学习,就会停滞不前,就会做不好工作,甚至不能胜任本职工作;而如果文化和技术跟不上发展的要求,就难于在自己的岗位上立足,就会被时代淘汰。莎士比亚说过:"聪明的人善于抓住机遇,更聪明的人善于创造机遇"。无论是"抓住机遇"或"创造机遇",都需要知识的"含金量",否则,即使有再多的机遇给你,你都不可能把握。因此,我们要立足于学习,时时更新知识,不断掌握新技术,跟上时代发展步伐,这样才能在激烈的竞争中得以生存,才能不使自己面临"失业"的危险。

同样,作为当代海员,在技术最先进的集装箱等现代化船舶工作,如果不注重学习,如果不追求新知识,如果不在竞争中谋求发展,长此以往也势必会被淘汰出局。形势迫使我们必须有一颗"学习心",自觉、主动地学习。学,而知不足;知不足,则更要学。

总之，面对科技发展，面对激烈竞争，每个人对学习都应该有一种紧迫感和危机感，要懂得逆水行舟、不进则退的道理；要立足于学习，激发学习的欲望，养成学习的习惯，培养学习的能力，确立"终身学习"的理念；要努力使自己的知识水平和劳动技能，跟上科学的发展、管理的进步，在不断地学习和实践中确立自身新的竞争优势。

三、钻研业务、提高技能的基本要求

1. 认真学好文化基础和专业理论知识，打好成才立业基础

业务素质反映了海员指挥、控制、操作船舶及其设备的能力，其中包括理论水平和实践经验。理论来源于实践，又指导实践，只有在一定理论基础上的实践，才是理性而非盲目的实践，才能不断提高实践水平。目前，青年学生中有轻视书本知识的思潮，认为书本上的理论不符合实际情况，当然，我国目前的确存在着某些教材滞后的现象，但要辩证地看待这个问题，不能全盘否定。我们提倡：认真学习理论，在实践中发现理论的局限性，在实践中不断发展它，从而使实践活动更有主动性、积极性和创造性。

从以往毕业生反馈的信息中得知：不少学生参加工作后才感觉到文化知识的重要性，于是重新拿起曾经不愿翻动的书本。因此，作为青年学生，应该珍惜在校期间的大好时光，除了认真学习基础理论和专业知识、潜心钻研业务外，还要学好有关的社会科学，拓宽知识面，充分认识我国的国情，把握航海科学技术动态，为在未来的工作岗位上建功立业创造条件。

钻研业务、提高技能不在早晚。从现在做起，赶快行动。

【补充阅读】

新战舰见证中国士兵奋然崛起

"2005年度感动青岛十佳人物"评选结果揭晓："哈尔滨"舰燃气轮机班班长朱桂全榜上有名。

"哈尔滨"舰，让中国士兵见识了什么叫现代化战舰，也同时了解到我国海军使用舰用燃气轮机，比西方国家晚了38年！

如何迎头赶上？"哈尔滨"舰舰员培训备受海军首长的关注。那年，机电部门59名官兵成建制来到长江之滨，进入海军工程大学接受培训。

一幕场景，让朱桂全至今记忆犹新：他走进学院现代化的机舱模拟集控室，只见装备面板上的标识是英文，荧光屏上显示的是英文，随机资料和图表也都是英文……对着墙壁上悬挂的燃气轮机内部构造剖示图，他看了半天，"压根就没认出那是个什么东西。"

接下来的文化摸底考试，59人中只有几个人及格，朱桂全只考了7分！

教员找到带队的机电长吴晏，摊开两手，一脸无奈："你们必须重新选人来培训，这样的舰员我们没法教！"吴晏叹息："没有再好的舰员了，就这59人，还是反复选拔挑出来的！"

一声长叹，反映了当时中国海军舰员素质与现代化战舰要求差距。

明月高悬，朱桂全茫然地坐在学校路边的一棵梧桐树下，心里像开锅一样地翻腾："以前在第一代、第二代老舰当'锅炉兵'，只要能吃苦、会开关阀门就行了。如今，在新舰上当一个兵咋这么难呢？"

战舰由机械化向信息化的转型，让朱桂全和战友们面临一场空前的"生存危机"。第二天，他请求教员："给我一次机会，如果学不好任凭发落！"

背水一战！朱桂全和战友们开始了一次史无前例的"行军"。

每天早上5点钟，他就爬起来背记单词，晚上熄灯后，他还在被窝里打着手电默记。为熟悉操纵台，他找来一张大纸，把450多个指甲盖大小的按钮全部画下来，标上字母，涂上颜色，用手指按着图上的"按钮"默记。时值盛夏，宿舍像个火炉，汗水顺着胳膊淌下，浸湿了图纸，手指上沾满了颜料……

整整70天，长江之滨的校园，见证了中国士兵背负使命的奋然崛起。

培训结束，朱桂全成绩名列前茅。海军验委会对全舰官兵验收考核，理论考核及格率为96%，操作考试及格率为100%。

1994年5月，"哈尔滨"舰正式服役的第二天，生产厂方保障的技术人员就全部撤离，完全由官兵自己驾驭这艘现代化巨舰。

学然后知不足。越是深钻苦研，朱桂全越觉得现代化燃气轮机奥妙无穷。为了悟透智能信息控制系统"人机对话"的奥秘，他对燃气轮机5个主系统、20个分系统、26个仪表、154个阀门、足有好几公里长的管线进行"地毯式"的"探摸分析"。高压空气系统好似战舰经络，盘根错节遍布全舰各个部位，各种管路摸一遍就得花上半个月时间。朱桂全钻舱底，上桅杆，沿管道一寸一寸地爬行摸索，边摸边记。

一次，他打着手电，钻进了又深又黑的进气道。爬到半道上，突然没电了，他一下子在黑洞洞的舱底迷了路。他拼命敲打舰体钢板，半点回音也没有。幸好，班里一个战士看见他钻进了进气道，开饭时还未见出来，这个战士钻进去找到了朱桂全，把他引了出来。

寒来暑往，朱桂全——这位昔日的"锅炉兵"在信息化的航道上迅跑。他编写出海军第一部燃气轮机训练操作规程，主持编写了《燃气轮机及附属系统使用保养规则》。经有关专家认可并修改完善，成为海军通用教材和考核标准，填补了国内在这一领域的空白。

朱桂全感动了战友，也感动了外籍专家。在一次联谊活动中，来舰服务的国外某公司一位专家向自己的太太这样介绍朱桂全："A REAL GAS TURBINE MAN！（一个真正的燃气轮机人）"

【小思考】

短短的七十天培训，这些文化基础非常薄弱的战士们是如何逐步通过机舱培训考核的，其中说明了什么道理？从战士到专家，又证明了什么？

2. 积极参加各项学习培训活动，提高自身的业务素质

海员要具备较高的业务素质，需要不断"充电"。所有的培训都离不开以下两方面：

（1）知识培训。这是培训的基本内容，是海员成长的根本保证。常见的知识培训包括：专业知识、安全知识、应急知识、人文科学、政策法规、语言能力等各方面。这些是广大海员增长航海知识、满足履约要求、值得终生学习的主要内容。

（2）技能培训。这是培训的重点，技能是指对所学知识的灵活运用。航海本身就是一种技能型的职业，海员有时不能顺利完成某项工作，并非他不具备相应的专业知识，而是缺乏相应的职业技能。海员的职业技能只有经过训练来巩固，可采用模拟器训练、模拟训练以及实习与见习相结合的办法去实现。

另外海员还应注重自身的态度培训，在重视知识和技能培训的同时，更应加强对自身职

业、安全的态度教育。只有端正了态度,才能肯学、肯干,思想上对安全才重视,人为失误才有望控制,这样的培训才算成功的培训。

许多航海业界的专家认为,光靠 IMO 的强制培训项目来支持和丰富海员的业务素养,就显得面太窄。因为除强制培训项目外,我国参加一些重要但属于非 SOLAS 公约强制培训项目的人很少。造成先进的设备不能发挥应有的效用,船舶货物得不到妥善照管。因此培训内容的全面性是丰富海员经历,提高海员业务素质的关键。

【补充阅读】

学习型船舶

随着国内一些著名公司船队结构的调整,新船大船越来越多,但是目前部分驾驶员、轮机员自学的热情和能力不够,岗位知识的掌握和了解不全面,甚至不熟悉国际公约和新的 VIQ 检查规则,单靠船长单枪匹马应对大石油公司、PSC、FSC 检查官的"一路追杀",有点势单力薄。而且,这也对船舶综合管理带来缺陷。由此,开展培训在船海员的岗位技能,提升他们的知识层面,提高他们的英语阅读、理解和对话交流能力,已是紧迫任务,行业需要一大批优秀的海员来管理这些"移动的国土"。许多船舶针对海员队伍素质和船舶管理水平与世界一流船队存在差距的情况,提出了要以创建"学习型船舶"活动为载体,带动其他工作的深入开展。

中海油运公司的"柳林湾"轮开辟相关的学习园地,引导海员不断把学习引向深入,在学习中积累知识、提升素质。开办流动图书室,让海员跟随书籍和影片去了解中国深厚的历史文化,窥探世界发展和进步的轨迹;开辟异国览风专栏,向海员介绍航线所经之国,展示异国风土人情、地理概况、旅游景点及风俗;开设海上英语课堂,以"每日一词"和"每周一句"的形式,组织和引导海员在日常生活中感受和学习英语,提高英语会话能力;建立每周一次的"安全教育培训日"制度,把每个星期天作为培训日,开展安全教育,学习国际公约、规则和 SMS 文件、应急知识、技能和演练,引导海员提高做好本职工作的本领。

"柳林湾"轮创建"学习型船舶"的成功之处在于贯彻学以致用原则,坚持三个结合:第一,学习与安全相结合。"柳林湾"轮实施的"安全教育培训日",起到了学习与安全相结合的良好效果。通过学习的不断深入,海员们加深了对国际公约、规则的理解,熟悉了自己的职责;第二,学习与应用相结合。在英语学习中,船上针对不同层次的海员采取不同的学习方法,改变了以往在国外港口有人上船因无法交流而造成的尴尬。经过电脑教学,大多数海员都能熟练操作电脑,不但给工作带来了方便,也给海员文化娱乐提供了条件;第三,学习和技术攻关相结合。"柳林湾"轮坚持把学习和技术攻关结合起来,在攻关中学习,在学习中攻关,不但进一步了解了设备性能,也提高了判断故障和解决故障的能力。

3. 培养吃苦耐劳精神,勇攀技术高峰

从主观上讲,人人都希望事业上的成功,但是人的主观努力程度,还会受到客观因素的影响,此时最需要人的毅力和持之以恒的精神,而这种意志品质首先要求吃苦耐劳。

【补充阅读】

当代工人的楷模许振超

青岛港桥吊队队长许振超今年 54 岁,是"文革"时期毕业的"老三届"。这个年龄层次的群体,受教育少,年龄偏大,相当一部分人成为下岗再就业的"特困户"。国家专门实施了"4050"工程,扶持这部分人再就业。但许振超不但没有下岗,而且成为世界一流的"技术专家",在合资公司里再担重任,连外国合资方都佩服他。许振超踏着时代节拍前进的武器是"学习"。他在日记中写道:"悟性在脚下,路由自己找。"多年来,他始终把学习作为"第一需要"。刚进青岛港当皮带机电工时,他努力学习电工知识,看设备图纸,逐渐掌握了电工技术。领导见他好学,就调他去操作当时最先进的机械门机。他更来劲了,把队里仅有的几本技术书都看遍了,就到处找同学借书看。还从牙缝里省钱买书。新书贵就买旧书,他骑自行车跑 40 多里路,到书摊上讨价还价买旧书。

许振超说:"在别人眼里,学习是一件苦事。但对我来说,学习带给我无穷的快乐。每当我攻克一个难题,我就有一种成就感和满足感。"

许振超的学习是围绕着工作进行的。工作中只要碰到了难题,他就开始学习,从学习中寻找攻克难题的钥匙。他有记笔记的习惯。记者阅读了他厚厚的读书笔记,里面包括电器原理、钢丝绳种类及承重、发电机原理及故障排除、安全事故、股票、国企改革、计算机、英语等内容。

许振超回忆说:"刚开门机时,我不留神胳膊肘碰到了电闸,门机突然断电。电工重新调整了控制器的电源线,门机恢复作业,并说没多大的事儿。"这件事对他触动很大,他下定决心钻研门机操作控制原理。随着对机械了解的加深,他又不断地琢磨、钻研机械为什么会出故障,电线和保险丝怎么会烧断,继电器的加速时间为什么要设定在这个秒数等问题,有时候问得身边的技术员都难以回答。

记者看到,许振超第一本笔记是 1975 年记录的。第一页最上面写着:门机的构造原理及常见故障。下面列了 30 多个问题。再往后翻,就是密密麻麻的学习笔记和一些手绘的电路图。

许振超至今对自己学习英文记忆犹新。他刚看到随着新机器到港的英文资料时,全不认识,懵了。问大学生后,也记不住。接着,他买了一本《英汉词典》,看着图纸,对照词典认单词,一个一个地背。他回忆说:"那段时间真遭罪,一个单词反复背。"就这样,他翻译出厚厚的两大本英文图纸。

学计算机时,他把计算机原理贴在笔记本上,把不认识的英语单词抄在笔记本上,天天背,很快,就能熟练操作计算机了。

他曾经在安全科工作过一段时间。记者在他的笔记上看到,他将事故的定义、原因、种类、如何减少事故等一条条都抄在笔记本上。

许振超的一系列"绝活",包括"无声响操作"、"一钩准"、"一钩净"、"二次停钩"等,靠的完全是钻研业务、吃苦耐劳的精神和勇攀技术高峰的胆识。

【小思考】

海船驾驶员、轮机员适任证书考试是海上专业学生的一道难关,许多同学学习基础比较薄弱,特别是英语基础差,从许振超的故事里,我们得到什么启发呢?

许振超不是神仙,但他爱岗敬业,乐于进取。他只是一个普通的桥吊队长,但却成为了一个令青岛港上上下下为之佩服的"工人专家",靠的是什么,就是老生常谈的十二个字:干一行,爱一行,钻一行,精一行。许振超说过一段很朴实的话:知识能够改变命运,学习可以成就未来。他还说,我当不了科学家,但可以练一身"绝活",做个能工巧匠。在"绝活"的问题上,光有热情显然是不够的,必须讲究科学的态度。许振超在这方面给我们做出了表率,他善于学习,善于积累,善于钻研,一点一点地"啃骨头",一点一点攻难关,他用自己的现身说法说出了"天上不会掉馅饼"这个朴素而浅显的道理。

马克思曾说过:"在科学上没有平坦的大道,只有不畏劳苦沿着陡峭山路攀登的人,才有希望达到光辉的顶点。"能否"不畏劳苦",是衡量海上从业人员责任感、事业心强弱的重要尺度,也是钻研业务,掌握高超技艺、尖端技术的必备条件。青年学生只有培养吃苦耐劳精神,才能具有钻研业务的持久性,攀登职业技术高峰,而消极、懒惰将游戏人生、最终一事无成。

4. 积极投身于航海实践,提高职业技能

辩证唯物主义认识论认为,实践在认识的产生发展中具有最终决定作用,实践是认识的来源,是认识发展的动力,是检验认识真理性的唯一标准,也是认识的目的和归宿。"纸上得来终觉浅,绝知此事要躬行。"青年海员只有在实践中才会发现自身的不足,产生钻研业务的强大动力,因此,从根本上说,职业技术和综合业务能力只有在实践中才能真正掌握和提高。

近年来,由于航运发展,船员紧缺,船员培训爆满。一批批新培训学员陆续登轮实习,由于量大,加上个别船员走"捷径",开始造假资历。还有个别中介服务机构以造假资历赚钱。由于目前"船员服务薄"的资历填写是由船东或船长负责,极个别不负责任的船东和船长对造假资历的危害意识不清,使假资历市场在泛滥……一批没有实际操作能力的船员到船上工作,船舶的安全绝对没有保证。航海是门实用科学和技术,需要船员有丰富的实践经验,以便在瞬息万变的海上运输工作中确保安全,学员在培训单位的培训只是理论性的、模拟性的操作,必须在船上进行实操实作。

【补充阅读】

平静的海里培养不出技术好的水手

1997年1月,我在接待世界海员工会代表团时,美国的客人介绍说:美国一家在世界上有名的轮船公司招考船长,第一个问题就是问考生出过海损没有,没有出过事故的船长就不要。因为在茫茫大海上航行,一般来说难免出事故,问题的关键在于你如何处理。出了一回事故就取得了经验。船长的经验是在无数次的航行中积累的。大海翻船是了不得的,但翻过船的船长就会小心谨慎,再不会莽撞出事。

目前航海经验仍然是海员业务素质的根基,航海经验是海员在长期的航海实践中,通过自己的感官直接接触客观事件而获得的初步知识,再经过自己的理性总结和反复实践而升华为某种特有的航海知识和技能。航海是一种古老的技能型职业,需要有一定的理论知识,更需要一定的技能。没有理论知识的指导,航海就带有很大的盲目性和危险性,缺乏实践技能的航海只能是纸上谈兵。

5. 要特别重视航海外语的学习

作为一名航海者,想成为国际型高级海员,就必须掌握好英语。我们知道,英语现在已成为一种世界通用语言,与世界各大船舶公司,港口和海事部门打交道,我们需要相互交流沟通,而英语就是交流的媒介:进港我们需要引水员;进关我们要申报海关官员;发布各种口令,我们要让海员明白;补充燃料,食品,淡水或装卸货,我们要用SMCP进行对话;在港口我们需要熟练地运用英语与检查官员交流,所有这些都需要用英语这种语言来完成,也只有用英语才能让他们明白你想做什么。因此掌握英语在远洋航海这个特殊的"外交领域"中的作用之大已经不言而喻。

【海员博客】

我们与外籍船员的差距在什么地方

英语,这是国际船舶上的通用语言,日常的生活、工作、沟通及交流靠的就是语言,所以英语的熟练程度是衡量一个外派船员能力的重要标准之一。可是这些偏偏是我们中国船员的弱项,在很多场合下,由于语言的不通闹过笑话,更有甚者造成了严重的后果。例如:有一个大厨因被外籍船员告状,被公司主管问话,对方用英语问了三句话,

1. 听说你不能很好地工作,是吗?回答"Yes"。
2. 不好好的工作,是想回家吗?回答"Yes"。
3. 那好,我通知公司给你准备飞机票。回答"Yes"。

后来经过核实他是在根本没有听懂人家问话的情况下,懵懵糊糊的回答了Yes,于是这三个Yes,他把自己送上了返程。

曾经有一位水手长在航行中给机舱打电话:"Please fire on deck",轮机长紧急派所有的人赶到甲板参加救火,结果这位水手长是要消防水冲甲板,这件事给他日后被解聘埋下了隐患。所以说,我们公司在面试船员的时候要严格把关,并利用一切可能的条件,对录用的船员进行必要的强化培训,以确保船员在船工作的稳定性。我的看法是,语言和工作技能是同等重要的,能力再强听不懂,没法干,也干不好,余下的只有被训,稀里糊涂地踏上归途。

英语水平的高低也是反映海员综合素质的一个"硬件",长期辗转于世界各地的海员实在没有理由不攻下英语这个难关。近些年来,有些海员英语水平差,常常与机会失之交臂,特别是在外派船上,中国海员工作勤勤恳恳,任劳任怨,敬业精神、服从意识及航海业务水平均无可挑剔;但是,仅因为英语水平低,无法与外籍海员进行较为深入的交流就被"炒鱿鱼",在国际航运市场的竞争中败下阵来的事情经常发生。在21世纪初,海员英语水平低成了我国开拓国际海员劳务市场的一大障碍,也成为中国海员熟练驾驶"未来船舶"的障碍。因而,中国海员一定要攻克英语"堡垒",全面提高自身综合素质,努力把自己塑造成道德水平高尚、知识密集、心理素质优良、技术水平精湛、应变能力突出的高综合素质的现代航运人才,与国际接轨。

Those who are in the same boat should row together
同舟应共济

第四节　团结协作　同舟共济

团结协作，同舟共济是海员的优秀品质和光荣传统。同其他职业相比，海员的团结协作，同舟共济更为重要，是战胜自然环境，完成高效优质服务的必要前提和重要保证。

【补充阅读】

在《孙子·九地》中有一则小故事："夫吴人与越人，相恶也。当其同舟而济，遇风。其相救也，如左右手。"这是说古时候吴国人与越国人本来是仇人，经常打仗。一次，有来自两国的人坐在同一艘船上渡河。不巧，船开到一半，遇到风浪，汹涌的浪头一浪高过一浪，眼看就要把船给掀翻了。这时，同乘一船的吴国人与越国人为了安全渡过大河，不再把对方当敌人，而是互相帮助，共同努力，克服困难，亲如同胞兄弟，终于达到了对岸。从此之后，凡是比喻在困难情况下团结互助，战胜困难，就常常用"同舟共济"这一词来形容。这则故事形象地说明了海员团结协作的优良品质的重要性。

团结协作，就是海员在共同理想和共同利益的基础上，能够与他人紧密配合，互相帮助，共同完成任务。

古今中外，凡是在大海中行船都需要同心同德与团结协作。同舟共济是海员的传统美德，这是由这一职业的特点所自然形成的。远洋船员为了一个共同的理想，从祖国各地走到一艘船上，长年共同工作、学习、生活在一起，远比在陆上工作的人更需要明确团结协作的重要意义。全体船员需要一起经风浪、历险情，不仅要战胜大自然的突然袭击，而且要迎接各种意外事件的挑战。一艘船如果离开全体船员的团结协作就不能顺利地抵达彼岸，所以说船上更需要牢固的凝聚力。有人用"有福同享、有难同当、情同手足、生死与共"来形容船舶上船员的关系是很贴切的。

【补充阅读】

海底生存最长的海员

"海上求生"作为海员的必修课目，曾经在海难中拯救了许多海员的生命，他们利用自救的知识，赢得生还的时间。但是，谁也不会相信，葬身海底5年的14名海员却奇迹般的活着。

事情发生在1985年6月，一艘名为"特里特鲁达"号的货船在象牙海岸附近遭遇飓风沉没，船上14名海员顷刻葬身于海底。人们除了向他们亲人发放了抚恤金，还在岸边的山区上建立了纪念塔，镌刻上他们的名字，永做纪念。5年后的1990年8月，一支在此地潜水进行打捞的人员，却意外地发现沉船里的14名海员仍然活着，尽管他们个个形如骷髅，难以站立，嘴里只能嘶嘶发声不能言语，但从他们呆滞的眼神里，仍然掩不住兴奋的目光。他们立即被送往医院进行了强化治疗。

是什么原因使14名船员在海里存活了漫长的五年。人们对沉船考查得知：沉船密封度相当完好，而且恰巧有一根铁管通到海面使船舱有足够让他们呼吸的氧气。船上还有数量可观的罐头食品和淡水，确保了他们最基本的生活需求。

专家们后来分析：尽管船舱里存在最基本的生存条件，但是他们能度过漫长的五年海底生活存活下来，与他们强烈的求生欲望和患难与共的群体精神分不开，他们应该是海员的学习榜样。

至今，山区上的纪念塔仍然屹立在波涛滚滚的岸边，只不过已将14名海员的殉难日从纪念塔上划掉，在他们的名字前面加上"伟大的海员"五个金光闪闪的大字。

——原载《中国水运报》2004-11-12

一、坚持团队至上原则,培养团队精神

所谓团队，是指一些才能互补、团结和谐并为共同实现共同目标而奉献的一群人。团队至上原则是指团队中的个人应该始终将团队的利益放在第一位，团队成员应该围绕团队的目标来安排自己的工作，当然团队也会尽量满足个人的愿望和需求。

团队至上，强调看问题、做事情从整体利益出发，为全船的利益着想，一言一行、一举一动都要注意协调好上、下、左、右的人际关系及其他关系，要坚决避免不利于团结的言行。不能为了个人或小团体的利益不服从公司的安排和调度而损害船舶所有人、承租人的利益。

海员随船舶在汪洋大海中航行，个人与船舶同舟共济，个人的命运与整个船舶和航运公司及集体、国家的命运息息相关，因此应当将团队至上的原则作为海员的基本道德原则。海员将个人的利益和整个船舶和航运公司及集体、国家的利益紧密相连，主要体现在团队精神方面。

20世纪60年代至70年代中期，日本创造出经济腾飞的奇迹，迅速成为世界经济大国，企业国际竞争能力跃居世界首位，这些引起了世界的关注。研究发现，日本企业取得成功的关键，在于日本企业培养的"团队精神"。为此，欧美开始大力学习日本的团队建设经验，建立起一个个团队，努力培养团队精神。中国台湾和大陆的企业也开始了团队精神的理论探索与实践，取得了丰硕的成果。在竞争日益激烈的今天，倡导团队精神成为21世纪的热门话题。团队精神，这一舶来的名词，不仅不违背集体主义，而且可以看作是集体主义原则在各行各业中的具体运用，而且更具有新意和时代气息。航运企业为了立于不败之地，在整个企业中提倡团队精神原则是大有裨益的。

船员怎样培育和发挥团队精神，能否培育团队精神，把航运企业建成一个战斗力很强的集体，受许多因素的影响，需要有系统配套的措施，可以从以下几个方面着手：第一，要充分认同、明确航运企业和船舶的经营目标。首先要在目标的认同上凝聚在一起，形成坚强的团队，以激励全体船员团结奋进。因此，一定要有导向明确、科学合理的目标，把经营目标、战略、经营观念，融入每个员工头脑中，成为员工的共识。然后把目标进行分解，使每一部门、每一个人都知道自己承担的责任和应做出的贡献，把每一部门、每一个人的工作与船舶、航运企业总目标紧密结合在一起。第二，建立系统科学的管理制度。管理工作和人的行为制度化、规范化、程序化，是航运经营活动协调、有序、高效运行的重要保证。第三，在航运企业和船舶内部形成良好的沟通和协调机制。使上下左右的信息渠道畅通，从而达到认识上的一致，协调各方取得行动的一致，上下形成一股合力，使大家心往一处想，劲往一处使。在航运市场竞争日趋激烈的今日，一个企业没有强大的团队精神，很难获得巨大的成功。一个成

功的航运企业必须是一个既敢于开拓创新,又善于团结合作的团队,虽然每个人在这个团队中所处的位置、职务有高低差别,但团队中的每个成员都必须精诚团结,善于合作,只有这样才能搞好工作,发展事业,同时这个团队中的每个人也才能最大限度地施展自己的才华,在团队的发展中,实现自己的理想和抱负。

【实践教学】

拓 展 训 练

拓展训练,又称外展训练(Outward Bound),原意为一艘小船驶离平静的港湾,义无反顾地投向未知的旅程,去迎接一次次挑战。这种训练起源于二战期间的英国。当时大西洋商务船队屡遭德国人袭击,许多缺乏经验的年轻海员葬身海底,针对这种情况,汉思等人创办了"阿伯德威海上学校",训练年轻海员在海上的生存能力和船触礁后的生存技巧,使他们的身体和意志都得到锻炼。战争结束后,许多人认为这种训练仍然可以保留。于是拓展训练的独特创意和训练方式逐渐被推广开来,训练对象也由最初的海员扩大到军人、学生、工商业人员等各类群体。训练目标也由单纯的体能、生存训练扩展到心理训练、人格训练、管理训练等。

高校学生心理素质问题备受关注。人们逐渐认识到,仅有高学历,高智商,远远不能达到现代社会对于人才的要求。就大学生自身而言,他们也有强烈的丰富自己、完善自己、沟通他人、融入社会的心理需求。这样的背景之下,一些航海院校在学生中开展了拓展训练活动,希望通过一系列精心设计的活动,达到"磨练意志、陶冶情操、完善人格、熔炼团队"的训练目的。

拓展训练活动设计举例。

"我是谁"。"我是谁"主要的功能在于热身,相互熟悉。组织者将参训人员组成四支队伍,每队一个篮球,拿球者说出自己的名字,然后传给下一个人,也说出名字,这样轮流传几圈,让大家互相熟悉。接下来队员抛球给自己的队友,并说出对方的名字。这个项目一开始,气氛便活跃起来。很快,这些新组成的团队就成为了一个真正的集体,并选出了自己的领袖。

"大脚印"。"大脚印"是一场激烈的竞赛,与一般的竞技不同,每次参赛的四名队员俩俩将脚绑在一起,尝试一种步调不一致,立刻就摔跤的走路方法。一段时间的磨炼和协调之后,同学们甚至能整队都站在起跑线上,绑好腿,并肩挽手,阔步向前,冲过终点时众人一心的恢宏气势给大家留下深刻印象。

"信任倒"。一名同学站上近两米高的台子仰面向后倒下,其他队员在台下站成两列,将手交错握好,接住向下倒的同学。这是一个学习信任他人的项目。每个人的人生中都有需要他人接纳,支撑的时候,不能、不敢或不会信任他人,失去的不仅仅是机会,也是人生非常珍贵的一种体验,一笔心理财富。相信那些从高台上仰面朝天摔下,又被大家牢牢接住的同学们,对这一点会有更深切的感悟和体会。

"盲目成型"。"盲目成型"同样要求良好的协作精神。在这个项目里,每个人都要将眼睛蒙上,然后共同用一根长绳围成主持人要求的图案。未上场的队伍和观众则充当评委,为自己支持的队伍投上一票。各队在队长的带领下,先后完成了规定图形:正三角形,正方形和圆形。之后,又分别完成数学符号无穷大,箭头,开放图形 M,L 等更富于挑战性的自选图形。队员们摘下蒙在眼睛上的布时,都会为自己的成功欣喜万分。

二、正确处理人际关系,促进"同舟共济"良好船风的形成

一个人的成功,只有15%是由于他的专业技术,而85%则是靠人际关系和他的做人处世能力。

——卡耐基

船舶的人际关系融洽,相互支持,相互配合,大家能自觉地把集体利益置于个人利益之上,能形成"同舟共济"的良好船风,有利于更好地完成群体任务。

(一)海员人际关系的特点

1. 海员人际交往的相对封闭性

海员工作和生活在船舶上,几十个人朝夕相处在十分有限的空间内。尤其是远洋船员,常年漂泊在茫茫大海上,远离大陆,远离祖国和亲人。比如航行在北美和东西非的船舶,船期少则两个月,多则四五个月,有的外派船舶一个船期甚至在一年以上。在船上,船员的相互交往主要局限在同船的几十个同事之间,与社会其他成员相对隔绝,反映了社会交往的封闭性。小群体交往的封闭性,对海员的心理和人际关系会产生很大影响。

2. 海员人际交往的复杂性

从事远洋运输业的船员在一个有限的浮动空间上,人员数量虽然不多,但人员的结构却多样化。从国内看,随着来自中西部地区船员数量的增多,船舶上船员的地域构成发生了变化。从世界范围看,国际船员供应的世界性东移,多国籍船员共处一条船舶已很普遍。多地域、多国籍船员的混合,会因文化交往的冲突、知识和技术业务水平的参差悬殊、饮食习惯的不一、宗教信仰的差异等因素,使人际关系变得更加复杂。

此外,远洋船舶航行于国内外各个港口,到达不同民族、不同社会制度和不同宗教信仰的国家和地区。海员通过海上运输这一工作与各种各样的人发生交往。不同的社会制度和民族特点,不同的道德观念和风土人情,都会使海员的人际交往变得更为复杂。

3. 海员人际交往的频繁流动性

海员人际交往的频繁流动性主要体现在两个方面:第一,船舶内部小群体人员的频繁流动。由于海上运输的特殊性,海员不可能像陆地上的机关、企事业单位那样,长期固定于一个工作单位和部门。大多数海员可能公休一次就换一条船,长的航线可能会有一年左右的时间,短的航线,航行几次后,也会因公休或工作需要而调往他船,这一工作性质决定了海员的人际关系具有频繁的流动性。第二,船舶在世界范围内流动,是一方"流动的国土",决定了海员与外界的人际关系不是固定于一个经常熟悉的群体,而是几天、十几天换一群新的交往对象。这种情况,使海员与外界的人际交往常处于既新鲜又陌生的状态。这需要海员能够尽快适应这种人际交往的变化,学会与各种人打交道,掌握与各种人交往的必要知识和技巧。

(二)人际关系对海员工作的意义

所谓良好的人际关系,指的是相互认识一致,感情亲密,行动合作的关系。孟子曰:"天时不如地利,地利不如人和"。这里,"人和"指的就是良好的人际关系。良好的人际关系对于航海事业、对于海员的工作、学习、生活有着深刻的意义。

1. 人际关系对航海的重要意义

(1)良好的人际关系有利于在船员群体中产生很强的合力,形成同舟共济,团结协作意识,确保水上运输的安全高效。

(2)良好的人际关系有利于形成相互激励的群体心理环境,产生较强的船员群体内聚力。

(3)良好的人际关系有利于船员合作互补,提高工作效率,共同完成复杂的工作任务。

2.人际关系对海员的重要意义

(1)处理和协调好人际关系是海员工作、学习和生活的基本需要。

(2)处理和协调好人际关系是获取机会、增加实力的重要因素。

(3)处理和协调好人际关系有助于海员的身心健康,从而有助于海员的个性发展。

3.正确处理海员人际关系的基本原则

(1)内外有别原则

由于海员职业的特殊性,在人际交往中,接触的人员来自五湖四海,但作为一名中国海员,无论是在国内还是国外,交往对象是自己同胞或国外人士,都必须牢记自己代表着中华人民共和国。因此,海员在与国内外各种人员的交往中,尤其是在对外交往中,必须严格遵守"内外有别"的原则。海员有责任维护国家和民族的利益,保守国家的政治和经济机密,保守航运和商贸情报,不随便与国外人士谈论国与国之间的敏感话题,严格遵守涉外纪律。同样,如果在交往中,对方把国外的道德标准和价值观念强加在我国海员身上,我们也是不能接受的。

(2)平等原则

平等原则。平等是建立人际关系的前提。人际交往作为人们之间的心理沟通,是主动的、相互的、有来有往的。人都有友爱和受人尊敬的需要,都希望得到别人的平等对待、人的这种需要,就是平等的需要。交往中的平等原则表现为交往的各个方面都要平等对待、相互尊重、相互爱护。反对以大欺小、以强欺弱、自恃清高、居高临下。一艘远洋船舶上船员的职级、岗位、文化程度、来处、工作性质等各不相同,既有管理级船员,又有操作级和支持级船员;既有从高等航海院校毕业的大学生,又从部队转业或从其他行业转行至船上工作的船员;既有从事管理和脑力工作的,又有从事体力劳动的,但在人格上大家都是平等的,并没有高低贵贱之分,人际交往不能因上述不同而厚此薄彼,而应平等对待,真诚相处,一视同仁。

(3)互利原则

人际交往是双向互动的过程,没有平等互助的基础是建立不起良好的人际关系的。平等要求交往的主体都具有完整独立的人格,交往活动的双方机会均等,人格对等。交往是互利的,有物质互利,也有精神互利。交往中的互利是以不损公肥私为前提的。

社会心理学研究成果告诉我们,人人都有被人关心、注意的需要,那么,在和他人交往中,要想得到他人的关心、尊重和爱护,就必须考虑到他人同样有这些心理需要,所谓"投之以桃,报之以李",有所付出,才能得到回报。

(4)信用原则

信用即指一个人诚实、不欺骗、遵守诺言,从而取得他人的信任。人离不开交往,交往离不开信用。在人际交往中,从古到今都把信誉看得非常重要。"一诺千金"、"一言既出,驷马难追"等,都是讲的一个"信"字。

要做到说话算数,不轻许诺言,要讲诚信。与人交往时要热情友好,以诚相待,不卑不亢,端庄而不过于矜持,谦逊而不矫饰作伪,要充分显示自己的自信心。一个有诚信的人,才可能取得别人的信赖。处事果断、富有主见、精神饱满、充满自信的人,就容易激发别人的交往动机,博取别人的信任,产生使人乐于与你交往的魅力。

(5) 相容原则

相容是指人际交往中的心理相容,即指人与人之间的融洽关系,与人相处时的容纳、包涵、宽容及忍让。要做到心理相容,应注意增加交往频率、寻找共同点、谦虚和宽容。为人处世要心胸开阔,宽以待人。要体谅他人,遇事多为别人着想,即使别人犯了错误,或冒犯了自己,也不要斤斤计较,以免因小失大,伤害相互之间的感情。只要干事业,对团结有力,做出一些让步是值得的。船员群体在各个方面的差异较大,而船舶又是一个相对狭小的工作场所,这样的工作环境如果彼此之间包容度不够,不能彼此理解和体谅,就极易产生人际矛盾。如船舶航行时工作制度是三班两段制,每段时间都有人在紧张工作,也有人在安静休息。在船舶这个有限的空间内,一个人的言语和行为不当都有可能影响到他人的休息或工作。那种只顾自己兴趣而不考虑他人利益的人,在人际关系上必将处于劣势,甚至遭到孤立和谴责。

【补充阅读】

兄 弟 情 深

一位远洋船员曾叙述了他亲身经历的一件事。那是1997年我外派到香港华通公司的"邦尼"轮。船上的一名水手和一名厨工因一点极小的误会而心存芥蒂,长时间彼此漠然相处。在一次船去外海避台风的途中,海面上狂风大作,船舶摇荡剧烈,大家都汇集在餐厅。突然,一台钢制外壳的冰箱随着船舶的摇晃从餐厅的一角斜着倒下来,就在即将砸向厨工的一瞬间,那水手一个箭步冲上去,用肩膀死死地扛住了冰箱,厨工幸免于难的代价是水手肩上撕裂的衣服上渗透了血迹,流淌的鲜血顿时染遍全身。台风过后,也是在餐厅里,众目睽睽之下,那名厨工手端一杯白酒,满面愧色地走到水手面前。谁也没有说一句话,但两个人的眼里都噙满了泪水。这是大自然凶险的环境和人性中最美的品质为他们冰释了前嫌。可想而知,在舍生忘死的基础上建立的情感,该是怎样的一种情感!与这种情感相比,个人的一切恩恩怨怨显得是多么地渺小,甚至可笑!

在一艘船上的诸多船员,由于性格不同,知识修养、生活习惯、工作能力各异,又要朝夕相处,更需要能够合群,彼此理解支持,遇到分歧要大事化小、小事化了,不计前嫌。这样即使产生隔阂也能在关键时刻互相谅解,出现化干戈为玉帛的奇迹。

在交往中应有意识培养自己的相容品格。方法有:①将心比心,换位思考。孔子说:"己所不欲,勿施于人。"把自己放在他人的立场上考虑问题,就容易做到理解和体谅他人;②大事清楚,小事糊涂,要"难得糊涂"。林则徐说:"海纳百川,有容乃大。"心中有大的目标和原则,就不会因小失大,斤斤计较;③严于律己,宽以待人。多看别人的长处和优点,就能广交朋友,多交朋友。

4.正确处理船上的各种人际关系

(1) 正确处理好上下级关系

在船舶的船员群体中,职责及权限十分明确。船长是全船的绝对领导,每个船员的工作都有明确的分工,这种特点既要求船员在某些方面对自己的上级绝对服从,又在一定范围内使船员获得自主权。

为了保证船舶的安全和高效营运,法律和船公司赋予船长和各部门领导者明确的决策和命令权,同时也体现在明文规定的领导者有关职责中。通常,船长或部门负责人在相应的职责范围内所发布的命令是不容下级讨价还价的,只能执行,否则后果可能不堪设想。下级必须树立起服从意识,对上级发布的命令,即使有不同的看法,也必须首先执行,事后再与领导交换意见,以确保船舶工作的协调一致。船员在处理与上级领导的关系时,应注意尊重领导,听从指挥。因为在海上航行,情况复杂,要求船员有较强的组织性和纪律性,特别是在海况复杂,处境危险的情况下,不折不扣的服从意识是船员必备的工作品质,任何贸然行事都有可能酿成大祸,造成无法挽回的损失。

船上的等级观念相对比较严格。要尊重上级,除了服从上级,还必须对上级有礼貌。如在称呼上千万不能随意。某校一位毕业生到船上担任实习三副,碰到同船的校友,都十分亲热称之"兄弟",后来竟对"大副"也随意称之兄弟,让大副很难堪。这种"不拘小节"导致上司对其的不满。外国船员等级观念则比较强,即使他们是50多岁的人,只要职务比你低,见了面也会叫你:SIR……

【海员博客】

外籍船员的等级观念和服从意识

外籍船员的等级观念和服从意识很强,船舶领导的指令没有不能落实的。这也有它的弊端,很多时候船员没有主观能动性,下面的普通船员从不发表意见,事实上也没有机会让他们发表意见。但总的结果是利大于弊。菲律宾船员的特点是:服从意识让你吃惊。所以说,要想进入国际化航行市场,与欧洲人共事,我们的船员在有许多地方需要改变,要不断提高船员的英语和电脑水平,提高业务技能和管理水平,提高基本技能和服从意识。下面是我问船上英国老轨如何对轮机部人员管理时他的回答,从某种程度上可以看出他们领导者对下面人的看法:"怎么管理我的手下?要把他们看成我手中的工具。你要把工作做好,就必须小心照管你自己的工具,而手中无利器是做不好事情的。"

当然,船员群体中这种领导的绝对权威和强烈的职级观念很容易造成负面效应,产生上级对下级的不信任或下级对上级的对抗心理,这种上下级关系的非正常发展会阻碍船员良好关系的建立和持久发展。因此不少国际轮船公司的人力资源部专家认为,强化船员与船公司和船长的沟通十分重要,在船上营造充满自由、高度透明的沟通渠道,任何人不得背着船长和船公司在船上组织秘密活动。如果缺乏沟通和必要透明度会增加船员的恐惧、思想动乱、情绪不稳等等,因此船舶部门长有责任和义务作为船员和船长或者船公司之间的桥梁积极发挥上下沟通的功能,一旦发现部门长失职,船公司必须根据情节轻重予以处罚。船长和各部门负责人也要带头处理好自己与一般船员的关系,时时处处起表率作用,在工作上对船员要严格要求,在生活上要关心船员的疾苦,深入群众,和他们打成一片。这也是作为领导者的工作能力和人格魅力的体现。

(2)正确处理同事关系

①彼此尊重,互相关心。相互尊重是处理好任何一种人际关系的基础,同事关系也不例外,同事关系不同于亲友关系,它不是以亲情为纽带的社会关系,亲友之间一时的失礼,可以用亲情来弥补,而同事之间的关系是以工作为纽带的,一旦失礼,创伤难以愈合。所以,处理好同事之间的关系,最重要的是尊重对方。

【补充阅读】

幽默中的反思

这是一个幽默。

大副在船上听到一个非常不幸的消息,他十分难过,借酒消愁,一生第一次喝醉了。严格、不讲情面的船长在那天的航海日志上写道:大副今天喝醉了。第二天,大副酒醒了,他看到船长写的航海日志提出强烈抗议,说这个记录假如不加解释,会断送他的前程,因为这使人觉得他常常醉酒。但是船长坚持认为航海日志记得是事实,不能改动。

第二个星期轮到大副记航海日志了,在这个星期的最后一天,他写了这样一句话:船长今天没喝醉。

【小 思 考】

这是一个幽默。但幽默中蕴藏着人际关系的道理。你认为两个人的行为合理吗?这样做的后果会是怎样呢?

船员来自祖国的四面八方,为了一个共同的目的走到一起,应该珍惜这样一个同甘共苦的机遇。但由于船员个人的个性特征、知识修养、生活习惯、工作能力、工作岗位各异,因此遇到摩擦和矛盾是在所难免的,大家又是共同工作在相对狭小和固定的船舶上,如果不相互关心、理解、支持和谅解,结果将是不可想象的。"谅解、友谊、支持比什么都重要",这句毛泽东同志的名言,应该作为我们船员处理同事关系的准则和座右铭。船员间的个性、习惯的差异需要理解和宽容,工作负荷需要分担和合作,出现差错需要提醒和引导,发生冲突需要冷静和忍让,对待荣誉应当谦让,产生误解要及时沟通。虽然同事之间由于长期共事彼此已十分熟悉和了解,但彼此交往仍应以尊重和礼貌相待,即使是善意的玩笑,也应注意场合和分寸,刻薄的嘲笑和过分的恶作剧都会伤害到人的自尊心。

"一个篱笆三个桩,一个好汉三个帮"。谁都需要有朋友,互相帮助。即便是好汉,也离不开朋友的关心。人们在工作和生活中难免有这样那样的困难和问题,同事是能够直接给予帮助和关心的人。为同事排忧解难,既是一种责任和义务,也能密切相互关系,加深彼此感情和友谊。友谊是双向的,尊重、关心他人,也必然得到他人的尊重和关心。

②团结协作,加强沟通。工作是一大机器,员工就好比每个零件,只有各个零件凝聚成一股力量,这台机器才可能正常启动。这也是同事之间应该遵循的一种工作精神或职业操守。海员作为个体,一方面有自己的个性,另一方面,就是如何很好地融入集体,而这种协调和统一很大程度上建立于人的协调和统一。所以需要与同事多沟通,因为你个人的视野和经验毕竟有限,避免"独断独行"的印象。同事之间有摩擦是难免的,即使是一件事情有不同的想法,我们也应具有"对事不对人"的原则,及时有效地调解这种关系。

【补充阅读】

沟通是合作的基础

中国女排在八十年代的世界大赛中,取得了"五连冠"的战绩。这是中国女排集体奋力拼搏的结果。当时女排队长"铁榔头"郎平说:"在场上我只是六分之一,在场下我只是集体一员。""我的每一记重扣的成功,无不包含着同伴们的努力。""冠军是靠集体力量得来的,不能记在个人的账本上。"郎平用她的亲身经历告诉人们:一个人的成长,一个人的成功都离不开与他人的合作。我们应该意识到:工作是一种团队合作精神,成绩是大家共同努力的结果。

郎平用她的亲身经历告诉人们:一个人的成长,一个人的成功都离不开与他人的合作。当你在观看女排比赛的时候你是否有留意女排队员的沟通呢?在场上女排队员们和教练运用着排球比赛中特殊的符号,特殊的手势,大声的呐喊来相互沟通,相互鼓励,相互合作。记得在2004年的雅典奥运会上中国女排奋勇拼搏,在落后两盘的情况下通过他们的沟通,他们的协调,最终力挽狂澜笑到了最后,在比赛场上他们利用眼神来沟通,手势来沟通。沟通显得无处不在。事过境迁,但是往事却历历在目,排球是一个集体项目,需要通过大家的合作来取得胜利。在这合作的过程中沟通无疑显得至关重要。没有沟通就没有合作,没有合作就没有胜利。

"学会共处,学会与他人一起生活"这句话摘自国际21世纪教育委员会向联合国教科文组织提交的报告,在这个报告中提出了作为教育基础的四大基柱:学会共同生活,学会认知,学会做事,学会生活。这说明,在当今社会合作变得越来越重要,生产和设计一样产品往往需要经过几十人甚至上百人的努力,而在这生产和设计的过程中沟通是必不可少的。

③互帮互学,共同提高。航海技术的发展日新月异,作为船员,如果不注意随时学习,努力提高业务水平和文化知识素养,就有被时代淘汰,被船队淘汰的危险。学习的途径,一是接受继续教育和培训,二是在航海工作和实践中刻苦学习,掌握和提高实际业务能力。这就需要同事之间的互相支持和帮助。

【海员博客】

好兄弟,请多珍重

很多的朋友告诉我,"选择了海,就选择了艰辛,选择了漂泊!"而对我们,"海,让我们走的更近;海,让我们更加的坚强。"实习的前期,对缅甸、印尼同事的"SEAMAN'S ENGLISH"并不很熟悉,为了早点通过语言关,我们利用晚饭后休息时间,三人各抒己见,摸索说英语时发音的规律,一个星期下来,我们的"NO GOOD ENGLISH!"换成了"VERY NICE ENGLISH","THANKS"是我们的一致回答。缅甸人一年一度的"泼水节",就像我们中国的春节一样隆重。在船上,我们有幸与缅甸朋友一起分享他们节日的欢快,分享他们自制的鱼子酱、手抓羊排……和他们一起跳泼水节舞,这一切,让异国朋友更加地了解中国人的热情。

④协调好新、老船员之间的关系。目前在船员队伍中,既有技术、作风过硬,责任心、事业心比较强,能够胜任工作的老船员,也有一批有一定的航海理论和操作技能的年轻人。但

是新船员工作实践经验少,吃苦精神、奉献精神都有待于进一步提高,因而新老船员的关系可以说是师徒关系。为了建立良好的师徒关系,增进相互之间的感情交流,长者应该爱护年轻人,要肯定年轻人的优点,鼓励他们独立开展工作;青年船员应尊重、爱戴长者,虚心学习,加强锻炼,听从老船员的教诲。

⑤坚持团队合作,防止拉帮结派。拉帮结派使得人与人的关系相当紧张,阻碍团体的发展,并最终损害每个人的利益。不少船公司对船员拉帮结派十分痛恨,甚至对向来有拉帮结派风气的某些地区的船员进行"封杀",严重影响了该地区海员劳务的信誉。

【补充阅读】

朋友之间如何处理人际关系

朋友之间应如何相处让人喜欢,让你的人际关系更上一层楼。

1. 长相不令人讨厌,如果长得不好,就让自己有才气;如果才气也没有,那就总是微笑。
2. 气质是关键。如果时尚学不好,宁愿纯朴。
3. 与人握手时,可多握一会儿。真诚是宝。
4. 不必什么都用"我"做主语。
5. 不要向朋友借钱。
6. 不要"逼"客人看你的家庭相册。
7. 与人打"的"时,请抢先坐在司机旁。
8. 坚持在背后说别人好话,别担心这好话传不到当事人耳朵里。
9. 有人在你面前说某人坏话时,你只微笑。
10. 自己开小车,不要特地停下来和一个骑自行车的同事打招呼。人家会以为你在炫耀。
11. 同事生病时,去探望他。很自然地坐在他病床上,回家再认真洗手。
12. 不要把过去的事全让人知道。
13. 尊重不喜欢你的人。
14. 对事不对人;或对事无情,对人要有情;或做人第一,做事其次。
15. 自我批评总能让人相信,自我表扬则不然。
16. 没有什么东西比围观者们更能提高你的保龄球的成绩了。所以,平常不要吝惜你的喝彩声。
17. 不要把别人的好,视为理所当然。要知道感恩。
18. 榕树上的"八哥"在讲,只讲不听,结果乱成一团。学会聆听。
19. 尊重传达室里的师傅及搞卫生的阿姨。
20. 说话的时候记得常用"我们"开头。
21. 为每一位上台唱歌的人鼓掌。
22. 有时要明知故问:你的钻戒很贵吧! 有时,即使想问也不能问,比如:你多大了?
23. 话多必失,人多的场合少说话。
24. 把未出口的"不"改成:"这需要时间"、"我尽力"、"我不确定"、"当我决定后,会给你打电话"……
25. 不要期望所有人都喜欢你,那是不可能的,让大多数人喜欢就是成功的表现。

26. 当然,自己要喜欢自己。我再加两条,

27. 如果你在表演或者是讲演的时候,如果只要有一个人在听也要用心的继续下去,即使没有人喝彩也要演,因为这是你成功的道路,是你成功的摇篮,你不要看的人成功,而是要你成功。

28. 如果你看到一个贴子还值得一看的话,那么你一定要回复,因为你的回复会给人继续前进的勇气,会给人很大的激励,同时也会让人感激你。

(3) 正确处理各部门之间的关系

船舶一般由甲板部、轮机部和事务部等部门组成,客船还有客运部。由于各部门的工作性质不同,其工作特点和人员构成也有较大差异。但是不论是哪一个部门,大家的工作目标是一致的,因此,必须处理好部门与部门之间。

在船上,一个部门就是一个小群体。相对来说,本部门的人员交往会更加频繁一些,因此部门内的船员容易产生部门意识,在交往中有意无意划上部门的界限。这种部门分割的小群体意识容易成为人际交往的障碍,不利于船舶良好人际氛围的形成。船舶各部门是一个有机的整体,任何一个部门不能良好运作,都会影响船舶的安全营运。因此,部门之间的人际交往应当遵循三个方面的原则:

①彼此尊重。部门之间只是分工不同,没有高低的差异,各部门的船员应相互学习,彼此尊重,同舟共济。

②相互支持。船舶是不可分割的整体,要确保船舶的正常、安全营运,各部门之间应彼此协作,相互支持。有时因协调不好,或配合不够,部门之间出现矛盾是在所难免的,这时应从大局出发,主动承担责任,而不要相互推诿,相互埋怨或指责。风雨同舟,看似寻常,实则是生死与共,因此是要培养"后退一步天地宽"的思想境界,遇到个人利益和他人利益发生冲突的情况时,要正确处理,真正做到团结协作,同舟共济。

③相互促进。各部门之间在工作上既要相互支持和配合,又要相互竞争、相互促进,比学赶帮,创建崭新的船舶文明新风,形成新型的船舶人际关系。

总之,船员在处理船舶人际关系时,要识大体、顾大局,协调一致。船舶上也有个局部和全局的关系问题。船舶对公司而言是局部,公司是全局。船舶各部门相对船舶而言是局部,船舶是全局。要识大体、顾大局,就是要注意协调好上下、左右的关系。在上下之间,不能为了个人和小团体的利益而不服从公司的调度和安排;左右之间,即部门和部门之间,海员和海员个人之间,要提倡相互尊重、关心、理解和支持,绝不做损人利己的事。只要协调和处理好这些关系,团结就能得到巩固和加强。

三、讲文明,讲礼貌,促进船员间的亲和力。

远洋船舶上的船员,尤其是外派船员,都不可避免地会与他国人员发生涉外交往。船舶是国土的延伸,船员是民间外交大使,要在涉外交往中展现中国船员的良好形象,就必须遵循一定的交往原则和礼仪规范。

1. 尊重他国文化价值观和风俗习惯,不以"自我"为中心

涉外交往是一种跨文化沟通。就全球范围而言,不同地域有着不同的文化构成和风俗习惯,人们的文化价值观不同,交往内容与交往方式也随之有所不同。在涉外交往过程中,人们常常不自觉地以本民族的文化价值观为标准,提出问题,发表看法,而较少考虑或忽视

了对方的文化价值观。这种"自我中心"主义如果不加克服,就不可能成功有效地进行涉外交往。在交往过程中,中国人出于关心和友好,可能会说"天气冷了,请加衣,别感冒了!"之类的话,但西方人不仅不会表示谢意,反而认为你是站在优越的地位教训人,或是把他当成了连穿衣也不知道的白痴。在风俗习惯方面,如伊斯兰教徒不吃猪肉;有些佛教徒不吃荤;印度教徒不吃牛肉;天主教徒忌讳数字"十三";保加利亚和尼泊尔等国家摇头表示赞赏和同意;东南亚一些国家忌讳坐着跷大腿等,这些知识平时必须注意学习和积累,在知识和常识上有所准备,才能在涉外交往中运用自如,不使自己被动。

2. 重视日常礼仪,树立良好形象

虽然各国的风俗习惯和文化背景各有不同,但人类社会在交际场合有着一些通行性的礼节规范,主要体现在礼貌和尊重、守时、守约等。"请"、"谢谢"、"对不起"、"再见"是世界通用礼貌用语,守时重诺是涉外交往中重要的规范;握手、交谈要表达得体适度,注意眼神、姿势等形体语言的亲切大方。

【海员博客】

"Good morning, sir"

由于这是混派班子,高级船员大多数是外籍人,我们的船员所表现出的风貌不太尽如人意,见到上级没有礼貌地问候,对于别人的问候没有回答,在这方面有人曾有过深刻的教训,某一位 Wiper,有着娴熟的技术,流利的英语,良好的工作作风,本来遇到一个很好的升职机会,但后来却是新调上来一个加油,他百思不解,过后瑞典籍的轮机长问他"Do you know 'good morning, sir'?" "Yes I do." "Why didn't you say 'good morning sir' to the superintendent?" 原来这个船员凭借着本身的优势,已经得到随船的公司机务总管和本船轮机长的认可,升职已成定局,但是就是因为他每日早上见到公司机务总管没有问候,只是微微一笑,点一点头,(他把该总管作为父辈对待,觉得见面问好没有了亲切感,太呆板)被认为是没礼貌,延缓提职,在 Wiper 职务上干了整个合同。每当回忆这段经历他总是后悔不迭地说:"我一个聪明的人,干了一件最傻的事。这是我做噩梦也想不到的蠢事。"

此外,在涉外交往中尤其要注意不要向对方"刨根问底",不打听对方的年龄、收入、婚姻状况等个人隐私,这是对外礼节的重要一面。西方国家很尊重每个人的"隐私权"。尊重隐私,不能侵犯属于个人的空间和领域。西方有句谚语"每个人的家庭就是他的城堡。"恰当地反映了西方人在自己的家里拥有不受别人干扰的自由和权利。在船舶上,船员各自的生活舱室是个人自己的天地,不敲门,不经过允许,便不能突然闯入。拜访他人的房间,都必须预先约定,非请莫进,否则会被看成是缺乏文明礼仪的行为。

四、同舟共济,团结协作,要坚持人道主义精神,关爱遇难船舶的船员

同舟共济,广义上看,这个"舟"可以延伸到同在一片海洋上的其他船只。航海是一项具有一定风险性的事业。由于各种因素,一些船舶会发生危机,这就需要附近的船舶进行救助。国际海事组织(IMO)《国际海上人命安全公约》(《SOLAS, Safety of Life at Sea》)规定:接到遇难信号或引起碰撞的船舶有义务对遇难船只进行救援。

【补充阅读】

"船有船的风度"

中国当代著名船长贝汉廷经常对海员们讲:"人有人的风度,船有船的风度,国有国的风度,外国人不可能个个到我们国内来认识我们的国家。中国是一个五千年的文明古国,他们可以通过我们每一个海员,来了解我们的中国,要牢记着中国崇高威望"。

1978年12月12日,贝汉廷的船在地中海救助了一艘塞浦路斯遇难的轮船。为避免在黑夜中,海面航船与遇难轮船碰撞,他还以自己的船作航标,为过往的船舶指路。这番人道主义的义举,被国际航运界誉为中国海员的风度。

【补充阅读】

惊心动魄的生死营救

11月18日中午,菲律宾吕宋岛附近海域。中国远洋集团所属青岛远洋运输公司"天荣海"轮正一如往日般平静地航行在从澳大利亚回航国内大连港的途中,船员们刚刚吃完午饭,正准备享受着午休的惬意。却不曾料到恰在此时,在附近航线有一艘外籍船只正在生死线上苦苦挣扎。

这只发出求救信号的失事货轮已经在海浪中挣扎了近7个小时!

当时的海况是:风力7级,海浪7级,涌浪8米,现场实施救助异常困难。由于船舶干舷太高,加之恶劣天气引起的大幅度横摇,先期到达的天然液化气船"BISHUMARU"(被指定为指挥船)已回旋救助了三次,最终还是无法施救。

风大浪大,救生艇飘摇不定。"BRIGHTSUN"货船上21名船员的生命危在旦夕,命悬一线。如若再不采取有效措施实施营救,后果将不堪设想。面对着如此恶劣的海况,有着20多年远洋经验的冷聚吉没有惊慌,他沉着冷静地在脑海中迅速搜罗着营救的最佳方案。

"全体驾驶员上驾驶台,轮机长刘革备车,大管轮王福秋,机工潘桂栋到机舱操车。大副钱星华协助船长瞭望;二副张美周保持VHF与现场协调指挥船 LNGBISHUMARU 及遇难船救生艇联系,并做好记录;三副孟庆明操车,电子员兼驾助袁群堂在通讯处待命,随时电报、电话、传真联系;水手胡勇操舵"……

三分钟不到,冷聚吉就给每个船员分配了各自的任务。一张为救助遇险船员的天网搭建成功。同时,在冷聚吉的指挥下,大副钱星华开始与遇险船舶进行英语对话,稳定对方船员的情绪。

随后,冷聚吉命令天荣海轮调整方向,朝着救生艇全速驶去。而此时,救生艇距离天荣海轮仅有约2海里,高高的巨浪将小艇上下颠簸剧烈,有的船员已经筋疲力尽,紧紧匍匐在救生艇的边缘,如再不加以施救,后果将不堪设想……

12:45,从海上搜救控制中心传来的高频要求天荣海轮由协助改为直接施救。……

12:55时,天荣海轮船员就位,救助器材准备妥当。船员们穿好救生衣,在政委、水手长的带领下搬来软梯,拿来撇缆绳。船舶医生准备了急救箱和罗宾逊担架,颈挂听诊器随时施救。大家还准备了救生圈、抛绳器等救助器材。同时,冷聚吉让大副用高频联系,二副操车记录,三副到甲板准备抛绳,其他船员在甲板上准备接应遇险船员……

功夫不负有心人!13:45,天荣海轮抛出的一根尾缆终于被救生艇上的船员抓住。……

14:05分,第一名船员获救……

这次惊心动魄的生命营救只用了整整45分钟。在这45分钟时间里,20名外籍船员的生命得以重生,20个家庭得以团聚!

在生命攸关的危急时刻,"天荣海"轮这个团队唱响了一曲团结互助协力救人的完美乐章。而中国船员良好的精神风貌和职业素养,以及他们应对复杂局面的能力,更是得到了高度评价。谈到这些,外国船员不止一次对记者竖起了大拇指。在事后的表彰会上,韩国驻沈阳总领事馆领事李承铉说,天荣海轮全体船员优秀的操作技术和专业技能是一流的,而他们身上闪光的人道主义精神,更是无与伦比的。

这是一场动人心魄的生命接力,这更是一场跨越三个国度的友谊凯歌!

而这一幕,也必将永久地定格在菲律宾吕宋岛附近海域,因为这里见证了一场跨越国界拯救生命的爱心壮举!

——节选自《青岛日报》2005-11-24

海洋不会"宽恕任何错误"

2003年8月30日凌晨,俄罗斯海军北方舰队编号为"K-159"的退役核潜艇在巴伦支海海域沉没。艇上10人中只有1人获救。俄国防部长伊万诺夫将潜艇沉没的消息告知正在撒丁岛与意大利总理贝卢斯科尼会晤的普京总统,普京表示,这次事故说明海上纪律有多么重要。他说,海洋不会"宽恕任何错误"。

第五节 遵纪守法 维权履责

人类社会是以共同的物质生产活动为基础而相互联系的人们的有机整体。人们在社会中结成一定的社会关系,社会关系具有一定的组织性和程序性,与此相关的社会规范,行为规范是社会固有的。"没有规矩,不成方圆",离开了必要的规则,社会就会陷入混乱状态,不可能正常地存在和发展。

一、遵纪守法的涵义

所谓遵纪守法指的是每个从业人员都要遵守纪律和法律,尤其要遵守职业纪律和与职业活动相关的法律法规。

1. 与海运职业活动相关的法律、法规

随着现代化航运业的发展,国际、国内法律规章日趋完备,形成了庞大的协调控制网络。法律规章越完备,船舶航运越规范,对人的素质要求也就越高。特别是20世纪90年代以来,我国相继出台一些与航运业关系密切的法律、法规,诸如1992年11月7日颁布、1993年7月1日生效的《中华人民共和国海商法》,1994年5月12日颁布的《中华人民共和国对外贸易法》,2003年6月28日颁布《中华人民共和国港口法》,1994年6月2日颁布《中华人民共和国船舶登记条例》等。《中华人民共和国船员条例》也已经于2007年9月1日起施行,这是中国第一部针对船员管理的法规性文件,填补了船员管理制度体系的空白,将更加有力地保障水上交通安全,防治船舶污染环境,促进对外贸易更稳步发展。

至于我国的根本大法——《中华人民共和国宪法》及基本法规诸如民法、刑法、经济法、诉讼法等,是每一个海员所必须掌握的,因为这是对中华人民共和国公民的基本要求。

从国际上来看,早在1960年联合国政府间海事协商组织(IMCO简称国际海协)制定的《国际海上避碰规则》(1972年又制定修订本),1980年,国际海事组织(IMO)又较大幅度地修订了《国际海上避碰规则》,使船舶操纵更具有规范性与准确性。此外,还有《国际海运危险货物规则》、《国际贸易术语解释通则》等。

此外,船舶在世界许多水域航行,对船到国的一些相应的法律、法规也应有必要的了解,否则在一些法制比较健全的国家将几乎寸步难行,往往在不知不觉中就触犯了该国的法律,陷于尴尬的境地,或者在自己的合法权益受到侵害时不知道使用法律武器来维护。

【小思考】

在海运业,与海洋环境保护相关的国内外法律法规公约有哪些?

2. 职业纪律及其特点
(1) 职业纪律的涵义

职业纪律是一种行为规范,它要求人们在职业生活中遵守秩序、执行命令和履行自己的职责,它是调整职业生活中个人和他人、个人和集体、个人和社会等关系的主要方式。

职业纪律作为对人的职业行为进行社会控制的手段,它产生于职业分工。职业分工的产生和发展,使具有不同利益和处于不同地位的人们不可避免地要发生社会交往,为了维持这种交往的正常进行,以达成交易,便订立了一些能被双方从业者都能接受的行为规范,以此来约束从业者的行为。人们在调整各方面的关系和处理各种矛盾的过程中,逐步积累一些经验,经不断总结,制定出一些从业者必须遵守的纪律、守则等职业行为规范,要求从业者去遵守、去执行、去履行自己的职责。

(2) 海员职业纪律的主要内容

职业纪律是在特定的职业活动范围内从事某种职业的人们必须共同遵守的行为准则,是组织活动能否成功的关键。一艘船舶航行于世界各地,要实现安全高效地完成各项货物运输任务的基本保障条件是船员必须具有严明的组织纪律。对于每一个船员来说,有三方面的纪律要求:

第一,组织纪律。

①严格遵守国家的法律、法规。
②严格执行船舶的作息制度、请销假制度、交接班制度和其他有关各项规章制度。
③服从调动,按要求及时上船工作,严禁延误船期或漏船。
④积极参加船舶组织的政治、业务学习和各种会议,不得无故缺席、迟到和早退。
⑤做到团结友爱,互相协作;不得拉帮结派,挑拨是非,寻衅闹事,打架斗殴。
⑥爱护公共财物,不得随便拆动生活区和房间内的固定设施。
⑦自觉维护船舶工作、生产和生活秩序,不准酗酒和在航行中饮用烈性酒,航行值班人员在当值前4小时不准饮用带酒精的饮料。严禁打麻将和进行任何形式的赌博活动。
⑧家属和亲友不得登油船和装运危险品的船舶,并不得在锚泊时登轮和随船航行;家属和亲友探望船员,一般应在岸上住宿。
⑨严禁吸食、注射、携带及贩运毒品。

第二,劳动纪律。

①认真履行职责,服从工作分配,保质保量地完成所承担的任务,对分配的工作或工作中的问题可提出不同意见或改进建议,但不得消极怠工和顶撞、漫骂、威胁船舶领导或部门负责人。

②坚持 8 小时工作制,做到不迟到、不早退、不旷工。

③严格执行各项操作规程、安全注意事项、防火防爆守则和防污染规则,不得违章作业。

④严格遵守船舶航行、停泊值班制度和其他有关规定,确保船舶安全。

⑤值班时应尽职尽责,坚守岗位,并按规定着装,佩带标志;不得做与值班无关的事情,当班人员向接班人员交代工作应清楚、明了;未经船舶或部门负责人同意不得调换值班时间。

第三,涉外纪律。

①严格遵守所到国家和地区的法律、法规以及当地和港口的有关规定,尊重当地的风俗习惯。

②在涉外活动中,应严守党和国家及船公司秘密。

③不得私自与任何境外外国机构、组织、人员联系,船员如需在国外探望亲友,应经船公司批准,由船舶领导酌情安排。

④境外人员登轮参观访问,应由船舶领导组织有关人员接待。未经船舶领导允许,不得私自接待。

⑤境外商船邀请船员上船参观、看电影、电视、录像等,船舶领导应根据情况决定是否应邀,如果应邀,应有组织、有准备地前往。如发现有反动、淫秽等内容,应拒绝参观和观看并表明态度。

⑥不得向境外机构及人员索要、借用电影片或录像来船放映;不得在任何港口(航区)收看反动、淫秽电视。

⑦不得进入妓院、夜总会、酒吧间、按摩院、舞厅、太阳浴场、影院,弹子房以及淫秽书店等场所;不得嫖妓和让妓女登轮。

⑧不得购买、拣拾、索要、接受、藏匿和传看淫秽、反动的书刊、画报、照片和录像带,不得收听反动、淫秽的广播。

⑨登岸购物应到正当的贸易场所,不得走家串户;不得拣拾、偷拿任何物品和以物易物;不得在国外出售、倒卖烟酒及其他物品。

⑩不得接受贿赂和变相收贿;不得向境外人员索要或暗示馈赠礼品;正常业务往来中所得的礼品、钱物,应由船舶领导按有关规定处理。

⑪不得有偷带国家禁止进出口或限制进出口或依法应缴纳关税的物品出入境的走私行为和申报不实、逃避监管、倒卖个人进出口物品出入境的违反海关监管规定的行为;携带和在国外使用人民币及外币应严格遵守我国海关的有关规定和所到国或地区的有关规定,不得进行非法货币兑换。

(3)职业纪律的特点

第一,职业纪律具有明确的规定性。

职业纪律一般都用守则、合同、行业规定等方式体现出来。在职业活动中,它们都是很明确的,它规定了职业行为的内容,指示从业者应当做什么,要求从业者怎样做,职业纪律是每一个从业者开始工作前就应明确的,在工作中必须遵守、必须履行的职业行为规范。

第二,职业纪律具有一定的强制性。

我国社会各行各业的纪律虽然各不相同,但它们都是社会分工体系中的组成部分,共同分担着整个社会的责任。要维系社会的正常发展和良性运行,就必须有严格的纪律来保证各项具体职责的实现。职业纪律的强制性,表现在两方面:一是要求从业者遵守、执行纪律,履行自己的职责;二是追究从业者不遵守纪律所造成的过失和后果,如果因违反纪律造成职业过失,就要追究其责任。

【补充阅读】

船员安全违章违规累计罚分办法

纪律只有被严格实施,才能体现它的强制性。在"行为安全"专项自查活动中,某轮尝试开展了船员安全违章违规累计罚分办法,借鉴汽车驾驶员违犯交通法规累计罚分的做法,按照违章的性质不同扣罚不同的分值。通过累计罚分,分别给予点名批评、书面检查、取消评优、入党、提职资格和扣罚业绩工资等处分。船员安全违章违规累计罚分办法的实施,增强了船员的安全意识,有效克服了习惯性违章现象。一次,在值防海盗加强班时,两名实习生交接班不在现场,交班人员叫班后即回房间睡觉。船长、政委知道后,要求两名实习生按规定重新交接班。为教育本人、警示他人,罚两人每人多值一小时的班并在全船大会点名批评。还有一次,一位年轻的机工中午在机舱值班时睡岗,致使警报响起没有及时处理,导致大警报(轮机员呼叫)。为此,船舶安委会根据累计罚分的规定给予书面检查的处分。当时,部分船员认为,这样做太简单,芝麻小事,没什么意义。但是,正是对于这些影响深远的"小过错"给予"小题大做"的处理,才能防止"千里之堤,溃于蚁穴",才培养了船员强烈的安全纪律意识。

二、遵纪守法对海员具有重要意义

1. 遵纪守法是海员职业的特殊要求

遵纪守法的特殊重要性是由海员职业的特殊性决定的。海员出海航行,违法违纪则后果严重。船行大海,如果海员不严格遵守行船规则与职业纪律则容易导致船毁人亡的惨祸发生;船行各国,海员如果违反外事纪律和所到国法律规则有辱人格和国格。因此,相对陆地上的大多数职业,海员经常面对严峻的考验,稍一越轨就会违法违纪,甚至犯罪。远洋船员经常要经受形形色色的诱惑,如发达国家丰富的物质生活、走私获利、黄色录像、套汇逃汇、妓女上门、红灯区陷阱、偷渡客的高额贿赂、毒品交易等。如果稍微动摇,后果就会不堪设想。因此,海员要不断加强自身的法纪修养,抵挡来自方方面面的诱惑,以达到高尚的道德境界。

2. 遵纪守法是海员从业的必要保证

在社会主义市场经济条件下,要进行正常的经济生活,就必须建立一定的秩序和规则,否则社会就会处于混乱状况。

近年来,中国在船员保护和管理方面采取了一系列措施。建立健全了船员管理机制,提高船员教育培训和管理的针对性,引导非航海类工科毕业生和渔民从事船员工作,积极推进中西部船员的发展和促进新农村建设,重视新兴产业的安全生产,但是,中国在船员保护和管理中仍然存在一些比较突出的问题。船员的劳动保护和社会保障待遇没有完全得到落实,船员的合法权益有待进一步维护;船员的素质有待进一步提高;船员的无序流动问题有待进一步解决。这些问题或者现象,不仅影响了船员的身心健康,挫伤了船员的工作积极性,不利于吸引有才华的青年人上船工作,而且对水上人命、财产安全也构成了严重的威胁,并对未来航运的发展产生消极影响。

正是在这样的背景下,2007年3月28日,国务院第172次常务会议通过了《中华人民共和国船员条例》,从提高船员素质、明确船员的职责、维护船员合法权益以及保证船员有序流动等方面进行了规定,这是中国第一部规范船员管理的法规。

3. 海员遵纪守法是保证船舶安全营运的需要

从事远洋运输职业的中国海员应该谙熟国际、国内各种相应的法律规章、生产条例和各项外事纪律要求,熟悉、掌握并运用到工作实践当中,这是保证船舶安全营运的需要,也是现代国际海员必备的素质。

【典型事故案例】

"泰坦尼克号"海难事故

1912年4月14日晚上,"泰坦尼克号"的处女航,从爱尔兰西海岸开往美国的途中,在北大西洋洋面与冰山碰撞,这艘在当时号称世界一流的"不沉之船"的超级游轮,却在两个多小时后沉入了海底,造成了一千多人死亡的重大海难事故,震惊了整个世界。

既然是一艘"不沉之船",为什么还会沉没的呢?这就值得我们去思考。根据海上航行安全的有关法规和海员通常做法以及海船建造规范等方面的要求,我们来剖析一下"泰坦尼克号"海难事故的原因。从航海技术上来讲,造成"泰坦尼克号"与冰山碰撞而沉没的主要原因有三个:没有保持正规瞭望;没有采用安全航速;没有应用良好船艺。而从船舶建造规范上来讲,造成大量人员死亡的主要原因是船上没有配备足够的救生设备。

其实,所谓的"不沉"是相对而言的。钢质海船的船舱进水超过一定的程度就会沉。正如"泰坦尼克号"的设计师安德鲁先生所说的,船是钢铁造的,是钢铁造的船就会沉。"泰坦尼克号"只是设计为"四舱不沉制"的船。也就是说,即使有四间船舱都破损,浸满了水,该船也不会沉没。而在一般情况下,四间船舱同时破损浸水的可能性是极少的,所以"泰坦尼克号"是不容易沉没的,故有"不沉之船"之称。也许就是这个"不沉之船"之称,使很多人产生了误解,麻痹大意:船舶制造商误认为船舶是绝对不沉的,为了使船甲板宽敞,把原来设计应配备的另一半数量的救生艇给删除掉;船长过于自信,在收到冰山报告后仍然加速航行,没有考虑降速航行以利于航行安全;船舶驾驶人员和瞭望人员疏忽大意,没有谨慎驾驶、保持正规瞭望。

实践证明,遵守法律规章在远洋运输中是至关重要的。船员如果对船舶的操作规定及有关航运法规不甚了解,工作时不能认真地按照规章制度办事,就可能酿成海运事故,造成经济损失,甚至危及船员的生命,如船员不遵守避碰规则与违反安全航速而发生海难,船员私用电炉煮夜宵引发火灾,船员违反操作规定被机器切掉手指或摔断腿。更有甚者,某公司两艘货船在印度洋相遇,因双方二副是多年不见的昔日同窗,此时相逢,便用高频电话互诉衷肠,把瞭望工作之责任抛在脑后,致使两船在风平浪静的大白天相撞,造成巨大损失。

1972年《国际海上避碰规则》第二章第五条"瞭望"条款中规定:每一艘船在任何时候都应使用视觉、听觉以及适合当时环境和情况的一切手段保持正规的瞭望,以便对局面和碰撞危险做出充分的估计。第六条"安全航速"条款中规定:每一艘船在任何情况下都应以安全航速行驶……在第三节第十九条中规定了船舶在能见度不良时的行动规则。这些条款明确了船舶的驾驶和航行规则,是船舶在海上必须遵守的,海员们本应严格遵守;可是在航海实践中,海员们对瞭望规则、安全速度、海上避碰规则以及雾航要求往往粗心大意,不严格执行。

由此可见,违反法规是海员平时法纪观念淡漠及法纪修养较差所致,后果严重。此外,一些看起来是不足挂齿的小事,违反了作业的安全规定,诸如乱扔烟头、乱动明火而导致油船爆炸,忘记关蒸汽阀门或忘记改正海图上的某一灯标等都会酿成损失惨重的事故。因此,船员为了做好本职工作,必须加强自身的法纪修养。

【补充阅读】

"远望"号上的"衣食住行"

三百六十行,行行有规矩。

先说吃。出港前,二号船在码头补给了主食12种25.1吨,副食75种33.5吨,水果蔬菜52种20.9吨。这些菜都藏在哪儿?船务长王灿领着我下了几层楼,才看到了角落里的几个库房。蔬菜库房内,油菜、土豆、西红柿、藕……以超出我想象的规模一路铺开。我看见一群小伙子正在整理库房——每两天都要把摞在一起的菜从上到下倒一遍,这样,既防止"交叉感染",又促进空气流通,使蔬菜的保鲜能更久一些。

说话间,甲板一角的一摞比办公桌面还大的方型蒸笼已经冒出了蒸气。一个小伙子介绍说,这儿蒸东西,是从机舱辅锅炉那儿"引"来的气,而不是火。在船上,海况好时,才能用明火炒菜。

穿,对船员来说,也有讲究。几十天内,我们就经历了两回春夏秋冬,出来时是秋天,到了赤道就是夏季,到了南太平洋海域又是春季,返航时又是夏天、秋天,抵达长江口便是冬季了。因此出一次海,就要带足四季的衣服。住在船上,人们不忘在床头放只电筒,以便一旦发生不测,可以从黑暗中脱离险境。航行中睡觉,海员有一个重要习惯就是不锁门,以防万一情况下夺路而出时,怕门变形打不开。离开住舱,船员不忘三件事:切断电源、关好舷窗、熄灭烟火。

行,对海员来说也是有规矩的。船上通道窄,舷梯小,尤其是船摇晃时,更要遵守"交通规则":向船艏走右舷,向船艉走左舷,过舷梯时先上后下。行走时要抓住扶手"脚踏实地",否则,就会遇到意外的伤痛。

海员独特的职业,养成了独特的习惯,在独特的习惯中,有着独特的乐趣。

三、遵纪守法 维权履责

要做到遵纪守法,首先必须认真学习法律知识,树立法制观念,并且了解、明确与自己所从事的职业相关的职业纪律、岗位规范和法律规范。

1. 学法、知法,增强法制意识

法制意识大体包括三点:其一,法制观念。即依法治国,通过法律管理国家,做到"有法可依,有法必依,执法必严,违法必究";其二,"法律面前一律平等"观念。即公民在法律面前一律平等,任何人不得有超越于法律之上的特权,"王子犯法与庶民同罪";其三,"权利与义务"观念。法律就其内容来讲,都是公民的权利与义务规定。权利与义务观念的强弱,直接反映着"法治"观念的强弱。

从业人员,要在实践过程中不断努力地学法、知法、守法、用法。学法、知法首先要求认真学习和掌握宪法。因为宪法是国家的根本大法,它规定一个国家的社会制度和国家制度的基本原则,国家机关的组织和活动的基本原则以及公民的基本权利和义务等重要内容。宪法具有最高法律效力,是制定其他法律的依据,是国家一切立法活动的基础,宪法是公民行为的最基本的准则。在学好宪法的基础上,还要对我国的《刑法》、《民法》、《劳动法》、《行政法》、《诉讼法》、《环境保护法》等,以及不断出台的各项基本法律进行认真的学习。

【典型案例】

糊涂人犯了走私大案

四年前,邱某站在广东江门法庭上,觉得自己还有点"委屈"。原本只想到外面"撑船"赚点劳务费,没想到稀里糊涂地把自己"送"进了监狱,不仅被判了刑,还得掏巨额罚金。害了自己不说,把家里人也给拖累了。

20世纪末,邱某通过本市的一家船舶服务有限公司介绍,去了香港某实业公司代理的"粤珠油3"号船,当上了大副。

2000年9月17日晚,跟以往一样,邱某所在的"粤珠油3"号船,在船长的指挥下,从广东台山上川岛沙堤港出发,开往南中国海面。在茫茫大海中,根据船长的要求,船员用油漆把船名涂改掉了。

第二天凌晨6点左右,船航行到南中国海面东经113度30分、北纬20度40分的地方,从另一艘油轮上过驳了912吨柴油,船长让邱某负责计量。

当月20日,船按照原来的航线返回。在返航途中,船长要求船员把船名用油漆再改回来,同时,他还叮嘱全体船员在遇到海关、边防等执法部门检查时,不要讲任何东西。随后,邱某被船长叫到了一边,船长跟他商量并伪造了航海日志。

次日,当船返回台山上川岛沙堤渔业中心油库码头附近海面时,被番禺海关缉获。海关认为,船上所装的912吨柴油,既没有任何合法的货物来源证明,也没有到海关办理申报手续,偷逃应缴税额人民币近66万元,已构成走私普通货物罪。

在审判时,邱某的辩护律师提出:邱某不清楚柴油是否具有合法证明,甚至连所装的柴油是什么型号都不知道,他在本案中的所为都是受船长的指使,应从轻或减轻处罚。

广东省江门市中级人民法院认为:邱某尽管是在船长的指使下偷运柴油入境,但他参与了整个偷运过程,而且与船长一起伪造航海日志,属从犯,走私普通货物罪成立,应依法惩处。

2001年7月,广东省江门市中级人民法院宣判:邱某犯走私普通货物罪,判处有期徒刑六年,并处罚金658 655.35元。经历了这么一场官司,邱某才明白自己的所作所为竟然触犯了国家刑法,在法律面前,他低头认罪,没有提出上诉。

【小思考】

从这个案例中,邱某为什么会走上犯罪道路。如果你是大副,你会怎么做?

其次,要有针对性地学习和掌握与自己所从事的职业相关的法律法规,以及岗位规范,以期达到知法、守法、用法、护法。只有懂法,才能守法,才能提高遵纪守法的自觉性。只有懂得应该如何做,怎样才能做好,才能在发生矛盾纠纷时运用有关的法律、法规去处理和解决问题,去保护本单位、本企业和个人的正当权益。

【补充阅读】

留证不违规　离船要上交

个人出钱,公司代办,如此远洋海员证,在船员离开公司时可否随身带走?围绕海员证去留,日前,原在某远洋渔业有限公司上班的河南籍船员部老虎,与这家公司较起劲来。想想没有这本海员证就难以在其他远洋船上落脚,部老虎执意要携证走人。然而,几经交涉,这家公司却铁心不让他随身带证。

"船员在离开公司时不能带走海员证,这一做法并不是我们公司自行规定的,而是相关法规赋予的要求。"本报刊登《远洋公司扣留海员证为哪般》的报道后,公司李经理来到本报予以说明。

李经理否认报道中"扣留"的提法,应该说成管理。他们向记者出示了海员证管理的相关文件,其中《中华人民共和国海员证管理办法》第18条和第24条分别写着:"海员证仅限持证人在为其申请办理海员证的单位工作时使用,海员脱离原所在单位或派出单位,应将海员证交回,由所在单位或派出单位送交原颁发机关注销"。"海员脱离原工作单位不按规定交回海员证的,颁发机关可处以人民币500~3000元的罚款"。浙江海事部门也对海员证管理出台相应规定,其中规定"船员更换服务单位时,由其原劳动或人事关系所在单位或派出单位在办理其离职手续时收回海员证,并在3个月内交回颁发海员证的海事机构"。

船员与船东有关海员证纠纷在我市时有发生,昨天下午,一位船东给记者打来电话说,船员在离开公司时能不能带走海员证确实不太清楚,当船员向他索要海员证时,他只知道上面有规定,但一直拿不出相关法规文件,因此显得很被动。今天上午,市海事局有关工作人员专门打电话到省海事局询问,证实这家公司海员证管理没有违规。

随着人们法制观念的不断转变、增强,以及国家立法和司法水平的不断提高,法律变成了人们手中的一种武器,要用来维护自己的权益。这个转变表明国民从知法守法发展到护法用法,也表明法律已经开始从强调保护公民和法人的合法权益方面来体现自己的价值了。当然,要维护自身的合法权益,必须依照法律。

近年来,中国公民法律意识的整体水平有了较大幅度的提高,中国海员的法律意识也有了明显的提高,再也不是改革开放初期时那种不知法律为何物、不知不觉就违了法、在受到处罚后才感到"悲痛万分和后悔"的状态了。许多航运公司除对船员进行常规的法律教育外,还针对航海运输的特点,对船员进行海事法、防污染法以及防毒反毒的教育。通过广泛的系统教育,船员的法律知识有所增加,法律意识不断加强,依法为企业、为船舶赢得利益和信誉的事时有发生,以法律为武器维护自合法权益的事也屡见不鲜。然而,仍有相当数量的海员法律意识仍处于初级水平,甚至对大部分基本法律、法规不知晓,不熟悉,不知道用法律维护自己的合法权益,遇到纠纷或合法权益受到侵害之时,仍是以传统方式如找组织,找领导,或私下用哥们儿义气去解决。因此,对海员进行多层次的法制教育仍是迫在眉睫的工作。

2. 遵纪守法,做个文明公民

知法懂法并不等于就有法制观念,法制观念的核心在于能用法律来衡量,约束自己的行为,在于守法。守法,是指遵守一切法规,即遵守宪法、法律、法令、命令、条例、章程、决议等,只有全体公民都做到了严格守法,才能实现完全意义上的"法律面前人人平等"。法律是人制定的,也是给人制定的,它需要人人去遵守,只有对不遵守的人才用国家的强制力去强制其执行,对违法者予以惩治。

【补充阅读】

自觉遵守《出入境边防检查相关规定》

在出入境人员所持证件上加盖边检出入境验讫章,是国家主权的体现,是对中外籍人员出境入境许可的一个重要戳记。随着我国对办理护照、海员证等条件、程序的放宽,持用此类伪假证件蒙关的越来越少,对从事国际航线上的船员的管理却越来越规范了。一些船员为了达到能上船工作,或晋升高等级的职务等目的,想尽办法在海员证上做手脚,结果只能是"陪了夫人又折兵"。

据了解,5月份以来,舟山边检站在办理船员出入境手续时,共查获8起15枚伪假验讫章,收缴了违法证件,并依法作出行政罚款。

多名船员因违反了《出入境边防检查相关规定》而失去了上船就业的机会,遭受了经济损失,严重的甚至惹上了官司。

近年来,从舟山边检站查处的类似案件来看,舟山本地船员涉案的较多,并呈上升趋势。因此,为了维护舟山口岸正常的出入境秩序,舟山边检站提醒有关人员注意,自觉遵守出入境的管理法规,勿做违法之事。

守法,就是恪守现行法律的规定,严格依法办事。

守法是健全法制的核心。国家制定了法律,如果不能为人们遵守,法律也就形成了一纸空文,那也就没有法制可言。

守法,是每个公民的义务。在公民守法问题上,最重要的一点在于弄清个人利益和人民整体利益的一致性。遵守法律就意味着服从包括个人利益在内的整体利益即根本利益和长远利益。只有树立起这样的观念才会有守法的自觉性。

中国海员还要自觉遵守船到国的法律规章,提高自身的公德水准。然而,有些船员在异国他乡无人监视之时或趁人不备之际乱扔果皮、垃圾,或违反交通规则而闯红灯、横穿马路,或到某景点观光时践踏草坪、攀越栅栏,或顺手摘下异国居民宅院内唾手可得的鲜花或者在公共场所吸烟,或者在港区内钓不合尺寸的鱼……这些船员把一些在国内习以为常的陋习带到国外,其后果往往是影响恶劣,代价惨重:轻则遭到异国公民的轻视和冷淡,破坏了中国海员的整体形象;重则需付高额罚金或不被允许登陆,有时还要付出血的代价。

3. 严守船舶航运规章,培养安全意识

现代化船舶的操作及运行有一整套严格的规章制度,各类人员职责分明。海员必须按照岗位的规章严格操作,不得有误,否则轻者会造成设备和人员的损伤,重者会造成船毁人亡。例如,三副的职责之一是定期检查、保养消防设备和救生设备,并且使这些设备处于随时可用的状态,以保证船舶的适航性。这就对三副的日常工作提出了更为严格的要求:接班后,三副应马上着手去熟悉救生、消防设备的具体布置情况,对每一个救生圈,每一件救生衣,救生艇的每一样属具,每一条皮龙,每一个灭火器等所有备品的数量、位置都要检查一遍,对其状况做到心中有数;熟知并遵照体系文件的相关要求,定期做好救生、消防设备的维修保养工作并作好保养记录,保证其处于随时可用的状态。如果这方面的工作没有做好,那么造成的后果将是不堪设想的。

现代化国际航运是依靠完备的法规来协调控制的,法律规范越完备,航运行为越规范、准确,海损、海难事故就会越少发生。俗话说得好:"绳子断在细处,事故出在松处。"海员一旦缺乏安全意识,不遵守航海规章制度,海难、海损就会接踵而至。因此,任何情况下都要恪守法律规章,不得有半点疏忽。

【海员博客】

在纪律的词典里,没有"侥幸"两字

虽然有些纪律还是我们用生命换来的,但这才是我们真正的护身符,这才是我们真正的维护神。只要严厉依照操作规程就能保证安全,违背规程必会酿成意外,纪律就是这么没有情面,没有一丝通融,没有一秒延迟,纪律面前人人平等。那些抱有侥幸思想、请求上帝保佑的人实际上是玩火自焚,拿自己的生命做一场毫无悬念的赌博。从古到今、从中到外所发生的全部意外充足证明说明了这一点。让我们从安全的角度来思考分析与判断被文学家、艺术家、社会学家广泛引用、老百姓耳熟能详的"泰坦尼克"号的意外因果关系。1912年泰坦尼克号在首航时,因撞冰山而沉入大西洋。外貌上看是舵手精力不集中,导致轮船撞上漂移的冰山;深层次因果关系是轮船设计师没有遵守设计规则,未设计隔离舱和足够的救生艇;更深层次的因果关系是英国人在工业革命后成为"日不落帝国",自以为人类力大无比,可以随心所欲制服自然。"泰坦尼克"号不能不谓出类拔萃,但就因为违背规则,直接导致爆发了人类历史上的一场大悲剧:1 959人冻死在大西洋冰冷的海水中。我们常说的:"淹死单淹死会水的"同时也是这个道理。

航海是有一定危险性的职业,虽然随着时代的发展,船舶营运安全系数越来越大,现代化船舶的安全程度比起古代惊涛骇浪之上听凭命运摆布的小舟的安全程度可谓天壤之别,但是决不能高枕无忧。远洋船的高级船员特别是船长要把好全船安全舵,勤观察,多联络,早减速,多避让,自己率先垂范,带动全船人员严格遵守航运规则和劳动纪律,培养自身的安全意识,把其融入自己的生命与血液之中,把其上升到伦理道德的高度来认识,形成铁的纪律,保证船舶的安全营运。

【补充阅读】

纠正船员的"习惯性违章"

安全习惯,顾名思义就是船员在日常安全生产过程中积久养成的生活或工作方式,通过实践或经验而适应。在多年的安全生产实践中,船员养成了很多有利于船舶安全的好习惯,如遵章守纪、遵守操作规程、派前会、安全叮嘱、安全提醒等,同时也存在习惯性违章等一些坏习惯。如今,习惯性违章已经成为船舶安全的"第一杀手"。习惯性违章,是在船员日常工作中长期逐渐形成的不自觉地违反安全管理规则的一种习惯性做法。类似于"习惯成自然",或者"谎言说了一百遍就成了真理"。及时修好"第一块被打碎的窗户玻璃",也就是说及时发现并制止每一个违反船舶安全管理规则的行为,让船员真正做到"勿以恶小而为之",那么习惯性违章将不复存在,良好的安全习惯自然会生成。

在行为安全专项自查活动中,船舶要紧紧围绕"零缺陷、零违章"工作目标,着重纠正存在于船员日常工作中的不良习惯,培养和建立良好的个人行为安全习惯。如纠正驾驶台当值人员拍摄风景照片、当值期间做夜更饭、交接班不规范、船舶拨钟后船位记录不规范、船员劳动安全保护用品穿戴不规范、为方便操作拆掉主要工具的防护装置(如角磨机、电砂轮的防护盖板)、不按操作规程操作设备(台钻、车床等使用时夹持工件不规范等)不良安全习惯。

海员要做到遵纪守法还应树立职业规范意识,懂得个人命运与海运企业前途紧密相连,个人利益系于企业之发展,从而自觉地学习和认同企业的职业规范,自觉自愿地严格遵守企业的职业规范,包括经济的,行政管理的,业务技术的,道德的和法纪的等各方面的行为规则,把外在的约束力化为个体自主自愿的需要,把"要我做",变成"我要做",养成遵纪守法的良好道德品质。

同时,要严格要求自己,在实践中养成遵纪守法的良好习惯。遵纪守法的美德不仅是个认识或心理问题,更重要的是行为践履的问题。只有把对遵纪守法的正确认识、情感、意志、信念转化为行动,在日常的工作、生活实践中坚持不懈地努力去做,不断地学习、实践、再学习、再实践,才能够养成自觉遵纪守法的美德。遵纪守法良好习惯的养成不是一朝一夕功夫,并非一蹴而就的易事,必须长期坚持,"从我做起,从小事做起,从现在做起"。

4. 用法护法,维护正当权益

法是由国家制定或者认可的,它体现着统治阶段的意志,并以国家的强制力来保证实施。在我国,广大人民群众是国家的主人,因此,我国的社会主义法律就是体现人民意志的,是代表人民利益的,它规定了人民的各项权利和自由,并用强制力来保证这种权利和自由的有效行使。但法律需要人们去共同实施,如果公民不能正确使用法律武器,自己的合法权益就很容易受到侵犯。

新颁布的《中华人民共和国船员条例》(以下简称《船员条例》),对保护船员的合法权益有了明确规定,体现了以人为本、关注民生的执政理念。《船员条例》规定船员用人单位和船员应按国家规定参加工伤保险、医疗保险、养老保险、失业保险以及其他社会保险,并依法按时足额缴纳各项保险费用;对驶往或驶经战区、疫区或运输有毒、有害物质的船舶上工作的船员,船员用人单位还要办理专门的人身、健康保险并提供相应的防护措施;《船员条例》规定船上船员的生活和工作场所应当符合国家船舶检验规范对船员生活环境、作业安全和防护的要求;《船员条例》规定船员用人单位应为船员提供必需的生活用品、防护用品、医疗用品,建立船员健康档案,为船员定期进行健康检查,防治职业疾病;《船员条例》规定船员用人单位应当依照法律法规和/或我国缔结或加入的国际公约的规定,与船员订立劳动合同;船员工会组织应当加强对船员合法权益的保护,指导、帮助船员与用人单位订立劳动合同;船员服务机构为用人单位提供配员服务,应当督促用人单位与船员依法订立劳动合同;《船员条例》规定船员用人单位应当向船员支付合理的工资,并按时足额发放给船员,任何单位和个人不得克扣船员的工资;《船员条例》规定船员除享有国家法定节假日的假期外,还享有在船上每工作2个月不少于5日的年休假,年休假期间用人单位向其支付不低于该船员在船工作期间的平均工资报酬。

5. 严格履行船员职责

许多水上交通事故、污染事故、事故隐患和险情的直接原因,就是船员未履行或未妥善履行其应尽的职责。为了保障水上人命财产安全、保护水域环境、保证船舶运输生产正常运转,有必要以行政法规的形式明确船员在船工作期间应尽的职责,改变此前几乎由层次较低的其他规范性文件、企业"家法"规定船员职责的状况,更为有力地促进船员正确地履行职责。

《中华人民共和国船员条例》有许多条款,规定了船员在船工作期间履行职责的基本要求(第二十一条)、命令服从关系(第二十二条),船长、高级船员不得擅自放弃职责(第二十四条),船长的特定职责及权力(第二十三条、第二十五条)。这些基本要求,有原则性的,也有具体化的,是由船上工作的性质和特点、船长的地位决定的。

法律、法规、规章和有关国际公约、规则所规定的其他船员职责及履行要求,船员亦应遵循。

《中华人民共和国船员条例》第二十一条规定:船员在船工作期间,应当符合下列要求:

(一)携带本条例规定的有效证件。

(二)掌握船舶的适航状况和航线的通航保障情况,以及有关航区气象、海况等必要的信息。

(三)遵守船上的管理制度和值班规定,按照水上交通安全和防治船舶污染的操作规则操纵、控制和管理船舶,如实填写有关船舶法定文书,不得隐匿、篡改或者销毁有关船舶法定证书、文书。

(四)参加船舶应急训练、演习,按照船舶应急部署的要求,落实各项应急预防措施。

(五)遵守船舶报告制度,发现或者发生险情、事故或者保安事件以及影响航行安全的情况,应当及时报告。

(六)在不严重危及自身安全的情况下,尽力救助遇险人员。

(七)不得利用船舶私载旅客、货物,不得携带违禁物品。

此条规定船员在船工作期间履行职责的基本要求:

(一)项要求中国籍船员携带船员服务簿、适任证书、海员证,外国籍船员携带该等相应证件及就业许可证,不适用的除外。这些证件表明持证人的职业身份、国籍、参加航行和轮机值班的任职资格,以及外国籍船员获准在中国籍船舶上工作。它们必须是合法有效的。

(二)项要求船员掌握本船适航状况、预定航线通航保障情况以及有关航区气象、海况等。对于高级船员特别是船长,该项要求尤为重要。为了心中有数地做好开航前准备、航行中应对,他们确应掌握这些必不可少的信息。开航不可盲目冒险,遇事不会慌张失措。

(三)项要求船员遵守水上交通安全和防治船舶污染的规定,遵守船舶安全操作规程,遵守船上的管理制度和值班规定,按照各项法规性、技术性的规则操纵、控制和管理船舶,如实地、规范地填写航行日志、轮机日志、电台日志、油类记录簿、垃圾记录簿、货物记录簿等船舶法定文书。

本项给予了企业"家法"亦受遵循的地位,如其中所述"船上的管理规定"是可以包含企业所制定的船上管理制度的,但企业"家法"不得违反国家有关规定。

(四)项要求船员严肃认真地参加船舶消防、救生、堵漏、防污、弃船以及其他项目的应急训练、演习,切实锻炼和提高应变技能。船舶应急部署的要求是强制性的,船员应该按照这些要求落实各项应急预防措施,以备迅速有效地应急应变。

(五)项要求船员遵守船舶报告制度(无论是强制参加的,还是自愿参加的),直接或可通过合适的第三者向有关部门及时地、准确地报告本船动态,所发现或者发生的险情、水上交通事故、水域污染事故、保安事件,以及航标异位、漂流物、障碍物等影响航行安全的其他情况。报告包括常规的和非常规的。

(六)项要求船员在不严重危及自身安全的情况下,尽力救助遇险人员,讲到了船员救助水上遇险人员的前提条件与努力程度。海上交通安全法、海商法、内河交通安全管理条例和有关国际海事公约也有相同或相似的规定。对于船员,救助水上遇险人员是全球普适的法定义务,不只是人道义务。

(七)项要求船员不得利用船舶私自搭载非经申报获准载运的或非客货运输合同项下的旅客、货物,不得携带枪支弹药、毒品和其他违禁物品,以保证船舶及船上人员、货物的安全,限制船员谋取不当利益或非法利益。

《中华人民共和国船员条例》第二十二条规定:船长在其职权范围内发布的命令,船上所有人员必须执行。

高级船员应当组织下属船员执行船长命令,督促下属船员履行职责。

此条规定了船上人员之间的命令服从关系。

船长全面负责船舶的管理和驾驶,是船上职务、地位最高,权力、责任最大的人。船长在其职权范围内发布的命令,船员、旅客和其他在船人员都必须执行。船东本人、船东代表属于在船人员的,也是如此。

船长超出其职权范围所发布的所谓"命令",不视为他以船长身份发布的命令,其他人可以不执行。

大副、轮机长、事务部(客运部)主管等高级船员应当组织带领所分管的低职务船员妥为执行船长发布的命令,并督促低职务船员履行好自身职责。下级船员对上级船员依据有关规定所作出的职责安排、指令,有服从、执行的义务。上级船员督导不力造成不良后果的,应负一定责任。

"服务客户最优,回报股东最大"——某海运企业的价值观

第六节 优质服务 降本增效

优质服务是海员基本的职业道德规范。优质服务就是要为船舶所有人、承租人、货主的利益着想,把他们当成上帝和衣食父母来对待,多为船舶所有人、承租人、货主排忧解难,树立为船舶所有人多创效益的服务意识,为公司、船舶所有人、承租人、货主提供优质、高效的服务。

降本增效,就是通过优质服务,降低生产运营成本,提高企业经营效益。海运企业降本增效的主战场在船舶,船舶营运中的"一举手,一投足",无不与成本、效益紧密相连。因此海员是海运企业降本增效的主体,降本增效是海员基本的职业道德规范。

一、优质服务、降本增效的意义

1. 优质服务、降本增效,是航运企业的立业之本,是航运企业保持蓬勃的生命力与长盛不衰的竞争力的动力与源泉

市场的竞争,就是客户的竞争。企业都期望具有足够的客户群和高客户忠诚度从而使基业长青。然而,企业拿什么赢得客户的心?在同质化的市场中,客户不会倾心于"顾客就是上帝"的口号,而需要的是能满足甚至超越其要求、期望的实实在在的行动——优质服务。

及时、准确、全方位服务是航运业发展的主要趋势。客户对航运企业的服务水平和服务质量方面的要求越来越高,强烈要求航运企业能够提供更加快捷、更加可靠、方便灵活的供应链管理,并进一步要求承运人提供所谓的"无缝服务",从包装、陆运、集运、海运、报关、分包再到陆运、交货提供完整的运输服务体系,并对所有点到点的运输全过程进行监控。当前,国际、国内航运业竞争十分激烈,只有坚持优质服务,文明运输才能赢得稳定的客户和货源,在航运市场立于不败之地。

【补充阅读】

为货主服务 为公司创效

2003年8月21日,停靠在厦门"海天"码头的"怀集河"轮即将装货结束,当船员们正在做开航前准备工作时,码头上的货车运来两块重达15吨的天然工艺巨石,然而值班驾驶员发现该巨石仅用两道普通铁丝绑扎在"框架"箱内装载上船,立即报告大副、船长,船舶领导获悉后,考虑到船舶安全运输生产和公司的效益,首先与代理联系,不草率退货,并从货主的利益出发,告知货主"目前正是台风季节,热带风暴、低气压活动频繁,航行中遇到风浪会引起'巨石'移动,无法确保工艺石材安全载运,要求货主绑扎好框架箱内石材后载运"。可是,"怀集河轮"即将离港开船,时间紧迫,怎么办?船长又与代理和港方联系,将装有15吨重的框架箱巨石移装舱面,决定"船员自行绑扎加固"。由于受热带低压影响,天空下起大雨,甲板部全体成员积极响应船舶党支部号召,在大副和水手长的指导下,不怕苦、不怕累,顶风冒雨,迎难而上,他们在狭窄的框架箱内不畏艰难地作业,把工艺巨石进行牢固绑扎,经过一个多小时的苦战,终于完成了绑扎任务,为船舶安全运输生产消除了潜在的隐患,为公

司多创效益作出了应有的贡献。

8月27日,"怀集河"轮安全抵达日本港,在厦门"海天"码头装运的两块工艺巨石完好无损地送到了货主手中,此举不仅为公司增创了经济效益,而且充分展示了公司船员良好的精神风貌。

"服务客户最优",作为航运企业的价值观,直接宣示了我们提供的运输服务,就是在安全、便利、时间、货运质量诸多方面比竞争对手做得更好,在客户满意上比竞争对手做得更好。这不是企业的选择,而是市场的要求,企业得以持续发展的要求。

随着国际航运市场竞争日趋激烈,降低成本、提高效益是航运企业生存与发展的必然选择,也是在市场搏击中取胜的关键。

2. 优质服务、降本增效代表着企业和社会的文明程度

航运企业不仅肩负创造丰富的经济效益,促进国民经济的快速发展的任务,而且还承担着艰巨的社会责任,是重要的社会效益的创造者,因此许多航运企业把"优质服务、树立优质服务品牌"作为推进航运企业文化建设的重要目标。一条船舶、一个船长和每个船员在对外交往和工作中,所表现出来的服务水平、信誉状况,代表着企业,代表着国家的精神文明的程度。在船舶上,服务的好与坏,到位与没到位,满意不满意,影响着企业的声誉,甚至国家的声誉。

【案例分析】

台历上的"乐里"轮

南非某航运公司2003年的台历上,广远公司"乐里"轮的英姿跃然画上。原来"乐里"轮连续租给该公司,并以其优质服务得到租家的青睐,从而成为该公司的宣传形象。

"乐里"轮优质服务的故事不胜枚举。例如,该轮第15航次在美国新奥尔良港卸货时,由于装卸工人的铲车油箱破漏,造成第2舱舱底严重污染,渗漏的机油流入货舱污水井,厚度达20厘米。租家代理和船方立即和装卸公司交涉,要求派人清除油污,但对方迟迟不见动静。验舱装货在即,无可奈何之下,租家请求船方帮助。"乐里"人毫不犹豫挺身而出,近20名船员在舱内抹的抹,掏的掏,将污油收集起来,然后用洗衣粉刷洗清除舱底油迹。在大家的努力下,终于验舱一次通过,顺利装货,得到了租家的好评。

分析:航运市场竞争激烈,争取客户很难,留住客户更难。"乐里"人付出了汗水,却得到租家的信赖回报,连年出租,成为了租家的宣传形象,为公司赢得了效益,树立了品牌。

降本增效,是航运企业服务"节约型社会"的重要举措。国家倡导创建"节约型社会","十一五"规划提出:坚持开发节约并重、节约优先,按照减量化、再利用、资源化的原则,在资源开采、生产消耗、废物产生、消费等环节,逐步建立全社会的资源循环利用体系。降本增效,厉行节约,可以降低生产成本,增强企业竞争力,同时也为社会节约了能源和资源消耗,具有较大的社会效益,为社会文明进步做出贡献。

二、优质服务,全心全意为船舶所有人、承租人、货主服务

怎样做到优质服务?首先,要树立全心全意为船舶所有人、承租人、货主服务的思想,坚

持信誉第一,用远洋船员的话来说就是"客户至上,信誉第一,安全可靠,快速经济"、"一分钟要抢,一吨货要争,一分钱要省"。要提供超值服务,让客户满意;要确保服务质量,让客户放心。

1. 要提供超值服务,让客户满意

在海上运输过程中,船舶在安全、优质、高效地完成运输任务的同时,必须做到想客户之所想,急客户之所急。要提供超值服务,让客户满意;要确保服务质量,让客户放心。

【补充阅读】

超值服务

有这样一则寓言:在非洲,有一只羚羊,每天早晨醒来的时候,都意识到:"自己必须比跑得最快的狮子还要快,否则就会被吃掉!"

另外,有一只狮子每天早晨醒来的时候,也会意识到:"自己必须比跑得最快的羚羊跑得再快一些,不然就会饿死!"

自然界的弱肉强食的法则在商界同样适用,所有的服务提供者所能做的只有一件事:提供超值服务,注重服务营销。

所谓超值服务就是所提供的服务除了满足顾客的正常需求外,还有部分超出了正常需求以外的服务,从而使服务质量超过了顾客的正常预期水平。

超值服务的表现可能包括以下一种或几种方式:

1. 站在顾客立场上,给顾客提供咨询服务;
2. 为顾客提供其所需要的信息;
3. 注重感情投资,逢年过节、寄卡片、赠送小礼品等;
4. 主动向顾客寻求信息反馈并提供所需的服务;
5. 实实在在地替顾客做一些延伸服务,使顾客不由自主地体会到所接受服务的"超值";
6. 在业务和道德允许的范围内,为顾客提供一些办理私人事务的方便。

【案例分析】

主动出击创一流

"赤峰口"轮第175航次,在巴塞罗那港装运6件30多米长的飞机人行通道设备前往西非马拉博港,此设备较贵重又是西班牙援外的项目。装货时,货主为缺乏足够合适的绑扎材料而一筹莫展。此时,船上主动提供平时扫舱整理收集的木板、钢丝、绳索、卸扣等绑扎材料,船员在绑扎时还在钢丝与设备接触处裹上橡皮,防止设备磨损,租家货主对船员的行为赞赏不绝。

航行途中,船长查找资料得知马拉博港只有一个泊位,船到港要等候且不说,如此长的货物因码头道路限制,也会运不出去。船长随即将此情况通报租家,于是租家安排船到机场附近一个简易码头卸货。为了配合卸货,船方又主动提出自行把第3舱舱盖的集装箱移到第4舱舱盖和甲板上,保证了飞机人行通道顺利卸船,再次得到了租家的赞赏。

分析:这是远洋船舶为客户主动提供超值服务的典范。"赤峰口"人既不是坐等货主解决绑扎问题,也不是一味听从租家的卸货安排。而是本着"服务客户最优"的思想主动出击,帮助租家货主解决一系列问题,租家没想到的,他们也想到了,保证了货物顺利装卸,赢得了租家货主的赞赏。

2. 优质服务,要坚持"安全为本、质量第一"的方针,做到货物安全、船期准确及货运质量优良

对于货船来说,要大力推行全面质量管理的科学管理方法,做到装货前保证船舱干净,运货、装货中根据货种的不同性质合理配载和认真隔垫,搞好绑扎加固。在运输途中要认真检查和通风,发现问题及时采取措施。卸货时,做好监理工作,把货损、货差减少到最低程度。

【案例分析】

扫"雷"保安全

"乐锦"轮第22航次在秘鲁3个港口装鱼粉,前往菲律宾和中国卸货。鱼粉易于自燃,乐锦轮船员按照国际危险品运输安全规范要求,全程监测货物的温度。正准备在第3港加载时,负责监测大舱温度的大副向船长报告:发现第4货舱的第6测温点,货物升温较快。船长当即向公司汇报了这一情况,公司指示立即查明升温原因再开航。

于是,船方决定:立即停止装第4舱的货,然后翻舱查找原因。考虑到翻舱工作量大,专程从秘鲁首都利马赶来的中远集团航运代表建议请当地装卸工人干。可是,工人要第2天才能来。为了尽早查明原因杜绝隐患,船方决定自行组织船员连夜翻舱。全船除了留下3人当班,其余25人全部投入突击翻舱。大家搬的搬、吊的吊,连续奋战近12个小时,共移货170多吨。随后,在当地工人的协助下,又工作了9个小时,总共挖出113包严重发热的货物,成功扫"雷",杜绝了自燃的隐患,而且以最快速度恢复装货,为公司节省了船期和劳务费用。

分析: 提供优质服务,既要"热心",又要"细心"。快速升温的鱼粉无疑是危险的"地雷",如不及时排除,很有可能会引起自燃。请工人翻舱,又无法马上安排,势必会影响船期。为了公司的利益,"乐锦"人全力以赴,终于排除了隐患,保证了安全,赢得了效益。人,是生产力中最积极、最活跃、最具能动性的因素。这话没错。

3. 优质服务要注意保证船期,多装快跑,为承租人或货主多创效益

船期是航运公司最重要的生产经营活动要素之一。在瞬息变化的市场贸易中,船期间接地决定了某些货物的价格,密切关系到货主的利益,因而货主在选择承运人时就必定会选择保证船期、信誉良好的航运公司。在航次租船中,虽然已经确定了运价,签订了装卸率和速遣条款,但如果节省了船期,就能提高船舶的利用率,能为公司多创效益,同时为企业和船舶赢得信誉。在航运市场竞争极为激烈的今天,谁的市场信誉好,谁的服务质量高,谁就会赢得货主,谁就会赢得市场。

【案例分析】

船员扫舱抢船期

大连远洋运输公司的"沱海"轮在突尼斯卸完硫磺后，租家令驶往罗马尼亚康斯坦萨港装玉米。考虑到地中海冬季风浪大，而且卸完硫磺改装粮食，扫舱工作难度大，因而要求船舶在锚地完成清扫工作。但是船长考虑到康斯坦萨港装货合同马上将到期，船又要到土耳其加油，为了不耽误船期，给租家多创效益，船长决定边航行边扫舱。硫磺的厉害，许多船员都领教过。对眼睛十分刺激，难闻的毒气呛得大家咳嗽不止，许多船员皮肤也红肿了。船上许多船员利用船上工具，加班加点，反复冲洗，大干三天，以美、澳装粮的标准备舱，终于提前 11 小时赶到装粮港，进港后，经发货人、租船人、代理、港方检疫部门共同验舱，一次通过。沱海轮的全体船员的工作精神受到用户和公司的高度评价。

分析："沱海"轮的全体船员表现出艰苦奋斗、优质服务的良好道德风尚。

"沱海"轮的全体船员发扬了艰苦奋斗的精神，在艰苦的环境中，加班加点，为用户服务，为用户、为公司创造了良好的经济效益。社会主义市场经济条件下，企业要降低生产成本，提高经济效益，必须发扬艰苦奋斗的优良传统。我国的远洋运输船舶的机械化、现代化程度和船舶的更新换代水平以及船员的本身素质等还有待提高和发展，因此艰苦奋斗、优质服务是关系到企业发展的大事，我们要反对那种怕苦怕累的厌倦情绪。

为客户服务，提供优质服务，为企业打造良好的信誉，是员工的基本职业道德要求。海员要了解服务对象的客观要求，提高工作效率，严格恪守货运合同，千方百计使用户满意。

有时货主或承租人为了提高效益，常常要求船上最大量装载，在安全的前提下，船舶要想方设法满足要求，为承租人或货主赢得经济效益。

【案例分析】

巧装汽车为租家

广州远洋公司"安龙江"轮第 122 航次出租给英国一家公司，先在大连装 12 123 吨大豆，然后到韩国加载 76 个集装箱前往古巴。在韩国装货临近结束时，租家提出再加载 78 辆汽车。这可给船上出了一道难题，船长和大副亲自到甲板测量计算后，认为最多可以装下 28 辆汽车，剩下的 50 辆实在"无处安身"。租家在得知实际情况后，还是恳求船方想想办法，希望能装下这票货。

于是，"安龙江"人从租家利益出发，提出打破常规，将剩下的汽车装在集装箱上面。此举得到了租家的赞同，所有的汽车都顺利装上了船。航行途中，甲板部船员每天都对汽车检查加固，确保所有汽车完好无损地交给收货人。该航次"安龙江"轮为租家增加了 5 万多美元的运费收入。

分析：将汽车装在集装箱顶部，自然增加了货物运输途中的保管难度。但"安龙江"人一切从租家利益出发，急租家所急，想租家所想，宁愿自己劳心劳力，运输途中多检查、勤加固，也要满足租家的要求。这种"客户至上"的意识正是公司所提倡的，也符合公司质量方针。

【案例分析】

充分利用空间

某公司"大强"轮第 10 航次,在韩国 MASAN/ULSAN/MIPO 三个港装约 19 000 立方米大件货及其附属件。由于货主要求大件不能叠装,因此造成了不少亏舱。配载方案几经修改,无论是船上用电脑配载还是港口船长按码尺计算,都还有 2 000 多立方米货物无处可装。

港口船长正考虑要退货时,大强轮船长提出了"在各舱较规则大件上垫方木加装木箱及较轻的杂货,大件之间隙塞小件"的办法,货主和港口船长都认为此法可行。经过船员精心的衬垫和装载,不仅把原有的货物全部装了下去,还多装了 478 立方米的货物,为公司多创运费 15 万美元。

分析:"大强"轮船员在舱容不足的情况下,还是想方设法,充分合理地利用一切空间,不仅将货物全部装下,还多装了 478 立方米的货物,多创收了运费。他们用事实说明,智慧也是财富,智慧如何变为财富则需要我们的积极主动。

4.优质服务,必须开拓创新

开拓创新就是要根据时代需要、企业需要、货主需要,用新思维、新技术、新方法取代旧观念、旧技术、旧方法,使航运企业和远洋船舶更具有竞争力。只有多想新点子,探索实践,绞尽脑汁地做到优质服务,就会立于不败之地。

【案例分析】

突破常规赢船期

平泉轮第 153 航次,从湛江南下菲律宾达澳港装香蕉,如果按航路指南推荐的常规航线,进民都洛海峡后,走一条较宽敞的航道。但平泉轮船长仔细审核后认为这样虽然航行起来方便一些,却不是最短航线。于是,果断下令改走民都洛海峡西侧的狭水道,并亲自坐镇驾驶台指挥了一整夜,少走 23.5 海里,节省船期将近 2 小时。

从达澳满载香蕉返航大连有两条航线可供选择,一条是贴近巴士海峡东口北上,风浪较大且有横流;另一条是走钓鱼岛西面,能顺上日本黑潮。虽然从数字上看,前一条航线少几海里,但顺不上洋流,船长作了比较后决定走后一航线,结果顺流而上,从达澳到舟山群岛,航速一直保持在每小时 16.5 海里,比走前一条航线节省 3 个小时的船期。

分析:最短的不一定是最好的,最好的不一定是最短的。平泉轮船长在审定航线时,没有被教条所羁绊,而是审时度势科学分析,两次突破常规,两次赢得船期,值得学习。

三、降本增效,做海运企业的主人

优质服务、降本增效的主人翁精神是航运企业一贯提倡的精神,海员应树立以船为家的主人意识。在市场经济条件下,船员与公司实行合同制与聘任制,外派船员与船舶所有人是雇佣关系,强调船员树立服从意识与服务意识。这使得一些船员矫枉过正,顾此失彼,淡化了企业主人、船舶主人的意识。个别船员把自己摆在纯粹雇佣劳动者的地位,有的工作不负责任,马马虎虎,甚至酿成事故;有的惰性较重,怕苦怕累,工作不出力;有的不注意节俭,大手大脚,浪费严重。不少人上船的唯一目的就是挣钱,给多少钱干多少活,甚至个别人"宁愿做金钱的奴隶,也不愿做船舶的主人"。因此,当前要强化海员的主人翁意识、安全意识、服务意识、效益意识,弘扬"优质服务、降本增效"的船舶主人翁精神,把工作当成一项事业来看待,努力发挥自己的潜能,为客户创造价值,为公司创造效益。

效益是企业成功的标志,是企业存在并为国家和人民奉献的依据,也代表了海员的共同利益。部分海员缺乏服务意识、效益意识,错误地认为企业效益好不好主要是领导的事,与自己关系不大,效益好不好,工资照样拿;有的认为现在的分配原则仍然是按劳取酬,只要上船就得给工资、奖金,因此工作不思进取,得过且过,这些思想观念是错误的,须知,企业的效益要靠全体员工共同努力、拼搏、开拓、进取才能够实现,没有效益的企业,只能是一座海市蜃楼。

1. 节省船期,提高船舶的利用率,为企业多创效益

"时间就是金钱。"在现代经济生活中奉为"真理"。而对于航运企业而言,时间就是船期,占全部成本四分之三还要多的船舶固定成本决定了我们每一天、每一小时、每一刻都价值千金,决定了船期就是经营效率和效益。据某航运粗略统计,每年该公司本部船舶不在营运状态和生产状态的时间总计有4 000多天,假设这些时间能挽回,就相当于增加了10多艘船的运力。

尽管这种假设是完全理想化的,但由此可看出船期在航运经营中的分量。发挥主观能动性,消除各种不利因素,争抢船期,就是直接争抢效益。

首先在硬件方面,船员要确保船舶各设备可靠运行,不能因为船舶的设备原因耽搁进出港、靠离泊,抓住一切可以利用的时机检修保养所有船舶机械和设备,防患于未然,密切跟踪主要设备的运行情况,时刻保证"四机一炉"的正常运行。

【案例分析】

提前备航抢船期

"富阳山"轮第29航次在萨尔瓦多卸完货后,按计划先前往巴拿马锚地加油,再去哥伦比亚的布埃那文图拉港装货。在驶往巴拿马途中,代理通知根据富阳山轮原来的预计抵港时间,将比另两艘外轮晚到布埃那文图拉港。由于该港只有一个泊位,除非抢在他们前面抵港,才能最先直接进港靠泊。

"富阳山"人立即召开船务会研究对策,决定在停泊加油这一环节中抢出时间。组织船员积极主动配合加油船加油,保证以最快速度提前办好离港手续,提前备妥主机,船长坐镇驾驶台,驾驶、轮机人员各就各位,大副和木匠守候在船头,当加油临近结束时,开始慢慢绞锚,提前将锚绞到最低安全限度,等到加完油,油船一驶离大船,立即把锚绞离底,迅速开航,比原计划提前了1个多小时离港。通过全体船员的努力,富阳山轮终于提前抵达装货港,直接上引水进港靠泊,抢得3天船期。

分析:"富阳山"人在提前备航上作了一篇好文章。行船可不像开车,一踩油门就能走,需要备车、起锚或解缆等许多准备工作,况且从巴拿马锚地到布埃那文图拉港才1天多的航程,要抢出个把小时更是谈何容易。但为了公司效益,他们适时提前做好各项准备工作,每一个环节丝丝入扣,终于抢在了前面。何谓"抢船期"? 就是不能慢条斯理,就是要象"富阳山"人一样把工作做到前面。

其次在软件方面,在确保航行安全的前提下,科学设计航线,不断地优化航线,尽最大可能缩短航程。

在缩短在港停留时间方面,最大程度地缩短排水时间,科学合理的排水方法能有效地提高排水速度。

另外,船舶要加强和港方、货方的合作,积极地为货主着想,积极、主动和码头装卸作业长联系,配合港方提高装、卸速度。加强和引水站联系,争取每分每秒的时间,早些靠离泊。

2. 艰苦创业,积极开展船舶"自修"保养,节约成本

"自修",是船舶设备的自我完善,实际上也是航运经营的自我完善。自修,节约了成本;自修,使船舶在世界各地更加安全畅快;自修,磨砺了海员自身的智慧和业务能力。自修,凝结着海员拼搏奉献的激情。

【案例分析】

自修克令省使费

广州远洋的"晋城"轮第 32 航次从天津港装货去孟加拉吉大港,货物中有一件重达 43.8 吨的大件。卸货时,需要船上的第 2 和第 3 号克令并吊才能够卸下。否则,就要租用当地船厂的 45 吨重吊,还要在卸完其他货后,移泊到船厂去才能卸下。

但"晋城"轮的这两个克令也是一个老大难问题,在经历了多次船厂修理未果以后,基本搁置不用了。船舶领导想到如果移泊卸大件,不仅要租吊费,还产生引水费、移泊费等港口使费,数目不菲,于是决定自修克令卸大件。

开航后,轮机长和甲板三管轮就整天扑在克令上。经过分析研究,他们断定问题出在油路和阀门上,于是开始一段一段地检查油路,逐个逐个地拆检阀门。经过 8 天的奋战,终于修复了克令,在吉大港顺利卸下了大件货。

分析:"晋城"轮船员不退缩,凭着"降本增效"的信念、高超的技术、细致的工作,抢在卸货前修好了船厂也修不好的 2 台克令,为公司节省了一大笔使费。在维修保养中,有时我们就是要不信船厂就是比我们自己要强这个邪!事实上,对船舶最熟悉的还是我们船员自己。

3. 厉行节约,养成勤俭节约的好习惯

李商隐有诗道:"历览前贤国与家,成由勤俭破由奢。"勤俭节约和艰苦创业是中华民族的传统优良品质,是世代相传的精神财富。海员必须形成勤俭节约光荣、铺张浪费可耻的良好风气。每个船员都应从自我做起,从大处着眼,从小处着手,从一点一滴的小事做起,一团棉纱、一块木板、一滴油、一滴水都要厉行节约,养成勤俭节约的好习惯。要严格管理,抓紧船期,节约港口使费、修船费、物料费、燃油,不断提高经济效益。尽管我们提倡的节约成本并不等同于就是要"新三年,旧三年,缝缝补补又三年",以损害经营活力为代价,但确实是经营中不可割裂的关键一环。当前,航运市场竞争在某种程度上已经演变为同一运价水平上运输成本高低的比拼,谁的成本低谁就在市场竞争中取得了优势,谁就能更好地生存与发展。

"不节约成本,谁也走不了多远。"这也是市场经济法则。

【案例分析】

回收垫舱木料节支效果好

某轮第 3 航次在韩国装重大件设备时,货主花了 2 万多美元购买了 40 根专用的优质方垫木,每根重达 300 千克。这些设备卸完后,货主把垫木作废弃料处理。船员看到这批几乎完好无损的垫木,如获至宝,全部整理回收,用帆布盖好。后来这批垫木料一直反复使用了 38 次,给公司节约了大笔垫舱料费用。仅第 11 航次在韩国装载 16 000 立方米的大件设备,没有上一分钱垫舱绑扎物料,就节省了 10 000 多美元。

分析:别小看了垫舱物料,它在船舶营运成本中占了不小的一块。实际上,很多垫舱物料是可以多次使用的,象该轮船员这样,节约的成本则非常可观。当然,如果对可回收的物料等视若不见,或者即使看见了也舍不得花力气,什么也是枉然。

4. 忠于企业,最大限度为企业争取利益,创造价值

所谓忠诚所属企业,就是心中始终装着企业,总是把企业的兴衰成败与自己的发展联系在一起,愿意为企业的兴旺发达贡献自己的一份力量。忠诚永远是企业生存和发展的精神支柱,是企业的生存之本。忠诚是市场竞争中的基本道德原则,违背忠诚原则,无论是个人还是组织都会遭受损失。

忠于企业,就要维护组织的利益,想方设法为企业争取利益,降低运营成本,提高工作效率,创造价值。工作时间不做私事,这是公司对每一个职员最基本的要求,不要认为这是无伤大雅的小事。要戒除私心,不要将公司的物品私有化,这些微不足道的小节却能反映出一个人的职业操守。要喜爱公司赋予你的工作,不留余力地为公司增加效益,完成公司分派给你的任务。

【案例分析】

认真丈量　追回运费

"闽江"轮第 150 航次在天津港承运杂货和设备的任务,货主报给船方的设备体积是 2 537.9 立方米,船上的舱容绰绰有余。在装货过程中,船员发现货物实际体积明显大于申报数字,舱容变得很紧张。于是,船长立即将这一情况向公司反映,并要求重新丈量货物尺码。由于船期紧,当时无法安排核查,船方就决定先想方设法将所有货物悉数装下,然后在卸货港重新丈量。

船抵卸货港后,在航运代表的协助下,船方和商检、货主代表三方,对每一件货物进行重新丈量。结果量得货物实际体积为 3 764.204 立方米,比货主原报数字多了 1 226.304 立方米,货主代表当场签字确认。结果,闽江轮为公司追回 40 多万元运费。

分析:"闽江"人忠实地践行了"服务客户最优,回报股东最大"的企业价值观。尽管出现了货物实际体积可能大于申报数字的问题,为了"服务客户最优","闽江"人还是首先想方设法先把客户的货物装上船。同时,本着"回报股东最大"的原则,为公司追回了数目可观的运费。优质服务实际上是全方位的,在为客户优质服务的同时,也不能忘了为公司提供优质服务,尽可能地创造效益。

思考与练习

一、名词解释

1. 团队至上
2. 绿色航运
3. 墨菲定律
4. 超值服务

二、填空题

1. 热爱祖国、_____、_____是海员最基本的道德素质,也是海员职业道德规范的首要要求。

2. STCW公约马尼拉修正案,严格要求船长、高级船员及其他船员在执行安全、保安和海洋环境保护职务时,其血液中酒精含量不超过_____%,或者呼吸中的酒精含量不超过_____ mg/L。

3. STCW公约马尼拉修正案明确了防止疲劳的具体措施,将防止船员疲劳作为此次修订重要内容,规定船员最低休息时间在任何24小时时间段内不得少于_____小时,且在任何7天时间内不得少于_____小时。

4. 保持大海的洁净,对海员来讲,最重要的是不向海洋乱抛垃圾。船舶生活垃圾要及时_____,按照_____处理。

5. _____与_____是海员职业道德的基本规范之一,也是航运企业保持蓬勃的生命力与长盛不衰的竞争力的动力与源泉。

6. _____、_____和货主是船员的服务对象,只有通过优质服务才能赢得信誉,才能求得更大、更好的经济效益。

三、问答题

1. 联系海员工作实际,谈谈如何做到热爱祖国。
2. 谈谈船员的服从意识与安全的关系。
3. 谈谈船员疲劳与安全的关系。
4. 如何做一个"崇尚环保"的现代海员?
5. 海员职业纪律的主要内容有哪些?
6. 海员如何做到坚守岗位,履行岗位职责?
7. 海员在工作中如何做到"优质服务,降本增效"?

四、小调查

让"蓝色公路"更加清洁

经营着定海鸭蛋山至宁波白峰长8.6海里航线的舟山市海峡轮渡有限公司,可以说是我市的"第一窗口"。据统计,每天平均有万余名旅客、千余辆客货车要通过这条"蓝色公路"进出舟山,产生的各种垃圾在3吨以上。为了让每一位进入舟山的客人都能感受到海岛洁净、清新的环境,及时清理各种垃圾、保持客船卫生、防止海洋污染就成了公司经营中重要的工作。公司制定了"航海更安全,海洋更清洁,旅途更畅通,旅客更满意"的工作方针,加大投入,改善硬件,并采取各种措施,把环境保护纳入制度化和法制化的管理轨道。

前几年,舟山海峡轮渡公司的某艘渡轮一度尾气黑烟排放现象严重,对环境造成影响。公司专门拨出资金,组织机务人员,并请来市内外行家,成立了治理黑烟科技攻关小组,经过近半年的治理,该轮排放黑烟的现象已明显减少。

该公司每条渡轮的船舱内都在醒目位置张贴了禁扔垃圾的标志,船上的广播也经常告诫过渡的旅客不要随手乱丢垃圾。目前,过渡旅客向海上乱丢垃圾的现象已基本看不见了,客舱内禁止吸烟也成为公司轮渡上一条不成文的规定。

小调查:客轮上的垃圾最后是怎样处理的?

五、案例分析

(1)某远洋货轮,行驶在印度洋上。07:50三副与顶替水手班的实习生上驾驶台接班,使用自动舵。09:33,三副在海图室记录卫星导航船位并标在海图上。后回驾驶台与实习生研究船员考证试题答案。偶尔再抬头看望,从大桅与前桅中间看到一艘大船在前方左侧迅速接近,不久两船相撞。有报务主任目击对方系一艘日本籍货船,驾驶台上空无一人。

海难事故的发生,多数是人为因素造成的,试对这起事故进行分析。

(2)1983年,一艘杂货船满载货物从上海启航,在离开长江口北上不久,约深夜2点左右,一名船员因在房内吸烟,引起燃烧。当时海面风力有5级以上,火势很快蔓延,最后此船几乎被烧尽。事后分析原因,该船的消防设备无法正常使用,灭火机长期未换内胆失效而不能正常运行于灭火,火灾造成几千万元的损失。

这起事故的发生有哪些教训值得深刻反思。试从海员职业道德角度进行分析。

参 考 文 献

[1] 刘泽雨,吴秋平,等.航海伦理学[M].北京:人民交通出版社,2004.
[2] 史兆光.航海伦理学[M].大连:大连海事大学出版社,2001.
[3] 张先状.船员思想道德修养[M].大连:大连海事大学出版社,2003.
[4] 陆礼.交通职业道德[M].北京:人民交通出版社,2001.
[5] 高德毅,陈伟炯.个人安全与社会责任[M].北京:中国科学技术出版社,1998.
[6] 许启贤.职业道德[M].北京:蓝天出版社,2001.
[7] 赵莉莉.职业道德[M].大连:东北财经大学出版社,2002.
[8] 广州远洋运输公司宣传部.船舶学习参考资料[Z].2003-07-07.